心理学選書①

愛憎の起源

I・D・サティ 著

國分康孝・國分久子・細井八重子・吉田博子 訳

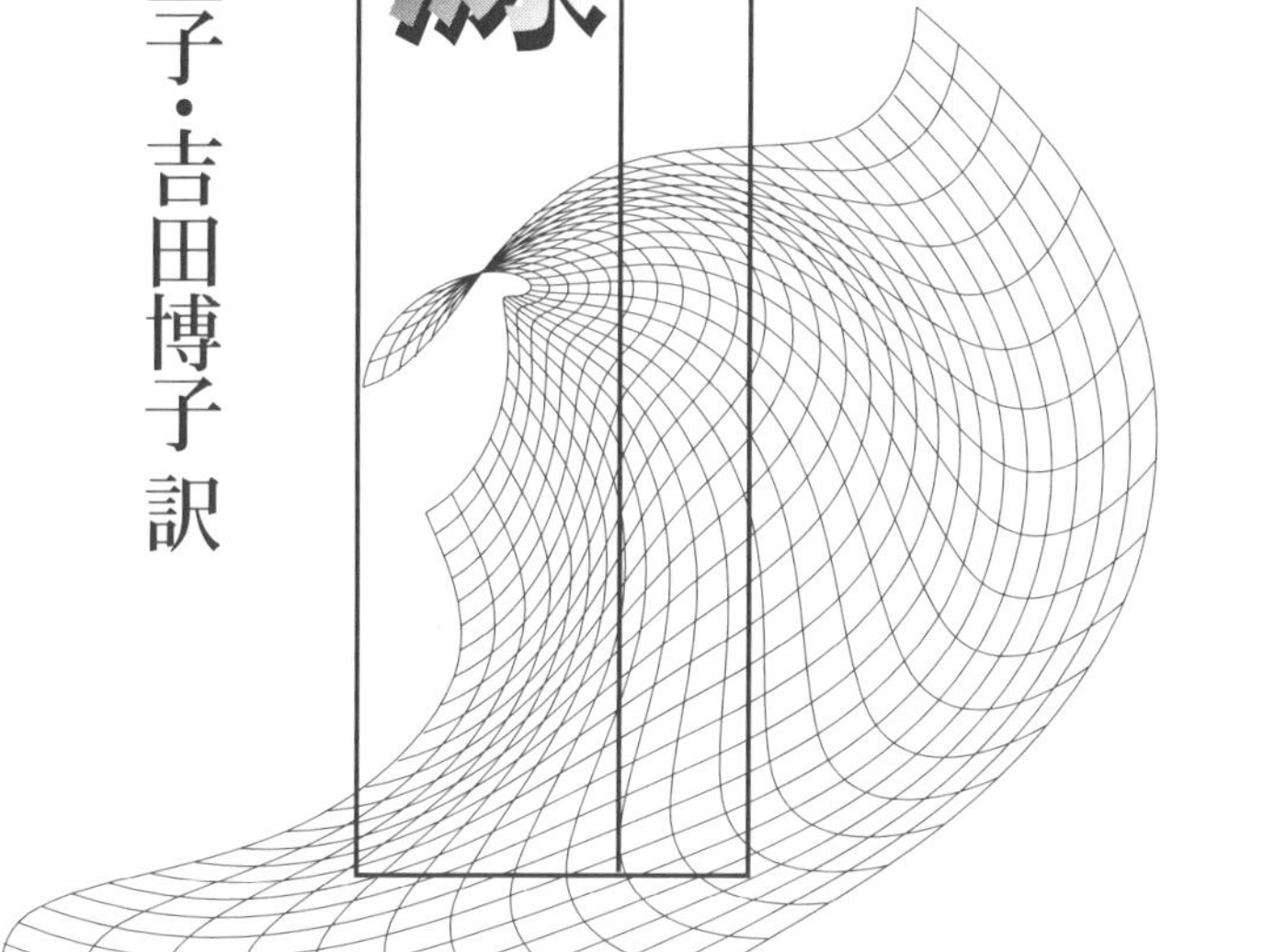

黎明書房

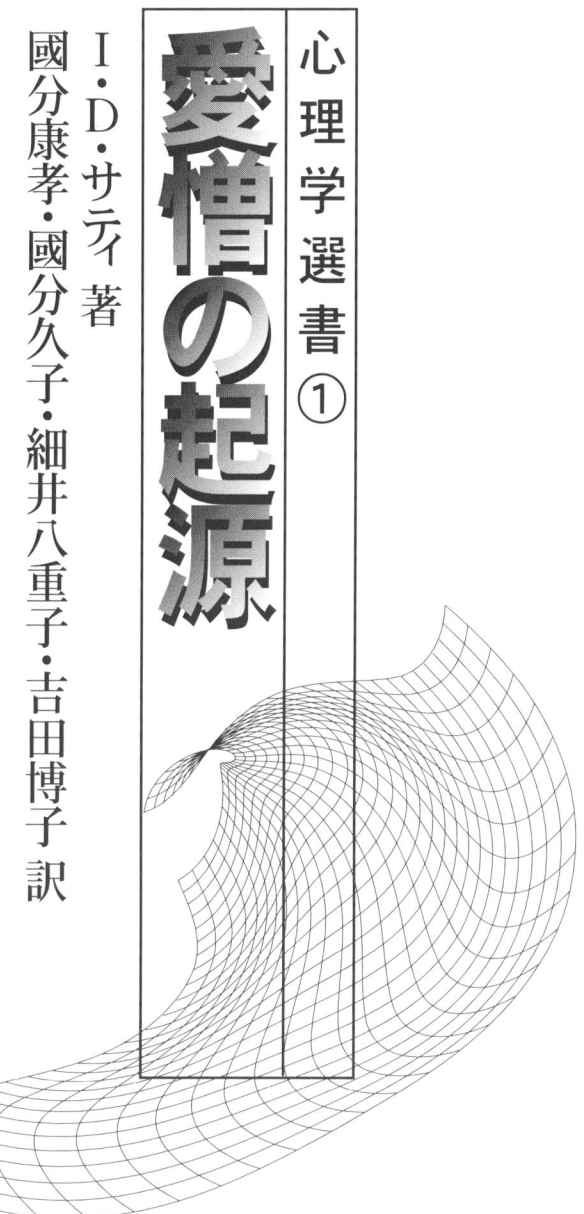

この書を、故霜田静志先生に捧ぐ。

THE ORIGIN OF LOVE AND HATE

by

Ian D. Suttie

Penguin Books

REIMEI SHOBO

心理学選書版への序

サティ『愛憎の起源』は私の師匠霜田静志のすすめで翻訳を始め、師匠とゆかりのある黎明書房から昭和五十二年（一九七七年）に出版された。今回、心理学選書の一冊に加えて頂いて、さらに版を重ねることになった。いわばロングセラーである。

ロングセラーということは時代を越えて、人々の普遍的な問題にふれるものがあるからである。それは「愛憎」の問題である。人間の悩みの多くは愛憎と関係がある。たとえば「夫婦不和」「親子げんか」「学級崩壊」「いじめ」「校内暴力」「ストーカー」「いやがらせ」「排他・差別」「八方美人」「お人好し」「小心」「出しゃばり」「はったり」「出勤拒否」などがそうである。それゆえ本書は、生き方についての示唆を与える本である。愛憎の起源を問うとは、人間のあり方の原型を探究することである。霜田が私に翻訳出版をすすめたのも、多分そういう理由からであったろうと思われる。

生き方への示唆を与えるとはどういうことか。私の専攻するカウンセリング心理学からは次のように言いたい。

今日のカウンセリングは予防・開発的機能が重視されるようになった。そのための方法として、サイコエジュケーションが登場し始めた。グループ対象に「考え方」や「動き方」の実践教育をすることである。親を対象とした育児教育、教師を対象にした生徒指導研修、管理職対象の部下を育てるマネジメントなどがその一例である。この場合、本書のテーマは誰にでも通用する基本問題である。このテーマにそって、組織論・マネジメント論・教育論がそれぞれの方法・技法を提唱するわけである。

本書のテーマが歓迎され活用される第二の領域が構成的グループエンカウンターである。育てるカウンセリングの典型例であるこの方法は、サティのいう愛の関係を体験学習するものである。サティは理論を示したが、構成的エンカウンターはエクササイズという技法で、実存主義の思想を、サティ理論を軸にして具現化するものである。エンカウンターは対決（コンフロンテーション）とはちがい、愛の体験である。但し、フロイドがフェレンチに警告したように、愛ということばは男女関係も意味するので使用上の留意が必要である。そこで私はワークショップでは愛の体験と言わないで、リレーションの体験学習という表現を用いている。

本書が示唆を与える第三の領域として心理療法の世界がある。本書は心理療法に心理学的なフレイムを与えてくれる。それゆえ、非医師のサイコセラピストは医師とはちがう対処法を開発する手がかりが得られると思う。日本全国の臨床心理士に一読してほしい本である。

國分康孝

はしがき

イギリス心理学の発展へのフロイドの影響は、フロイドの批判者の功績に負うところが大である。それはフロイドの弟子たちの貢献に決して劣らないものがある。フロイドはイギリスに偉大な信奉者たちをもっていたからたしかに幸運であった。この信奉者たちは、フロイドから逸脱することもなく、精神分析理論を前進させたのである。と同時に、多くの有能な批判者に関心をもたれたことも、フロイドにとっては決して不幸なことではなかった。批判者の多くは精神分析を治療法としてとり入れた。そしてその治療法にまつわるフロイド理論の方も暗にとり入れるようになった。しかしそれと同時に、精神分析の教義に多くの疑問をなげかけたのである。あるものはあっさりと折衷的立場をとった。つまり自分の好みに応じて、フロイドからもユングからもアドラーからも、そしてそのほかのフロイド分派から理論を借用した。ところが批判の急先鋒に立つものもいて、その中のひとりが本書の著者である。

アイアン・サティは不偏不党の批判的論客であり、スコットランド人である。立場としては折衷派を超えるものがある。彼は独創的思考の持主である。本書の中で彼は数多くの大事な考え方を展開し、開陳してくれている。彼のこの考え方には、精神分析療法の理論的根拠を大幅に再構成させるほどのものがある。本書で提起されているさまざまの問題についてのサティの考え方は、新フロイド派、準フロイド派、フロイド以降の諸派にひろく受け入れられているといってもよいであろう。「やさしさへのタブー」がこれまでにずいぶん弱まってきたことはたしかである。そして、母性愛の機能やそのほかの非性的愛の機能への関心が高まってきたのもたしかである。欲求不満攻撃説が今日では破壊本能説よりも広く受け入れられている。サティが見出した宗教の治療的機能はこれからもずっと理論的研究および実際的研究の対象になると思う。しかし本書は、歴史的に意味があるだけではない。精神病理学や心理学一般だけでなく、心理学の母体たるすべての社会科学をも含めて、その現代理論や現代の論争の焦点が本書の主題になっている。

編者　C・M・メイス

序　文

本書は著者アイアン・サティの死の当日、その初版が刊行されるという悲劇で始まった。著者の人となりについては読者の関心あるところと思うので、それについて略述したい。

サティは一八八九年、グラスゴーで生まれた。しかし幼少期は大部分をオークニイ（Orkney）で過した。彼の父はそこで開業医をしていた。一九一四年にグラスゴー大学を卒業してから、第一次世界大戦中はフランスとメソポタミヤで軍務に服した。除隊後、彼は校医としてグラスゴー国立養護学校につとめた。その後、パース（Perth）精神障害犯罪者収容所長になった。そして最後は、精神障害者収容所の医療副主任をつとめたあと、一九三一年タビストック研究所（Tavistock Clinic）に次席医師として赴任したのである。

幅広い経験をもっているサティのことだから、彼の関心が心理学だけにとどまらず、哲学的、社会学的なことにまで及んだとしても今さらおどろくに値しない。彼は決して頑健な体の持主ではなかった。にもかかわらず活力と覇気にみちあふれていた。彼は本質的には個人主義者であった。独自の考えの持主であった。既成の学派を卸しで気前よく買う人間ではなかった。

当然サティはフロイド派の文献に傾倒した。そして最初のうちはこれを受容しているようであった。ところが後になって、フロイドの諸概念をきびしく批判するようになった。彼はこの批判を本書の中にもり込んでいる。彼の理論体系を類型化すれば、本質的には母性的ということになる。これは明らかにフロイドの父性的理論体系とは異なるものである。

本書がやがて明らかにするごとく、サティはセックスという概念よりも愛という概念を強調した。しかし、それ自体は決して目新しいことではない。というのは大学およびタビストック研究所で私が講義したように、子どもの基本的欲求は愛護（protective love）である。精神神経症は基本的にはセックスのコンプレックスの結果ではなく、愛の剥奪に由来する不安定感である。このことを私は、フロイド的見解に反対して、昔から唱えていた。

この点については私もサティもたぶん見解は似ていた。それゆえにサティは、私に本書の初版に序文を書くように依頼したのだと思う。

サティはしかしながら、愛の概念については私より一歩ぬきんでていた。彼にとって愛とは、ある対象あるいはある人物にまつわりつく感傷や感情の束のことではなかった。赤ん坊は生まれながらにあるひとまとまりの本能をもっているという説にサティは反対した。彼は主張した。赤ん坊は生まれながらに母に対する素朴な愛着心をもっている、と。母こそ食べ物と保護の唯一の源泉である。彼はいう。「赤ん坊が協調本能とか闘争本能のかたまりであるという説にわれわれは断固反対する。そしてむしろこういいたい。赤ん坊というのは、そもそもの始めから母をつなぎとめておきたい欲求に支配されているのである。そしてこの欲求たるやひとたび阻止されると、極度の恐怖と怒りを惹起させることになる。というのは、生まれたままの状態だと母を失うことは死の前ぶれになるからである。」(三二頁参照)

同じようにサティは、恐怖は母に訴えたい気持の表現であるともいう。たしかにわれわれの見解はサティのそれとは若干異なる点がある。たとえばわれわれはこう問いたい。子どもは生来的に愛の傾向をもっているというのであろうか。愛の傾向があるのと同じように、恐怖や怒りの傾向も本来もっているといえないであろうか。この傾向は母子関係の中でのみ初めて表現されるものではないのか、と。しかしわれわれとサティとの見解の相異が問題なのではない。こういう問題については誰もが独善的にはなり得ない。重要なことはサティがこれらの問題を提起したことである。それも単に勇気と信念をもって提起したというだけでなく、それ相当の理論をもってしていることである。

サティの考えは母子関係の背景にあるものを基点にして、さらに発展していく。たとえばあそびはサティにとって単に生来的な行動のパターンの表現であるだけでなく、母子の相互のいたわり合いの代償としての意味があるのである。

この論点に立ってサティは、抑圧の原因は父による去勢への恐怖であるとするフロイド的見解には反論するのである。そうではなくて、抑圧というのは母の愛への欲求の結果なのである。社会の起源や社会の特質さらに人間生活における宗教の位置づけなどについてのサティの結論は以上のような前提に基づいているのである。

サティは社会生活というものを母子関係の上に上手に組み立てている。フロイドが母子関係を性的関係としてとらえているのに対し、サティは愛の関係としてとらえている。これにはわれわれも賛意を表したい。

サティの宗教観もフロイドのそれと正反対である。フロイドは宗教を幻想と考えた。サティは宗教を罪障感と依存性の問題に対処するための心理療法的道具だと考えた。つまり宗教でいう赦しと愛がそれである。拙著『心理学と精神衛生』からの引用を許してもらうならば、宗教の倒錯現象にふれたあと私はこう書いている。「愛情への基本的欲求にフィットした宗教形態というものがある。たとえば新教の信仰における天なる父の愛や、カトリックの信仰における処女なる母に、それを見出すことができる。人は幼少期にみたされなかったやさしさや愛情への欲求をこのような信仰でみたそうとするのである。」

サティの見解はすでにさまざまの論議を呼んだ。しかし彼の死は、彼がこういう論争に参加する機会を奪ってしまった。まことに残念である。彼に対する私の理解がもし正しければ、彼はたぶんこういう論争への参加をしぶる人間ではなかった。

以上は私が興味ある本書を再読して考えたことを断片的にかいたにすぎない。本書には非常に示唆に富む素材が沢山もりこまれている。読者は著者に同意するしないに関係なく、この本を読むことによって自分の考えが刺激され、自分の見解が明確化されると思う。というのも、サティのように心理学、社会学、文化人類学などわれわれが美ましくなるほどの広い領域に渉る研究をした人間と自分とを対照できるからである。

J・A・ハッドフィールド博士
ロンドン大学講師（精神病理学および精神衛生）、
タビストック研究所研究部長

目次

目　次

第4章　愛の心理学

第5章　愛の機能と表現

目　次

原著者紹介

アイアン・ディチャート・サティ (Ian Dichart Suttie)。

1889年，グラスゴー (Glasgow) 生まれ。少年時代はオークニイ (Orkney) で過す。医学教育を受けるためグラスゴーに再び戻り，1914年卒業（外科専攻）。第一次世界大戦中はフランス，メソポタミヤ，インドにて軍医として服務。復員後は精神医学を専攻。1920年，グラスゴーにて専門医としての資格をとり，1931年，医学博士号取得。その後ロンドンに居住，タビストック・クリニック（Tavistock Clinic）の一員となる。

1935年，本書初版刊行の前夜，没。46歳。

序論

科学的解明に感情を介入させまいとして、かえってその問題を直視せず、むしろ排除することはないか。愛は虚像であろうか。すなわち現実逃避という弱気に由来する幻想であろうか。もしそうだとしたらわれわれの心はなにゆえに愛なる「観念」をこれまでに創造せねばならなかったのであろうか。科学というものはすべての経験に関与するものである。しかもその目的は、願望や恐怖〈なしに〉この経験を理論化することにある。したがって人間の力の及ぶ限り、〈願望〉や〈作為〉を科学的「興味」から排除することである。ただし願望や作為を科学の「研究領域」からも追放するものではない。このことに関しては純粋科学と応用科学とでは区別が歴然としている。すなわち応用科学の特質は、その「実利的」目的のためにかなりの制約をうけている。しかしながら純粋科学でも「興味」なしにはなりたたない。科学とは興味の表現である。科学の特徴は興味というものを特定の願望や作為から抽象することである。というのはそれによって知識というものを万人向きのものになるように拡大し構成するからである。理論構成に終わりはないが、それは客観的であらねばならぬと哲学的科学は考える。客観的とはつまり五感の限界や感情・伝統に起因する歪みの影響をうけないということである。もし科学というものに何らかの人生哲学があるとすれば、それはこうなる。すなわち「われわれは見えるもののみを願望すべきである。願望するものを見るべきではない」と。現実に対するこの態度はたぶん、科学と宗教の基本的対立点であろう。しかし、われわれが考えねばならないことは、科学的態度そのものが現実の一部を否定してはいないかということである。つまり「興味という偏見」のみならず一連の事実までこれを否定してはいないかということである。精神病理学者としてわれわれは、事実というものに幅広い関心をもっている。

　科学的態度すら社会変革や文化の所産である。このことを否定はできない。科学的態度に完全を期したとしても、そのためにかえって科学の守備範囲を限定することがありうる。科学的方法といってもこの抽象化作業はおこりうる。ちょうどそれは初期の物理学が物質の第二次特性をその研究からはずしたようにである。それゆえ奇妙なことにある資料が科学的方法では始末できないことがある。また、ある心的状態が科学的態度と合致しないこともありうる。この反科学的心的状態が心理的事実——たとえば感情——であるような場合は、科学的研究から得られるものはあまりあてにならないかもしれない。そして物理学独特の観念論にかたくなに固執するという不幸を心理学はこうむることになろう（物理学者がまだ妥当な公式について意見の一致をみていないときに、心理学者が物理学の公式を理想化するのはおかしな話である）。

　社会的統合の問題について科学は破綻した。その結果、新しい仮説への余地が出てきた。このため唯物論的、機械論的科学が人間の「愛着」の問題を扱うのには特に不利な状態にある。私はいいたい。科学はやさしさの情から逃避して、奇妙なことに知的遊戯のような昇華したかたちのものに逃げこんでいる。これを心理学的に考察すると、キリスト教への反対論ということになる。すなわちキリスト教は人間環境とのやさしさの情にあふれた関係——それは幼少期に失われているのであるが——の回復を志向するものである。

二十年前、私が社会的行動の研究を始めたころ、まさか自分が愛他的愛（非性的）なる概念を科学的研究対象とするようになるなどとは予想もしなかった。生物学的および方法論的根拠の上に「群居本能」という無意味な仮説を特にたてることに私は反対した。にもかかわらず私はこう考えざるをえなかった。精神病は社会性の障害がその本質である(A)。社会集団形成の理論なるものは何れもはなはだしく妥当性の乏しいものである(B)。しかし五年前に私はおとなが原始人と異なっている以上に、赤ん坊は原始人と異なっていることに気づいた。系統発生反復説(C)(D)(E)にもかかわらずである。幼少期にこの系統発生反復説を適用することは、「群居本能」志向ではなく社会性志向が先天的にあることを示唆している。幼児の養育と社会性とは相互に関連しあっているように私には思われる(F)。また、知性が盲目的本能にとってかわるのも、養育や社会性と関連しあっている。これは動物界全体の実態を見ればわかる(G)。

フロイド心理学が出現したときから、私はそれを論理的および生物学的根拠から拒否せざるを得なかった(I)(C)(H)。しかし一九三二年になって初めて私はフロイドの性理論、エディプス・コンプレックス、性的嫉妬、親による抑圧、去勢不安などの——これらが文化や性格の決定要因だという——臨床的概念に疑惑をもち始めた。しかし一九三二年二月、ゲルマン民族におこった変化と中世の特質、特に魔女恐怖症の歴史を研究しているうちに、私は次のような結論に達した。すなわち抑圧は愛によっておこるのであって、恐怖によっておこるのではないこと、そしてエディプス・コンプレックスを抑圧するものは母であって父ではないことである(I')(J)。当時、私の理論的立場はもっぱらエディプス・コンプレックスに支配されていたのであるが、動物の行動や文化の変革、さらに精神病に関するデーターに対して、私は新しい見解をもちうるような気がしていた。それはフロイドの達しえないものであった。一九三三年はもっぱら精神病理の研究に費した。一九三四年は社会生活一般の研究、特に嫉妬の特質の研究に没頭した。嫉妬は文化によって異なるものである。私は人間性の二面性、文化の二面性（もちろんそれは明確なものではないし、絶対的なものでもない）、そして文化と育児の相互関連性についてひとつの考えをもつにいたった。このことはすでにそれより二年前に概説はしていたが、そのときはただエディプス理論に基づいているだけであった。

愛の源泉は食物などに対する欲求のように私は思う。決して性的欲求や身体的欲求ではないと思う(G)。愛の、そしてもちろん畏敬の念のもともとの対象は母であって父ではないと、私は今考えている。しかし養育されたい〈生物的欲求は、心理的にも〉赤ん坊の心に現われるはずだと当然私は思う。世話されたい欲求は決して損得勘定的な身体的必要性でもなければ、食物欠乏のおそれでもない。そうでなくて〈打てば響くような〉親愛関係のうれしさ、逆にいえば孤独や孤立の不幸感、これが愛の起源のように思う。自己表現というものを「緊張緩和」過程あるいは感情吐露とするフロイド流の考え方は誤りだと私は思う。むしろ自己表現とは他者に手をさしのべることであり、ひとつの刺激を与えることだと私は思う。愛そのものは本質的には調和のとれた積極的な相互交流であるが、自己表現はそのために反応をひきおこすものである。精神分析的立場にすらひとつの偏見があるように私は思う。精神分析はその研究法にも治療法にも、ひとつの決定的な限界がある(K)(L)。そして私は次のような結論に達している。すなわち〈われわれの〉文化と科学においてはやさしさの情がタブー視されている、と（しかもそれはセックスよりももっとタブー視されている）。この偏見のゆえに精神分析的研究法と精神分析的治療法には相当な限界がある。

動物行動と文化人類学を根拠にして私はひとつの結論をもっているが、その結論というのは精神病理学のデーターと心理療法の実験的、実証的資料に関してである。既成の精神分析理論を粉砕すべく、これを体系的に検証するために私は始めて作業仮説を立てた。しかしこれはむつかしい話である。というのは精神分析理論は多くの分野の専門家の共同作業に支えられているし、すでに説明ずみの事実が体系化されたものだからである。特に〈ひとり〉の人間が孤立無援でこれを成就するのはもっとむつかしい話である。同じ仮説を検証するにしてもフロイド学派の人たちは、既定の概念や用語を用い、しかもよく訓練され鍛えぬかれたティームでこれをなすという点が全く有利である。しかし解釈や研究のためには有利な点があるとしても、ティームワークの欠点というのは精神分析の大前提たる哲学的解明をないがしろにする傾向があるということである。

どの学派にも与さなかったイギリス心理学者ははなはだ不利であった。というのは協力態勢はないし共通理解もないからである。さらに（その結果として）イギリスの心理学者は名声や知名度では苦労した。またイギリスの心理学者は精神分析には半信半疑で、あれもこれも式であり、精神分析的研究の盗作者であるがゆえに、精神分析学者の非難するところとなった。イギリスの心理学者は精神分析を批判しても、あるいは擁護しても、何れも精神分析を協力的に発展させる基盤として団結心をもつとか相互に支持しあうとかするためのたしにはならなかった。にもかかわらず意見の一致や共通理解を求める動きがでてきた。それは皆がフロイドに対して同じような抑圧感情をもったために、結果としてフロイドに否定的な態度をもっているからではなく、精神分析とは若干異なった見地から人間に対する好意的、肯定的観察をしているからであり、またフロイドとは異なる文化的背景をもっているからである。私はイギリスの心理学者との接触をもつにつれ、そしてここ一年ばかりある人の助力を得て理論を広く研究してみたところ（これは心理療法の実践だけしていたのではできないことである）暫定的ではあるが、次のような結論を提示したい衝動にかられるしだいとなった。ただしそれはまだまだ体系化されてはいないのだが。

私がまとめたという暫定的理論は、フロイドにその源を発する一連の心理学に形式上は属するものである。しかし基本的には精神分析とは異なっている。その異なる点というのは、親愛関係への先天的欲求という概念を私が導入している点である。親愛関係への先天的欲求とは赤ん坊にとっては、自己保存のための唯一の方法ともいうべきものである。この欲求はやがて親の「愛」、友人の「愛」と育っていくのであるが、これを私はフロイドのいうリビドーの中に含めたいと思う。そして基本的にはそれは性器的欲求とは別物だと考えたい。

以上の考えを適用することは精神分析理論を再構成することになる。すなわち、フロイドがかつて育児上のかなめは父にあるとしたが、前述の考えでは母に帰することになる。また動機の源泉として各個人の身体的欲求充足を重視していたが、それをもっと軽視してそのかわりに社会的欲求や社会的関心（例：他者に向って自己を表現する、あるいは刺激を与える。しかもそれを単に快楽だからするというのではなく）の意義をもっと重視することになる。これは文化即昇華という性的なものを基盤にした考えを否定する。また、エディプス願望も性的嫉妬も社会性の発達や調和的社会関係の障害物としては大した意義がないと考え、これを排除している。フロイドの考えには大体次のような傾向がある。しかも誰もフロイドの考えは論理的に次のような結論になることに気づいていない。すなわち〈エディプス・コンプレックスは結局、育児様式、家族構成、文化、民族性などに大いに左右されるから〉、実態は非常に多種多様なはずである。私がいったように、エディプス・コンプレックスには二面性がある。私がこれから述べる理論はその他の点についてもフロイドの解釈とは非常に異なったものである。飛躍のある非常にわかりにくい仮説的な理論構成はすべてこれを排除している。そうすると今までは扱いにくいとされていた数多くの問題が、意外と解釈可能になるのである。少なくとも私にはそう思われる。

精神分析そのものよりも私のこれから述べる理論の方がいろいろの面から考えて適用範囲は広いようである。経済心理、国民性、民族性などは今や前途有望な研究分野である。宗教心理や宗教の変遷についても新しい研究の可能性がみえ始めた。社会的感情や文化的興味の発達に関しても何が問題かはっきりしてきた。精神疾患の多様性は目をみはるほどだが、それについても新しい光明が点ぜられている。その実例として、すでに他で発表し、かつ出版した論文二つを本書に収録しておいた。

ここで理解しておかねばならぬことがある。それはこれから述べる私の理論は暫定的であり、かつ人間および動物の行動全体に大雑把にあてはめていることである。その理論の妥当性は論理的な一貫性の有無、適用範囲、諸理論相互の関連性を発見するのに役立ちうるか、さらにその理論から洞察的、実用的解釈が出てくるか否か、などによって判断すべきである。これはひとりの力だけで十分にできるものではない。これまでに有望な結果が得られたのは、たぶん伸縮性のある測定具が原因かもしれないが、その可能性のほどはこの際考えないことにしての話である。以上は私のいいわけである。つまり今までに得た結果をよせ集めて私の専攻分野よりも広範囲に渉り、批判的に考察するに際しての私のいいわけである。

本書の大部分（第1章から第12章まで）は今春、児童心理研究所で行なった連続講義が主になっている。それゆえ私の能力と題材の許す限り、専門用語を用いないことにした。もっと突っこんだ議論やもっと詳しい実証データーは次の著書（今進行中である）にゆずりたい。記述の繰り返しも多いがこれは止むを得なかった。それは同じ題材をいくつものちがう角度から眺めねばならないからである。心理学というものは体系的に述べにくいものである。

たぶん本書は提出資料にバランスが欠けているばかりでなく、病的心理・非行などへの関心の向け方が足りないという批判をうけるかもしれない。たしかに社会的観点からみた心的過程と社会的関係に重点をおいている。しかしこれには理由がある。私が精神分析的な考えから離反した際の根拠になったものは、生物学と文化人類学のデーターであった。心理学者にとっては、生物学と文化人類学は特に価値があるのである。

先ずとりあげた事実は客観的であり、かつ数人の観察者が確認できるものである。＜患者の分析から得られた資料ではない＞。研究対象としてとりあげる行動は自然の状態において観察したものであって、「感情転移」のように人工的につくられた不確かな状況下での観察ではない。人工的状況下での観察はわれわれにとって三義的意味しかない。それゆえ今までわれわれが当然と思い疑いもしなかったことと全くかけはなれた精神生活・社会生活の全体像をあきらかにしようとするものである。人間にとって何が「ノーマル」で、何が「自然」かについてのわれわれの考えを吟味する＜唯一の方法＞がここから出てくる。人間はいかに多様性のあるものかを知らずして、また人間が成長し生存するための条件がいかに多種多様であるかを知らずして、人間性を理解したような顔をすることはできない。フロイドもアドラーも人間性、本能、特性、気質というものは、＜われわれ＞の文化のある要素が知らぬまに生み出したものだと考えた。これに加えて、精神病理学的資料が専門的すぎて、かつその量もおびただしいのも問題である。さらに一生観察したところで、徹底的に仕上げられた事例というのは一年に二、三ケースくらいでごく少ないものである。研究用の事例を選択するに際しては、ありとあらゆる現実的条件がからんでくるから、「ゆがみのないサンプル」をとりあげるという保証がない。そこで私は他の分野（とにかくそれは広範囲である）にも通じる作業仮説をまとめて、それを暫定的に検証するという方法をとりたい。もっと詳しい専門的な資料や討論はやがて出版するおりまで見あわせたい。そして私が希望することは拙論への批判や賛意が本書の内容を検証し発展させるであろうことである。

索引作成などのためにはJ・M・Sさんのお世話になった。感謝したい。

参考文献

A. 'Critique of the Theory of Herd Instinct.' *Jl of Mental Science*, 1922.

B. 'Some Sociological Aspects of Psychiatry.' (Ibid.) 1923.

C. 'Critique of the Theory of Recapitulation.' *Jl of Neurol. and Psychopath.*, 1924.

D. 'An Irrelevant Accretion to the Freudian Theory.' *Brit. Jl of Med. Psych.*, 1925.

E. 'Adaptation to Infancy.' *Bulletin of Psychopathology* (private publication).

F. 'The Mother : Agent or Object' (with Dr. J. I. Suttie), Pts. I and II. *Brit. Jl of Med. Psych.*, 1932-3.

G. Lecture (unpublished), B. Psych. Soc. (Med. Sect.), Non-Sexual Factors in the Evolution of Culture and Character', Feb. 1934.

H. 'Metapsychology and Biology.' *Jl of Neurol. and Psychopath.*, 1924.

J. 'Religion, Racial Character and Mental Health.' *Brit. Jl of Med. Psych.*, 1932.

K. 'Theory *versus* Therapy : a Study of the Unconscious Motivations of Psycho-analysis.' Paper (privately circulated) delivered to R. M. Psy. Assoc. (Research Group), Dec. 1934 and April 1935.

L. 'Origins of Love and Hate.' Paper (privately circulated) delivered Nov. 1934, to the Institute of Medical Psychology.

M. 'A New Conception of the Psychoses.' Paper (privately circulated) delivered to the Institute of Medical Psych., Jan. and Feb. 1934.

N. 'Psychological Factors in War.' *Year Book of the Commonwealth Institute*, 1935.

未刊のものはその大部分を本書で取上げている。さもない場合は本書の続篇で言及する予定である。

第1章　愛と興味の生物学

現代の心理学は、人間行動の動機とか、喜び、幸福、不幸などの源泉に関心がある。これは、従来のいわゆるアカデミックな心理学とは対照的である。アカデミックな心理学は、おとなの自己意識の〈描写〉はしてくれるが、行動を予測したり、変容することにはほとんど役に立たなかった。また、精神発達や、精神異常の理解にも、役に立たなかった。それゆえ、われわれは〈臨床のためには〉、「力動的」「発生学的」な現代心理学にたよっている。これは大ざっぱにいえば、フロイドの先駆的研究の恩恵に浴しているということである。事実、二十年前までは、有用な心理学といえばフロイドの心理学だけであったというのが実情である。しかしながらそれ以来、重要な見解の多様な発展がみられるようになった。フロイド以外の他の学派も、独自の学説をうち出した。フロイド派の運動の中でも、重要な意見の相違が広くおこるようになった。それには児童心理学者達の研究の影響が大きい。十年か十五年前までは確信されていた多くの主要な学説や概念が、今や放棄されている。「エディプス・コンプレックスが神経症の基であるという意見の普遍性を、われわれは捨てなければならない」とフロイドでさえいっているのである。

精神分析の貢献と問題点

日常生活も精神疾患も共に今日では、「不安を克服する」てだてとして考えられている。そしてこの不安そのものは、単なる性的欲求不満とはもはや考えられなくなっている。むしろ不安は、憎悪や攻撃的願望によるところが大きいと考えられるようになっている。健康な発達をするための課題は、愛によって憎悪を克服することだとブライアリー博士（Dr. Brierly）は述べている。まわりくどい方法ではあるが、精神分析理論は、人間の社会的特質を前より明確に認めてきている。また精神分析理論は、今では人間というものを仲間とは無関係の自己充足的存在だとは考えなくなっている。ただし、身体的欲求の満足のために、仲間の助力を必要とする場合は別としてである。事実、精神分析は前ほどヨーロッパの哲学に嫌悪されなくなっており、好意・好感をもたれてきている。しかし、なお精神分析は、その研究テーマを広い視点でとらえるのに失敗している。こういういい方をすると、芸術とか、伝記とか、原始的な慣習などの、精神分析的研究に通じている人達には言語道断と思われるかもしれない。しかし、知っておかなければならないことは、精神分析的概念が、単に芸術・伝記・慣習の各分野に〈応用〉されているにすぎないということである。換言すれば精神分析的概念の〈発展と検証〉は、専ら相談室でのみなされているにすぎないということである。

本書の基本的立場

―個と社会の相互関係―

われわれは、科学的、哲学的な広い観点から、人間心理というものを進化の産物としてとらえなければならない。換言すれば、進化とは人類の生存を援助する機能であり、人間の今日の地位を築きあげるのに大いに貢献した機能である。人間の心を、二つの異なった立場から考察する必要があると思うが、それは後述することにする。すなわち、子どもが自分の家族との接触を通して得た見方と、両親が社会、また文化との関係を通して得た見方、この二つの見方がある。文化とか文明の進歩は、その社会の成員である個人の心理状態の立場では説明できない。また人間の心を、社会関係から孤立したものとしてとらえることもできない。心理学者は、ある一個の心をあたかも独立した自己充足的存在、しかも、標準化された存在であるかのようにとらえがちである。そして、このような個体がたくさん集って、何かよくわからないうちに集団化されたものが社会だと考えたがる。ところが文化人類学者は、しばしばこれと反対の誤ちをおかしている。すなわち、文化人類学者は、制度をうみ、制度によってつくられた人間の心理状態はほとんど考慮にいれないで、社会機構とか人間行動をとらえようとする。心の科学と社会科学の分離は任意なもので、もともと実際上の便宜か研究者の好みや趣味でなされたものである。心の科学とか社会の科学は、両者の相互関係において追究されなければならない。なぜなら、心は社会的なものであり、社会は心理的なものだからである。人間行動の研究は、終極的には社会的動物の研究と関連させる必要がある。関連づけの手がかりは人類を含む動物の進化上の相互関係というだけではなく、生の目的の共通性およびその目的達成のための手段の相異性などである。

比較心理学への懐疑

先ず最初に、人間の心と、動物の心(それはわれわれの遠い祖先の心に似ている)との関係に焦点をおこう。もともと比較心理学は、自分達のよく理解できない心理状態を、人間は高等動物だからだとか、人間は社会的動物だからだとした、ビクトリア時代のひじかけ椅子で理論だけを考えている理論家の活躍の場であった。当時、心というものは、合理的な目的を知的に追究していくものと考えられていた。あるいは、心とは何らかの欲求や生存の条件をみたす生物学的課題を、本能的に実行していくことに関与していると、考えられていた。さらに不都合なことに、当時の旧式な心理学者は、〈乳児〉の心を〈動物〉心理の誤った概念で考えていた。彼らは、子どもが未開人のおとなと同じだと想定していた。しかしながら、やがて明らかになると思うが、これらは全く反対なのである。われわれ人間の先祖が高等動物と似ていると考える時代は、今や過ぎた。しかし当時の考え方は、乳児の「特質」は本能のかたまりであるとした。そしてその本能のあるものは、たとえば性的欲求のようにおとなになるまで潜在的に残り、他の本能は、教育や文明の力で訓練され抑制されなければならないというのであった。

人間が〈動物的衝動を抑制〉する根源は何かという疑問については、以下に述べる三つの説明の何れかが用いられたのである。

(1) 宗教とか神の意志が引用された。しかし、これでは〈動物〉社会については十分に説明できないし、未開人の方が文明化されたクリスチャンよりも、その社会の慣習や道徳的規範にもっと厳密に従うという事実を説明できない。

(2) 「合理性と実益性」は、(1)にかわる説明としてよく知られている。ここで再び問題になるのは、前社会的な人間の先祖が文化や経験もないのに、社会的協力の利点をどうして予見できたのかということである。また、ことばがないのにどうして社会的契約を結ぶことができたのか。さらに、道徳的な衝動もないのに、どうしてとりきめを固守することができたのか。これらを理解するのは困難なことである。

(3) 人間の社会的性格についての第三の説明は、ある変化が人間の遺伝的体質に現われたのだとする考え方である。換言すれば、原形質の中に、化学的な変化がおこったのではないかということである。この「群居本能」理論によれば、人間は生まれたときから、非社会的動物とは異なるというのである。しかしながら、この理論では実際には何も説明がつかないし何も役に立たなかった。また、われわれの知識に何も加えるものがなかったし、ただ問題の解決ができそうな錯覚をおこさせたにすぎなかった。この同じ化学的変化が、少なくとも二十五種類の昆虫や多種類の鳥や哺乳動物に現われると想定するのは、この第三の説明による限り無理がある。とはいうものの、動物の中で最も社会的であるはずの人間が、社会生活への適応を維持するのに非常な困難を感じているのである。

乳児の心理や養育法の原動力についてのこのような考え方からは、子どもを理解する上でも、社会を理解する上でも、何の進歩もでてこなかった。これは驚くには当らない。これら初期の理論家が到達したような結論は、あらゆる資料からして間違っている。また、その後の研究のための作業仮説としても全く役に立たなかった。社会的動物と「独居性」(solitary) 動物が、〈群居か独居かの慣習以外の点〉でも異なっているかどうかを調べるために、社会生活の実態を実際に比較研究していくと、重要な事実が浮彫りされてくる。すなわち、社会的動物は自分の子どもを育てるのが通例であるが、逆に育てられた子どもの動物は、多かれ少なかれ社会的になる傾向がある。成長して、たとえ物質的欲求が必要でなくなったときでさえ、養育者である親にいてほしいという幼少時の願望は、修正の上存続する。社会的傾向は、こういうかたちで現われるようである。養育者らしい衝動あるいは親らしい衝動もその中に入るが、社会的本能という特別なものを想定する必要はないと思う。

本能論への懐疑

子どもは生まれながらにして、心と本能を乳児期に順応させるものだと想定することは事実必要なことである。換言すれば、親に養育してもらうかたちで、得をしたいという傾向が子どもにはある。これは無理な想定ではない。しかしそこには子どもの心は単純で未発達な動物の心に似ているというよりは、むしろ人間のおとなの心に似ているという含みがある。乳児の心が動物の心にあまり似ていないのは、自由で自給自足的に生きている動物とは、はるかに異なった環境や行動様式へ適応しているからである。本能は(潜在的にせよ、そうでないにせよ)、乳児の力では不可能なこと、あるいは乳児にとっては望ましくないことさえもさせようとするのである。ところが、赤ん坊が生まれながらにしてもっているのは、こういう本能というより、食物や保護の唯一のより所である母親への素朴な愛着心であるといった方がよい。すなわち、自分で自分を守らなければならない動物の場合は、自己保存本能も理にかなうが、依存的な赤ん坊の場合には、破滅的要素となる率が高い。赤ん坊は、衝動を自分の生き方に順応させなければならない。すなわち、みせかけの寄生的生活に順応させなければならないのである。

したがって、われわれは協力本能、競争本能の束が乳児の心であるとする考え方をきっぱりと否定し、その代わり、こう想定する。すなわち、乳児は生まれたときから母を自分のそばに留めておきたいという欲求のかたまりであると。この欲求は、もし妨げられると極度の恐怖や怒りを生むにちがいない。なぜなら養育されているときに、母を失うということは、乳児自身の死の前ぶれにほかならないからである。ここで考えなければならないことがある。母への愛着というのは、子どもの身体的欲求や身体的満足が母にむけられただけのものなのか。あるいは、〈子どもが母を求めるのは、分離不安のためなのか。あるいは仲間がほしいからなのか〉などである。私はこの問題に決着をつける方法を知らない。しかしながら、母親との身体的接触による感覚的満足が不要になり、これがなくなってからでも、仲間を求める気持、道徳的な励ましを求める気持、認めてほしい気持、保護してほしい気持、指導してほしい気持などが残るという事実は確かである。私の見方によれば、これは母への最初の愛着が、そのまま発達したものである。そしてさらに、遊び・協力・競争・文化的興味などは、一般に母と子の相互的な愛の関係の代償である。〈これらの代償によって、かつては母に占められていた場所に、社会全体の環境をおきかえるのである〉。すなわち、母と共に楽しんだ身体的愛の関係の代わりに、心理的、文化的関係をもつことになるのである。ものへの共通の関心はやがて、人間同士の相互的な関心にとってかわる。すなわち、愛情から友情が発展するのである。確かに、個人的な愛情や同情は、〈友情〉の中で保たれる。しかし友情は（お互いにというよりは）〈同じことに関心を向ける〉ところが、愛とは異なっている。あるいは、たとえそれが本質的に無駄でおもしろくないものであっても、ちょうど行事やダンスなどのように、〈同じ活動を共に続ける〉ところが、愛とは異なる点である。関心というのは、人為的に創り出すことは無理としても、それを共にわかちあうことによって、強めることはできるのである。また、たとえ身体的、感覚的なたのしさはなくても、関心をわかちあうことによって、相手の存在意義を深くかんじるようになるのである。

フロイドの昇華論への懐疑

以上が、昇華の過程についての私の意見である。しかし私の考え方は、フロイドやフロイド理論に立つ専門家一族の考え方とは異なる。周知の通り、母に対する幼児の欲求や母からうける満足感を、フロイドは性的な性格のものと考えた。純粋なフロイド派は、すべての快楽や満足を、性的なものと規定していることは先ずまちがいない。快楽や満足への幼児の願望と衝動は、本質的には性的な特質を表わす「皮膚」「目」「口」などに表出してくる。フロイドはいっているのだが、ある年齢になると、皮膚、目、口などに分散している性愛は、「性器帯」を核として統合される。これはすなわち、文字通りよく知られているように、「性的」になるということである。性的になるということは、フロイドによると、（家族のメンバーにむけられ）近親姦的になるということである。そしてこれが嫉妬になる。こうしてエディプス・コンプレックスが形成されるわけである。つまり、競争相手の不快さや報復を恐れて抑圧することによって、（異性の親に対する）性的願望は禁欲される。この抑圧された性的願望は、いわばセックスぬきの愛情となるか、同性の親にそらされることになるかもしれない。そのために同性愛となり、友情として昇華することになる。この願望は自覚する前に、変えられ、ゆがめられ、象徴化される。この最初の生物的対象からの「置き換え」は、その民族の文化への関心の基礎となり、また、個人の昇華の基礎にもなると想定される（フロイド『精神分析入門』二九〇頁）。

フロイドの理論は、興味発達の機制や興味の早期出現についての説明が不十分であると思われる。つまり、性的成熟、性的抑圧、性的昇華などがおこる前に、興味は現われるのである。さらに、フロイド理論は社会の成立については説明できない。事実、社会は独立した個々のおとなの集りによって成立しているわけではない。まして、一夫多妻とか、集団結婚とか、異族結婚、あるいはその他の方法による単一家族の成長によって成立するわけでもない。社会は同じ母親の子ども達の集団の中にすでに存在しているし、この最初の愛の集団に他の集団を加えることによって発展する。文化は性衝動を妨げることによっておこるのでもなければ、象徴的目的に偏向（フロイド理論でいう昇華）することによっておこるのでもない。生活における物質的な必要性を追求するという、合理的な協力によっておこるということもあまりない。必要が「発明の母」ではなく、遊びこそ発明の母なのである。

あそびの意味

遊びは必要である。それもただ身体と精神の能力をのばすために必要というだけでなく、母親の養育的世話がもう必要でなくなり、与えられなくなったときに、子どもが失った母との関係を仲間とのかかわりあいの中に取りもどすために必要なのである。会話は心の遊びである。子どもが身体的接触から完全に脱する以前に、会話はすでに始まっている。おとなでさえ、性的欲求や性的満足とは無関係に、世話されたい願望をもっているものである。しかしながら、文化的関心は孤独への有効な解毒剤となる。しかもそこに他者が具体的に参加していなくてもである。すなわちそこに「他者」の存在を想定さえできれば、特にそれが誰と指名し得ない場合でも、文化的追求はやはり社会的価値がある。

孤独の恐れ

なぜ人間が事実上唯一の文化的動物になったのか。したがってなぜ人間は社会的動物になったのか。今やわれわれにはそれがわかってきた。これと同じ考え方から、さらにわかってきたことはなぜ人間は攻撃的になったのか。闘争的になったのか。そして複雑な道徳（この道徳こそ人間のユニークなものだが）を発展させたのかということである。新フロイド派はこの考え方に近づきつつある。すなわち、以前のように人間が快楽を求めたり、感覚の満足や自己表現（緊張緩和）を求めてもがいているものとはみなさない。新フロイド派は、人間性の主な原動力を不安克服のあがきとみる。そしてさらに、このあがきを「分離」不安であると認めている。それでもまだ新フロイド派は、この分離不安を物質的見地・個人的見地から解釈しようとしている。しかしながら、分離不安は孤独の恐れからきていると確信する心理学者が増えつつある。孤独の恐れとは、もともと母親に定着したいという子どもの自己保存本能の人間的かつ意識的表現なのである。

それはあたかも進化の過程が、一方の手によって得た少しばかりの利益を、もう一方の手で取りもどしたようなものである。

人間の課題と宿命

(1) 人間は、箱入り娘同様の永すぎた未成熟さに感謝しなければならない。この未成熟さが生存競争から、しばし余暇と休息を与えてくれる。そしてこの余暇と休息の中で、人は発達と行動の〈模索〉をするのである。

(2) 人間は自己保存本能に柔軟性があることを感謝しなければならない。その柔軟性のおかげで幼児性に順応できるばかりでなく、食欲の満足や防御や生存の手段から興味をそらし、文化的活動に興味を向けることができるのである。文化的活動は、その見返りとして自分を除くすべての自然を見事に征服させた。これらの恩恵すなわち、成長・学習の機会という恩恵、また成長・学習への興味や傾向という恩恵に反して、まだ不確かではあるが、愛する力と愛への欲求を想定しなければならない。愛する力や愛への欲求は、経験によって学習したり、世代から世代へと知識をつみかさねていったり、永遠不滅の伝統をつくりあげたりする誘因や条件となった。ところがそれと同時に、人間を不安や攻撃性や禁止をもたざるを得なくなるほどにかりたてるのである。<人間のみが不安をもつ動物である>。自然が人間を生んだとき、自然はどのように人間をあつかってよいかわからないままに模索していたのである。あらゆることば、文化の達成、家庭生活、これらがあっても、なおかつわれわれは愛への欲求があるがゆえに、社会的なかかわり方の新しい技術を求めるのである。ところが社会的統合（友情）という安定感と満足感を求めているうちに、間違った道に絶えず駆りたてられるものである。その間違った道なるものを、これから解明していきたい。

人間の進化経過を要約すると、人間を他の動物（社会的動物であっても）から区別する主要な特徴は、次のようになる。

人間成長の概要

(a)　前人類期における祖先の固定的で具体的な「自己保存本能」は、母への依存的な愛の中にとけて焦点がぼやけてしまう。その代わり、母への愛が他者への愛となり、終極的には親の愛・興味となり、また社会感情となるのである。

(b)　身体的に世話された乳児期、友人関係の時期、親の時期、これら各時期の中間に未成熟期がながながと介在している。この未成熟期は社会的欲求と共に、協力的な活動への機会と誘因をつくる。そして生存に必要な物質的なことには関心がない。この未成熟期は、自由な遊びと自由な実験を土台にして無限に発展する。乳児期、友達関係の時期、親の時期など、それぞれの時期での身体的関係は、この社会的欲求を満喫させ、安定感を与えてくれると想像できる。さらに、関係をもつもの同士の関心は、共同的な物質志向性というよりは他者志向性である。おとなは実利的で物質追求的である。ということは仕事に非常な関心があり、事をはこぶためにはそれまで十分に試験ずみの慣例的方法に固執するということである。実利的な人は、まぎれもなく型にはまった人である。すなわち、慣習に固執する人種であり、すべての革新に反対する人達である。実利的な造船家たちが、一世紀前にいった。「鉄の船は浮ばない」と。それゆえ、われわれは結論できるのだが、青年時代は個人の精神発達の時代というだけではなく、たしかに、人間の産物たる文化を発展させる根源でもある。

(c)　人間の場合は、さまざまの本能の集りが比較的目的もなく、柔軟な好奇心・愛着・興味などに置き換えられる。この事実は、(a)に述べてあるが）なぜこの遊びの時期が文化的興味に転換するのかという理由である。非性的「興味」は、仲間を求める気持（この二つはもともと同じところから出ているかもしれないが）と結びつく。その結果、自分のために文化的知識の追究をしようとか、無限につみ重ねうる伝統を発展させようとかいった気持に駆りたてるのである。

以上三つの特徴は、進化の過程が人類に与えた利点である。すなわち、人間を〈社会的〉にし、〈教育可能〉にし、〈進歩〉させる。同時に、進化は人間に本能という形では生物としての指針を明確に残してくれず、人とかかわりたい欲求とか、試してみたい欲求をもたらした。それゆえに、人間は〈不安定になり、異常にもなる〉。その他明らかに人間の特徴として挙げうるものに、人間の不安・便宜上つくられた社会的慣習・心因性の精神異常などにかかりやすい傾向などがある。さて、われわれはなぜ人間に独特の課題が課せられたのかわかってきた。その課題とはすなわち、自己理解と自己統御なのだが、これは前述した人間の利点を相殺するように思われる。このために現代心理学は、独特の重要性を担うことになった。またこのことは、専門家にだけまかせないで、広く一般の人々も真剣に研究すべきことであると力説されるようになった。これまで私の理解したところにしたがって、人間性の基本形態概観図を提示したが、これとフロイド派の考え方の概略を比較するのが、妥当と思われる。私とフロイド派の相異は、性的ということばの意味にかかっているわけだが、しかしそれだけが相異だとはいいきれない。

フロイドと私の人間観の相異

自由に生きている動物にみられる自己保存本能とよばれるものが、赤ん坊の母への愛着の中に現われているのを私はみるのである。これと裏腹になるが、この母への愛着心がみたされなかったとき、あるいはおどしにあって挫折したときの心配と不快さが、不安や憎悪となって現われると思うのである。フロイドは幼児的な定着を性的なものとみなし、全く身体的なものとしてとらえた。また一方、彼は不安とか憎悪を、別個に独立した破壊本能のなせるわざとみた。この破壊本能は、その人自身を破壊へと導くことさえある。死の本能論は、精神分析者達の間で大きな意見の相異を生じた。また正当性もなく、いろいろなかたちで自己矛盾を示してきた（文献F・H参照）。

赤ん坊からおとなにいたるまでの期間は、ほとんど底なしの社会的欲求に支配されているように私には思えるが、この社会的欲求は、遊びの中でそれを満足させるべく興味という柔軟なエネルギーを活用する。フロイドはこの時期を、近親姦願望に由来する性的衝動（性器によることは確実）を抑圧する時期とみている。フロイドにとって興味とは、性的な願望の代償、あるいは昇華にすぎず、そして友情とは、性器的願望を抑圧したために、性的願望が目標を変えたものなのである。フロイドは、男性のより強い文化的欲求を想定しているが、その説明の前提としてこう考えている。すなわち、エディプス願望（母への性的な欲望）は、女児の父に対する同じような願望よりも強く、また抑圧の度合も大きいというのである。しかし、男性の文化的欲求が女性のそれより強いということについて、私はこう考える。すなわち、男性には母性の身体的機能とか、授乳が備わってないということである。女性はこの授乳のおかげで、子どもを事実上独占できるのである。これは人間進化のたまものである。このことについては証拠をあげつつ、フロイド派によって軽視されている他の嫉妬についてふれたいと思う。

種々の見解のこれ以上の比較検討は、幼児心理の主観面を考察するまではひかえておきたい。

憎悪と不安の生物学

養育的世話を必要とする依存的状態で生まれない個体の場合は、欲求不満を克服しようとする努力より、怒りの感情の方が強い。怒りと恐怖は機能が似ている。ちょうど生理的機制のようなものである。怒りは目的達成をめざし、恐怖は危険回避をめざしている。

養育されねばならない依存的状態で生まれたり孵化された動物では、怒りや恐怖という潜在的反応傾向を含んだ自己保存本能が、最初はすべて母へむけられる。怒りというのは、欲求不満を直接除去するのが目的でもなければ、その瞬間瞬間に目標達成をはかるのがねらいでもない。また自己破壊を目指しているわけでもない。〈怒りの目的は、母に子どもの欲求充足をしてもらう点にある〉。懸命に〈自己援助〉するかわりに、〈他者援助〉を求める一貫した要求となる。このはっきりした口実をみすごすわけにはいかない。それは〈注意をひきたい〉という最大の努力である。そしてそれは母への攻撃というよりは、愛してくれない行為に対する抗議と考えられる。母への攻撃は結局、自分自身にはねかえってくる。

私の考える憎悪とは、憎んでいる人への非難を我慢していることにすぎないし、この憎悪は愛への欲求に起因している。もし憎悪が欲求であるならば、あるいは、欲求それ自身のための破壊欲求であれば、ある特定個人になぜ憎悪が集中するのか、私にはわからない。また概して、当事者の人生にとって重要な人物に、なぜその憎悪が集中するのかも、私にはわからない。私はいいたいのだが、この世に憎悪はない。あるのは憎悪の裏返しになった愛だけである。また地獄に激怒はない。あるのは赤ん坊への蔑視だけである、と。つまり憎悪は存在しないように思う。もし憎悪があるとしても、それは自分から求めた競争相手か、自分を拒否した恋人に対してくらいのものである。憎しみとは、心の底では絶えずアンビバレント（両極性）で、いつもすっきりしないものである。憎しみには、自由なはけ口がない。[*] 憎しみで好意的反応を期待することはできない。病理学で憎悪が重要問題になるのはこのためである。

* 憎悪はあるていど、自動的に抑制あるいは抑圧されなければならない。そしてこの過程は精神分析の臨床では、すでに暗黙の中に認められている。

同様に恐怖「本能」も、養育過程にいる子どもの状態にあわせて修正されなければならぬ。無力な子どもは逃げることもできないし、能率的に反応を避けることもできない。それで恐怖の感情は、母への訴えというかたちでしか効果的に表現できない。怒りの場合と同じように、好意的反応を期待・

願望しても必ずしも母の側にそういう好意的感情があるとは限らない。つまり母の側の怒りか不安かのどちらかが、子どもの心に何らかの問題をおこさせる。子どもの恐怖は、母に自信と落着きがあってはじめて安定するのである。母の無関心と無視が、子どもの恐怖をやわらげるのではない。無関心と無視は、子どもにとってもっともよくないことである。恐怖の訴えを軽視することは、極度の心理的外傷を与えることになる。

第2章　愛、憎悪、興味の科学的概念

乳児の世界像の特徴

われわれはここで、乳児の立場からは、たぶんこう見えるだろうと思われる人生の図を、描いてみなければならない。もちろんこの大部分は、想像にすぎないかもしれない。なぜなら記憶というものは、――たとえそれが深層心理の分析や催眠で想起したものであったとしても――その表現された記憶は、おとなという媒介物によって影響されているに違いないからである。しかしながら、乳児がその環境を理解するといってもそれには限界がある。その限界はわれわれおとなにもあるていどわかっている。たとえば、乳児は両眼を同時に使えない、――すなわち、凝視できない――たとえば深さと距離という感覚で物を主体的にみることができない。さらに、物にふれたり、運動したりする経験に乏しいから、まず第一に空間の概念をもてないことである。そのために、乳児は自分のいる部屋とか、廊下とか、そういった場所についてのきちんとした心像を創りあげていくのにしばらく手間どる。それゆえ、乳児にとって人間とは「来ては去り」、「現われては消えるものである」というふうに映る。これはわれわれにとっては、乳児はまだ夢をみている状態であり、超自然的な幻想の中にいる状態とみえるのである。

乳児の目には、まだわれわれおとなの性格的特徴ははっきりとは映っていない。しかしながら、乳児がにおいをかいで母親に本能的に引きつけられることは、大いにありうることである。乳児にとっては、ことばも声の抑揚とリズムのほかは無意味である。声の抑揚とリズムは、においが最初から欲求をよびおこすのと同様に、情緒的な反応をおこさせるようである。乳児の経験や、記憶の蓄積を制限している状況を知ることによって、われわれは、乳児の行動をある程度正しく解明できるのである。

このような乳児の意識は、哲学者プラトン（Plato）のいう「白紙説」とも異なるし、ウイリアム・ジェイムス（William James）の想像したような、「花ひらき、蜂のぶんぶんとびかうような混乱」とも異なる。1章で示した観点によれば、心には、最初からある方向を目指す意図が漠然とではあるが存在している。しかしそれが挫折したときには、不安となったり、怒りとなる。ところがこの意図は乳児の心にはおとなの心のようには、はっきりしない。すなわち、求めている満足とか、恐しい危険とかが、まだはっきりしていない。子どもの願望はむしろ、快楽状態、あるいは欲望〈状態〉にある。不快感は、不安とか怒りなど当てのない〈状態〉に移行していく。〈怒りの状態〉とよぶ理由は、子どもは何がほしいか知っていて怒っているというよりは、特に誰ということなしに怒りを向けているということを強調したいからである。換言すれば、子どもの求めているものは、単に不明確というだけでなく、〈方向も定まらず、対象もない〉願望なのである。

乳児の生活状態についてすでにわかっているところから推論すれば、たぶんこうなるであろう。すなわち、乳児は初めは自分と母親の識別がつかないのではないかということである。乳児は、動きたい衝動には必ず動きを感じるか、動きが伴うことを知るようになる。それを知るにつれ徐々に自分の身体を〈発見〉していくのである。いいかえれば、子どもの求めているものと行為が、一つのものとして経験されるのである。乳児は、〈さらに自己と「非自己」との相異も徐々に見分けていかなければならない∨。つまり、非自己は自己の動きや行為を、予期しない方法で制限したり、非自己の意のままに自己を規制することに気づかなければならない。自己は一見すなおな、しかしどちらかといえば、無力なものにみえる。しかし、非自己は快楽とか不快に対して、力あるものとして現われる。そして結果的に、乳児には経験不足の面がめだつのである。ときには乳児も、自分の欲求に忠実になり、これを満足させようとすることもある。しかしときには、外在物が——乳児も今やそれを認識できるが——無理やりに予期せぬ方法で働きかけてくる。そこで、無力な乳児の自己意識の芽生えには、必ず欲求体験と欲求不満体験が伴うし、欲求体験と欲求充足体験が伴う。さらに、自己意識の芽生えには∧不安∨も伴う。自己意識が高まってくると、新しく発見した「他者」に本能的な怒りの叫びやもがきをむけるようになる。この過程は、私には「精神的な誕生」と映る。実際の誕生の苦痛は、この精神的誕生のほんの小部分にすぎない。私の意見では、フロイドがどうみても根拠のない怒りを「破壊本能」のせいにしているのは問題だと思う。考えられることは、保育者や母親の子どもの扱い方、また応答の仕方などの比較的ささいな相異が、子どもの最初の印象や反応に、大きな差をつけているのかもしれない。そしてこれが、子どもの将来の性格発達の基礎となっている。銘記すべき重要なことは、外界から孤立し、独立した自己意識は、そもそもの初めから、どんなにささいな不安や怒りとも、あるていど関連しているということである。しかし一方では、(この私の意見はフロイドの意見には反するが) 自己意識は他者への怒りの表現と同じように、他者への感情ともつながっているように思える。

意識性の本質

もうひとつ重要な事柄がある。それは経験の分化である。この経験の分化は、この時期に乳児の心の中でなされるに違いないが、たぶんこれは、自己と非自己との識別に関係がある。経験の分化とは、実際に経験したことと、単なる記憶や幻想との識別をすることである。[*] しかしながら、実際の出来事が、われわれの意図と合致することはきわめてまれである。感覚的な現実もさることながら客観的現実は、乳児の記憶とはたいてい異なっている。なぜなら、乳児の経験は常に拡大しているからである。さらに、未来が実際に現実になってみると、乳児が当初、希望し、期待していたものとは異なることがしばしばあるにちがいない。

＊ 意識の本質とは、ある瞬間におこった事柄の全体像のことではない。これをむつかしいことばでいえば、意識の本質とは、経験過程を無限にうすい断面にしたものではない。意識にとって、現実とは時間の次元である。意識はすでに存在しない過去といわゆる知覚とか認識と呼ばれている実際の現在とを、結びつけるものである。意識は、願望や目標にそって「ありうる」将来を予想したりする。「過程」や「目的」は、そもそもの初めから、われわれの心の中では分離しがたいものである。人間は、∧外界の出来事∨にもひとりがてんの解釈を与え、これを理論づけようとする。その結果、有神論やアニミズム的世界観をつくってしまった。しかしこれは、驚くにあたらない。むしろ大事なことは、抑圧された「無意識」は∧超時間的∨といわれることである。これは時間感覚の喪失が抑圧の一要因であることを示唆している。

失望は自己と非自己との識別を促進するにちがいない。非自己は願望をくじき、目的を阻止するものである。換言すれば、非自己は感覚的経験として記憶されている快楽や、あるいは待望している快楽を妨げたり、遅らせたりするのである。この欲求不満への本能的対処法は、すでに述べた通りである。すなわち、不快・欲求・不安・怒りを表現する泣き声がそれである。われわれはここで、幻想満足法という他の方法にも注目しなければならない。この方法で乳児は、過去に満足した快的な∧思い出を楽しむ∨のである。そうすることによって、現実の感覚的経験への願望や欲求が、障害をうけている場合に、これを切り離したり、麻痺させたりするのである。こういう方法で（乳児の心が及ぶ限り）、明らかに非協力的な「非自己」や外界の環境から、ある程度独立できるのである。

現実的思考と幻想的思考　フロイドによって早くから認められていた挫折した欲求を、幻想とか「快楽的思考」によって処理する方法は、「魔法の泣き声と身振り」によって、現実の世界を支配し、実際に母親に影響を与える本能的方法とは別ものだとされている。この「魔法の泣き声と身振り」は「現実的思考」のはじまりとなる。現実的思考は、将来の満足のために現在の衝動を抑圧し、他人の怒りを避けさせるのである（これが道徳となる）。現在では「快楽原則」とか「現実原則」は記述的用語として用いられているに過ぎない。これは二つの異なった精神過程の力学、あるいは精神過程の構造を意味しなくなっている。しかしながら、この区別は重要であるし、明確に理解する必要がある。なぜなら、幻想的思考は、現実的な精神発達の重要な要因であるし、理想とか願望を形成するときの、また将来を計画するときの重要な要因である。ただし〈幻想の中で努力して精魂つき果てるか、幻想の中でしかるべき満足を見出した場合のみ、その活動は問題となる〉。たとえば、病的な自己充足感とか、最終的には早発性痴呆のような孤立感である。そうでなければ、感覚的満足への欲求を一時的に中断するのはよいことである。というのは、遊びや、実験や、回想などにむけて、〈思考〉を解放するよい機会となるからである。

乳児の初期の心理状態は、極度の未組織化と、未分化であると私はとらえてきた。自己と母親との区別がまだなされていないこの段階では、経験のすべてが実感的、直接的なものである。すなわち、自己と、非自己が相反するものではないということである。もろもろの衝動は、それぞれが別個に機能するので、衝動が相互に反発しあうため、行動が制止されることはない。それぞれの機能が、それぞれの満足をもたらすことになる。それゆえ、フロイドはこの段階の発達を自己性愛期とよんだ。ここでフロイドがいいたかったことは、乳児の努力とよろこびは、自己充足的で自己本位だということであった。また乳児の快楽はすべて性的な性格をもつものと、フロイドはみなしている。

この時期で重要なことは、乳児がすべての経験をひとつのものとして素朴に受けいれることであり、他者同士を識別できないことである。私はこの点を強調するために、この時期を「乳児的唯我期」とよびたい。この乳児的唯我期は形而上学的理論と関係がある。つまり自己の存在よりはむしろ他者の存在を先ず考えるのだが、それも他者の存在を絶対的〈自明の理〉として受け入れるよりはむしろ〈推理的〉にとらえる（それゆえにこそ問題はあるが）形而上学の理論と乳児的唯我期とは関係がある。私が明らかにしたい精神発達の重要な点は、他者に対する考え方と、他者と自己との関係についての考え方である。フロイドの関心は、表出を求めている衝動の性質とか、その衝動同士の相互関係に集中していた。むしろ、衝動は表出を求めているというよりは、排出されるべきものであり、また緊張緩和されるべきものと、フロイドは考えた。すなわち、用語の意味が異なるのである。

自己愛から愛他性への変化

フロイドが気づいたことは、この最初の時期は（彼はこれを自己性愛期とよんだ）多かれ少なかれ自己形成期になるので、愛も憎悪もこの自己にむけられるということである。自己は、ナーシサスの神話のように愛の対象である。そして他者に対して死の本能を「投影」することによって、死の本能（死への願望）という仮説から自己を守るのである。すなわち、死の本能を破壊の本能というように変形して、自己を防御するのである。この後、「自己愛期」は徐々に変化して、対象愛または愛他的となっていくと思われる。そこで性的願望（厳密な意味での性器期的思考・感情・衝動）は今や抑圧される。そして(a)性的願望は目標を禁止された愛とかやさしさとして存続する。また(b)（抑圧の前後に）性的願望は昇華され、象徴的な代償や置き換えというかたちで出てくる。昇華された性的願望は、興味の根源やエネルギーとなり、やがては文化を形づくることにもなる。

しかしながら自他の識別がつかない人生初期の唯我期はやがて、愛も怒りも共に〈他者〉（母親）に〈直接〉向ける段階に移行すると私は思っている。ただし、これは前述の精神発達の概念には反することになる。他者への愛と他者存在への認識とは同時におこる。フロイド用語でいえば母親を初めて認識したときから、その母への認識に、愛の「纏綿」がなされる。そうすると、自己愛期は実際には存在しないことになる。すなわち、唯我というのは適切な概念ではないことになる。自己愛期は幻想の産物であり、熱望の産物であり、怒りの産物なのである（第13章、14章参照）。これについては後程述べるが、私はとにかく相互に関連のある概念は拒否したい。すなわち、死の本能、破壊の本能という概念、衝動の放出とか、緩和としての表現という概念、凡性愛主義という概念などは拒否したいのである。私は何れ色々な観点から論及したいが、とにかくフロイドの理論には一貫した誤謬がある。そしてその誤謬は、決定的な偏見にその端を発している。

憎悪の意味と起源

母親の愛情は、それが最初に形づくられ、最初に方向づけられた情緒関係である限り、やはり基本的なものだと私は考える。憎悪を独立した基本的本能（後半を参照）と、私はみなさない。憎悪は分離不安の発展したものか、あるいは分離不安の激化したものとみなし、これはむしろ愛がおびやかされたときにおこるものである。憎悪は、子どもが自力でなしうる最大級の訴えである――これをおとなが無視するのは非常にむずかしい。憎悪の目的は、決して死への志向性ではなく、孤立という死からの自己保存が目的である。憎悪の目的は、むしろ愛情関係の回復にある。

この基本的な愛は、（そしてその反対の憎悪は）母親の世話を持続させるかたちで、子どもの自己保存を可能にはするが、しかしこの愛は、身体的欲求や、身体的満足感の総和以上のものであると私は確信している。さらに、身体的欲求や、満足感は性的（フロイドはこの性的という語を広義に用いているが）であるとする説は、かえってわれわれの心から、重要な識別をあいまいにしてしまう。これは、フロイド理論を精密に作り上げていくさいに、むだを多くしているだけだと私は思う。乳児との愛の絆は、最初からやさしさの特質を備えたものだと信じている。それはフロイドがいうように、抑圧（目標禁止）された性器性欲ではない。事実、世話する満足感やあやすということは、もともと愛を伝えるためのものであるが、発達の途上でその多くはなくなっていく。そうすると、愛というものが身体的な関係というよりは、もっと心理的共感性を帯びたものになってくる。しかし、もしこれが（フロイドが考えたように）、単に愛の目標や愛の満足感を無意識的に自から否定するにすぎないものであれば、確かにやさしさではなく、憎悪（愛の剥奪すなわち怒り）が出てくるであろう。事実、母親の愛の身体的表現があまりに突然に、あまりに激しく否定されると、憎悪が現われる（「やさしさのタブー」の項を参照）。しかし、やさしさの感情それ自体は、拒否によって生まれるわけではない。他の文化でかなり広範囲にみられるように、若干の困難はあるが、幼児期のやさしさはセックスと結びつくことがある。しかしやさしさというものは、去勢過程のためにセックスから生まれるものではない。

愛の関係と興味の関係

さらに私がフロイドと意見を異にする点は、母親への性愛感情が〈拒否され抑圧されると〉、それは変形し、象徴化してものへの興味に変ずるという点である。この昇華は（やさしさは他者の産物である）次のようにおこると考える。もともと赤ん坊と母親の絆は、相互に夢中になりあうものであると、赤ん坊は直観的ではあるが漠然と思っている。赤ん坊の活動、感覚、印象がしだいに拡大するにつれて、この絆の性格は変化していく。赤ん坊の体に対する世話と愛撫は、もともと見分けがつくものではない。赤ん坊は、自分の体や自分のすぐ周りの環境についての認識や関心を、母親の援助で急速に成長させてゆく。このようにして、乳児の自己への関心がでてくる。フロイドは自己への関心が成長する過程を、ナーシシズムと誤解している。どの時点で、〈愛による親愛関係が興味による親愛関係〉に変化するのか。これはもちろん決まっているわけではない。しかし、仲間同士の感情的つながりが変わることは間違いない。というのは、相手に対する関心が全くなくなり、相手もこちらに対して関心がなくなり、その結果、お互いに共通のものに関心をむけるようになるからである。協力的な活動をすると、〈共通の意味〉をもった世界ができる。ここで協力的活動とは、外界の出来事に対して同じような態度をとるとか、相互補足的態度をとるということである。また、共通の意味をもつ世界とは、他者こそが自分の「世界」だというような単純な愛情関係から分化することである。つまりこの単純で直接的絆がひとつの三角関係に発展し、外在物が遊びの道具になるのである。

もちろん最初の愛の関係は、興味の関係が発達するにつれて終わりとなるわけではない。しかし興味の関係は、その源泉たる愛とは大いに異なるものである。であるから事前に愛の確立をみないうちから、新しい興味の関係が、遊び仲間との間につくられうるわけである。さらに興味の関係は、見知らぬ人ともつくることができる。最後に、興味の関係と愛情関係の異なるところは、興味の関係はそれに参加する人間が何人であってもよい。むしろ多いほど興味の関係は強固となる。（たとえば、遊び友達はあまり嫉妬深くないし、所有的でない。）愛情から興味にいたるまでには、（たとえば他の人への関心のように）様々の段階の感情があるが、愛から興味への分化過程を正確にとらえることは、社会生活を理解する上で非常に重要なことである。性的衝動が否定されて昇華したものが興味で、この場合、肉体的満足感はあいまいで不完全だとフロイドは考える。やさしさの情も愛や興味と同系列のものだとするフロイド理論に同意はするが、それでは説明しきれない事実がいくつもある。そこで補足的理論や、補足的説明が必要になる。ただし、補足的理論、補足的説明といっても、仮説の上に推論をつみ重ねる域を出ない。興味の関係は、愛の関係と共通の機能をもっている。すなわち、興味の関係は親愛関係を育て孤独感をとり除く機能がある。そしてその機能の起源は、性的なものでなく、社会的なものである。

愛情発達論

では、フロイドの精神発達論と、私の精神発達論との相異を要約してみよう。私の発想は、これまで述べてきたように乳児期についての仮説的概念からきているが、フロイドのそれとは全く異なっている。次頁にあげた図表の左側に「フロイド派」の発達過程を記載し、それと対応して右側に私の見解を記した。

フロイドと私の相異は、二人の個人的能力や個人的違いからくる、観察の相異、図式化の相異、推論の相異など、個々別々の相異だと考えてはならない。また、フロイドの側か、私の側に、はっきりした間違いがあってそれがたまたま結果的に二人の相異になったというものでもない。フロイドと私の相異は結局、体系的、論理的に一貫した意見のくい違いからきている。すなわち、観点の相異か、前提の相異か、あるいはその双方の相異かである。後章（第13章、14章）で、フロイドの決定的な偏見をはっきりさせ、彼の偏見の一般特性とその由来を明らかにしたい。ここではフロイドが、誤った形而上学的発想から、どのようにして一連の誤謬を引出すに至ったかを私なりに説明するにとどめてお

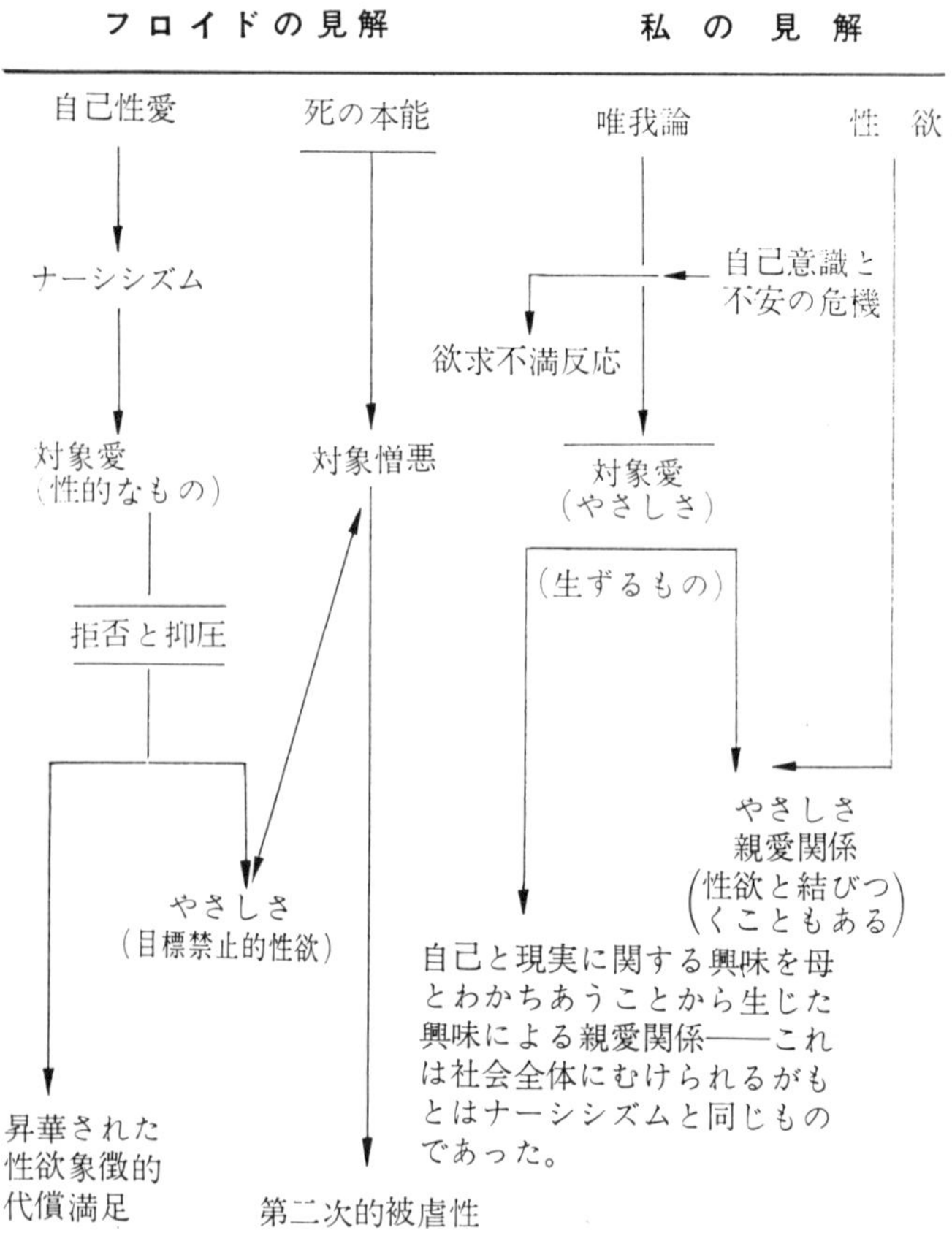

上の図表は，フロイドおよび本書にあげた私の仮説にそれぞれ従って作成した愛情発達論の図式化である。

きたい。
フロイドはすべての動機を二分して、(a)うっぷん晴しのもの、すなわち、吐露や緩和と、(b)身体的満足感への欲求とを考えた。フロイドは、<吐け口>がないため緊張がおこったときに不安が高まると想定した。(この後の考え、すなわち、人間は身体的満足を求めるものだとする考えは間違っていると最近認められるようになってきた。これは重要なことである。)フロイドは、人間の能動性を爆発的なものと考えたが、目的をもったものとはあまり考えなかった。すなわち、人生とは死にいたる努力以外の何ものでもなく、死を自分なりの方法でのりこえる努力以外の何ものでもないと、フロイドは明らかに述べている。衝動の爆発が、その人にとって苦痛や恐怖の結果を生む限りは、人間の社会生活は統制が保たれる。人間は燃焼を求めるエネルギーの塊であるが、恐怖心がそれを抑制している。しかしエネルギーの表出は、ただ表出のための表出ではないと私は思う。それは<他者からの反応を求めての、自己提起である>。そして、この反応が得られないときに不安や怒りとなるのであって、表現には必ず<目的>がある(第1章最終節参照)。たとえ性的な行為であっても、その目的は反応を求めることにある。その証拠に、母親としての目的と満足感は、母乳を出すことを超越したものではないだろうか。

愛の起源　衝動の特質や衝動表現の特質に関して、前述のような見解をもつフロイドが、反応を求めて表現しようとする愛という基本的欲求を否定するのは当然である。それゆえ、フロイドは不安とか怒りの現われを説明できないわけである。フロイドは、不安や怒りは、物的不満や物的剥奪で惹起されるようなことはないとみている。そのためフロイドは、(気づかないで)この攻撃性は「基本的に独立した破壊本能」に由来していると考えざるを得ないのである。この点に関しては、フロイド派の学者の間でも意見の不一致がある。そこで各個人は、自分の安全性がおびやかされない程度に、自分の衝動を放出し（緊張をゆるめ）、その上〈破壊のための破壊〉を自他にむけたがる。結局、こういう個人の集りが人類なのだという考えに到達するわけである。

フロイドは、個人というものを個々別々の存在ととらえながらも、なお、人間というものが愛への力をもつとすれば、それは先ず自己への愛――ナーシシズム――だと考えている。私が述べてきたように、「母という観念」を構成する要素、あるいは個々の知覚には、最初から（唯我期から）愛の感情が伴っている（纏綿している）ということである。つまり、対象愛は対象を知覚すると同時におこるということである。私はそこで、愛を生物的な機能をもった性的なものと考えるより、社会的なものと考える。それは性欲からきたものではなく、自己保存の本能からきている。また愛の目的は、他者との間に相互反応を求めることにある。社会性というのは、やり場のない性的欲求というよりは、愛への欲求と考えたい。一方、文化的興味は親愛関係という愛の補足的方法からきている。決してそれは性的満足の変形ではない。

ここに略述した愛と憎悪の概念は、フロイドの概念より、はるかに単純で一貫性があり、より事実と一致しているように私には思われる。それは推論的に到達したものではなく、多くの帰納的研究の集積によるものである。フロイドからの分派がこれからも出てくるであろう。そして最終的には、フロイド理論批判の集大成というかたちでまとめられるであろう。さらにフロイド理論は、実際の精神分析療法ほどには立派なものではないという説明がなされるであろう。われわれはまず、愛と興味に関する私の概念を支えている証拠なるものを、さらに考察しなければならない。人間の精神発達のどのような状況に、フロイドの作業仮説があてはまるのかを考えねばならない。また、人間の重要問題の解決に、フロイド理論はどのように役立つのか考えなければならない。ナーシシズムという語が、ある行動様式あるいはある感情状態を表わしている限り、その語はうまく使われているといえる。しかし私は、ナーシシズムという語は愛の発達における実際の段階を表わしているとは思わない。フロイドは二つのことを混乱しているように思う。つまり、彼は自己性愛期、あるいは唯我期の意味を十分に考えていなかった。自己性愛、あるいは唯我的段階では、満足とか至上の幸福などは、自己愛（Self-love）の様相を帯びている しかしながら、この段階でさえ「他者」への愛（Other-love）のきざしがみえるのである。フロイドは、赤ん坊が自分の体についてもつ興味とか、愛する母の関心を気にすることを、自己愛だと誤解したふしがある。身体的な自己が母親の興味の対象であり、母親とわかちあった最初の遊び道具である限り、身体的満足は放棄できるものである。しかしこの状態は先ず、愛そのもの（相互にひきつけあうもの）との見分けがつけにくい。ナーシシズムは将来の興味の発達や昇華の核であり出発点となる。

このように、フロイドがナーシシズムとしてとらえた感情の状態や行動様式を、愛の発達途上の中間期としてでなく、私はむしろ愛の支流として考えている。

第3章　博愛主義・愛他主義・快楽主義

社会的欲求というものが、乳児期から存在すると想定するならば、子どもの成熟への旅は、不安で闘争的な成人期から過去をふりかえってみたものとは異なった様相を呈してくる。人間的な特徴として、フロイド派や神学者があげている貪欲や憎悪、いいかえると、「われわれの内なる猿なるものや、虎なるもの」すなわち、「原罪」は、社会的不適応か、「強いられた」成熟か、あるいは「偽り」の成熟であるように思われる。人生最初の母子のやりとりを、損得という意味での「あげる、貰う」というふうにうけとる乳児はいない。たとえ、その乳児にとなの気持や表現力が備っているとしてもである。母親は確かに乳房を与える。しかし、赤ん坊も口唇を与えている。これらは乳を吸うときの交流に必要なことである。もし母乳がよろこんでくるものであれば、母親から子どもの体へ移行する物質は、子どもの心にとっては物質ではなくなる。それは決して、母親の犠牲であるとか、わずらわしい務めという感じで授乳を考えないということである。今後わたくしは、「贈りもの」ということばを、単なる物質的な贈りものと意味しないで、是認とか、注目とか、関心などを含めた広い意味での「贈りもの」という意味で用いることにする。そこでは、母と子の「関心」に葛藤があってはならないし、くい違いがあってもならない。したがってこの時期に

理想的な母子関係

は子どもが母の感情を害する可能性はあまりない。すなわち、子どもの行為はすべて受け入れられるものである。また、黄金時代の神話（この背後には、歴史的真実があるのかもしれないが）を生むという意味で、子どもは「自由」であり「善」である。そして極楽や、理想郷を追求する気持に、子どもは大いに貢献しているのである。

この理想的状況においては、不安は少なく、怒りは一時的なものである。そこでは、不安定とか、不平とかの気持は永くは続かない。ただし、人生の危機のとき（たとえば次男の出生のとき）とか、文化の危機のとき（たとえば清潔のしつけなどのとき）、あるいは文明の危機のとき（たとえば、赤ん坊をおいて母親が働かなければならない場合）、のような場合には、幸福な共生的な母子関係は妨げられることになる。赤ん坊は自分の行為がときどき受け入れられないことがあるとわかり、自分に対する母の「贈りもの」は、条件づきのものであり、不快なことすらあるとわかる。これらの状況が理解され、その状況にうまく適応できるようになるまでは、子どもは不安でいらだちやすい。

子どもは母親に対して、愛と気がねと憎しみの交錯したもの――アンビバレンスとよばれるが――を感じるようになる。アンビバレンスは、非常に不快な感情である。なぜなら、これらの感情は何れも自由に表現できないからである。母乳を吸うよろこびでさえ、ひどく妨げられることがある。「分離の不安」は大きな力で迫ってくるので、以後は努力のすべてが（直接、生存や食欲の満足にかかわっているわけではないが）「不安の克服」に捧げられる。フロイド派はこの過程を、「個人内の心理的葛藤の解決」過程であるとみたり、不安感の免疫過程、すなわち、忍耐力の習得過程であるとみている。フロイド派はまた、「愛をもって憎しみを乗り越える」という表現をする。というのは、憎しみと愛とは別個の分離欲求であるとフロイド派は考えるので、愛をもって憎しみを克服するとは、抑圧を意味するに違いない。これは、人生とは衝動の解放によって平和を得ようとするあがき（『快楽原則を超えて』に述べられているように、いわゆる、精神の緊張緩和機能のようなものであるが）とする彼らの観点とは一致しないように思われる。これらの一貫性のなさは、社会的状況や、社会的動機を勘定にいれていないフロイド派の強引な決定論からおこっているように思われる。彼らは個人の心の中で何がおこっているかという見地から、心理過程をすべて説明したがっている。ところがその場合、人と人とが相互に適応しようとする際の緊張感、辛さについてはあまりふれていない。私は反対に、「不安の克服」や、「憎しみを乗り越えるのに愛をもってする」ということは、母と子の状況に関係があり、長じては社会全体の環境に対する、母子関係の再現の仕方に関係があると思っている。子どもの主な努力は、葛藤をおこしている感情を心理的に調節しようということではなく、調和のとれた社会的関係を回復することによって、不安と憎しみの原因を除くことにある。

不安・憎悪の克服

対人関係での対立が取り去られるとき、ラポールという感情が不安や憎悪を、愛情や安定感にかえる。愛情や安定感で不安や憎悪を克服するというのでなく、不安や憎悪を愛情や安定感に再編成するのである。このためには、衝動の解放はある程度必要である。しかし、不安な心が求めるものは、単に心安まる感覚的、自己中心的な自己表現の満足感を味わうだけではない。他者に受容されるべく（たとえば好意的に反応されるというように）楽しい活動を志向するとか、欲求不満による怒りを抑制しようとする。そういうわけであるから、道徳とか、あるいは少なくとも、「罪障感」とよばれる行動は、人生のそもそもの初めから存在するのである。幼少期の罪障感には、おとなの罪意識の特徴である、恥かしさ、後悔、残念さなどは含まれていないのが普通である。元来、幼児の罪障感というのは、おとなのそれより、ずっと個人的なもので、不安に密接に結びついているものである。ただし、不安がすぐ和解に結びつくというよりも、むしろ乳児の不安は、悲しみや、憧憬や、世話を求める色合いが濃い。そこで、フロイド派が人間の心理的克服への動機づけの特徴として考えている、「不安の克服」、「愛で憎しみを乗り越える」、「衝動の解放」など、三つの過程に対して、私は社会的な解釈をしたい。そうすることによって、これら三方式の相互矛盾を克服できるばかりでなく、この三方式は同じ目的（愛の探究）でも、その表現が違うことを明らかにし、しかもこれまで精神分析理論の発展を著しく妨げてきた二つの誤謬を回避することができる。誤謬の第一は、すでにフロイド派が誤りであると認めているものだが、不安は性的欲求不満以外の何ものでもないとする考えである。誤謬の第二は、死の本能論、あるいは攻撃欲の本能論であるが、これはサディズムとかマゾヒズム（経験上の理論に過ぎないが）の説明原理としてははなはだ不十分であることが一般に認められている。一方これらが、精神分析者同士の深刻な論争の原因となっている（後章を参照）。

幼少期の子どもの欲求に対する、私の社会的解釈は、フロイドよりはアドラーにより近い。しかしながら、権力への欲求が第一義であり、それが人生の普遍的な特質であるとするアドラーの説には、私は反対である。私は、優越への欲求を、養育方法への不安反応とみる。それゆえ優越への欲求は文化的影響に左右される。アドラーの考え方は、フロイド同様、これまでの物質的で攻撃的な伝統文化に由来していると思う。アドラーにしても、フロイドにしても、子どもたちが貰いそこなった（あるいは貰えなくなるよとおどされた）、物的な世話に焦点をあわせている。たとえば、洗濯などの物的世話の実利性よりは、やさしく愛撫されることの方が、子どもに受けいれられやすいということを考慮にいれていない。「支配」とか「優越」とかを強調するアドラー派は、フロイド派のいう攻撃性とか、利己主義を人間の基本的なものとして受け入れているように思われる。しかしこれは、社会的安定感が失われるときに、それをとりもどそうとする単なる一方法であり、二次的なものだと私は考える。社会的安定感は、無条件の愛を求める甘えの時期（乳幼児期）から、しつけの時期（児童期）に移行するとき失われる。フロイドやアドラーは、子どもというものは本来「悪い動物」であり、外界の脅迫や強制が子どもの興味に加えられるときに、初めて「社会的」となり、「善良」となるという伝統的な考え方を受け入れていると思われる。アドラー派はもちろん、社会的感情を認めてはいる。しかし、この社会的感情については何らの定義も見出せない。そして、その起源や発生、また他の本能との関係についての提言も見出せない。私の方は、愛したい欲求、与えたい欲求、「善良でありたい」欲求、「協力的」でありたい欲求を考えてきた。そしてこれらの欲求が妨げられると、性格に影響するのである。まず第一に、この社会的感情は幼児的な寄生（依存）を継続する傾向がある。しかしながら、貪欲とか悪意があるわけではない。この寄生期にあるのは、本能だけである。なぜなら、われわれのいう物質的な意味での、与える能力が乳児にはないからである。乳児は、快感と善意のみをもつ。そしてこれらを自由に与えるのである。

われわれの文化では、他者への愛は気まぐれで条件づきのものだということに、幼児は人生のごく初期に気づくにちがいない。また子どもの贈りものが、批判されがちであり、拒否されがちであることに、子どもは人生の初期に気づくであろうことも疑う余地がない。このことを、私は不安の危機とよんでいる。その際の適応の仕方、性格、あるいは神経症、場合によっては「精神病」などを子どもがえらぶ場合、人生での子ども自身の役割に左右される。ここで役割というのは、その時期その時期で自分にも向いているし、人さまにも受け入れられる役割という意味である。このアドラーの考えに、私も賛成である。

愛の欲求不満の現われ方

子どもの社会的な愛は、挫折すると自動的にそれは不安にかわる。これは、子どもの生まれつきの体質的問題である。長ずるにしたがい、母が拒否したものを求めるべきでないし、母が拒絶したものを与えるべきではないと子どもは感じるので、後年その不安は罪障感になり得るのである。それゆえ子どもの挫折感が非常に大きい場合、その不安は憎しみになる。これまで述べてきたように、愛する対象への憎しみ（アンビバレンス）はたえがたいものである。すなわち、愛の関係は死活問題として考えるべきである。そして、この愛の関係を保つための方法はいろいろある。まず第一は、最初の愛の対象である母への愛（後章参照）を保つことである。さもなければ、現実の姿の母はなかったものと考えることである。母は、かつては存在していたが、今では記憶の世界にのみあるものと考えることである。これは現実から幻想への逃避方法である。これについては、前述した通りである。次に子どもが、「悪い」母に代わる「よい」母代理を、保育者とか父に求めることも事実である。しかしこの母代理に対しても同じ要求をもとめ、同じようなあがきを再現することも事実である。しかしながら、依存感情を母以外の人へ転移することによって、たいていの子どもは「よい」母代理を得ることに成功する。第四の方法は、アドラー派の力への憧憬（または所有欲）という考え方がそれである。この方法は、子どもの側に、攻撃、強要、怒り、愛への抵抗を必要とする。以上述べた方法は、何れも、子どもが自分の欲求をはっきりさせるにつれ、浮びあがってくるもので、次のように整理できる。

I　母への愛の保ち方。「母はよい人で、親切な人だ。もし母が私を愛さないとしたら、それは私が悪いからだ。」この発想の仕方が、ある人たちに「劣等感」とよばれる考え方を発展させた。この極端なものが「うつ病」である。「うつ病」の患者は、自分は全く価値なきものと感じている。私たちは同じような考え方を、アウグスチヌス（Augustine）の神学の中に見出すのである。アウグスチヌスの神学では、洗礼を受けていない子どもは、永遠に地獄に落ちるし、神が定めたことは正しいとする神学である。一方、この感情は理想主義への刺激となり、母が愛してくれる子どもになりたいという願望への刺激となった。

Ⅱ　道徳が発達する以前の乳児期への退行については、次のように表現される。すなわち、「私はまた赤ちゃんになりたい。なぜなら、お母さんは赤ちゃんにだけは、親切なんだから。」またはこれが変形して、乳児期の病気のときの感情表現になる。「キスして、治して。」または、「お母さんは、病人には赤ん坊のように世話をする」と。

乳児期への空想的退行は、おとなの生活をも、幼児的な性格のものにしてしまう。そしてそれが現実からの完全な逃避となると、早発性痴呆の状態となる。早発性痴呆は、養老院に収容されている老人の三分の一を占めている。そして退行の度合の少ない人は、病気を利用している。すなわち、病気を誇張するか、病気をでっちあげる。その結果、ヒステリー性の病人になる。ここでは、幻想は誇示されるが、現実感は鈍らない。患者は、現実の人々の注目を集めることを切望し、そのために策を弄する。しかし自分の夢の世界には引きこもらない。

Ⅲ　第三の方法は、母を見捨てる方法であるが、それは次のように述べることができよう。すなわち、「お母さんは悪い。だから私はお母さんよりもっといいお母さんをみつけるよ」と。妄想病者は、自分をとりまく社会に対して実際にいう。「あなたは、私がもって生まれた権利を拒否し、私を憎み、私に対して陰謀をたくらんでいる。私は悪くない。あなたが悪い」と。

そこで、これまではあまり重要視されていなかった父が、子どもに親として選ばれることになる。この場合、父が息子の性的態度を損わないならば、あるいは、娘に過剰な「父定着」をおこさせないならば、子どもは結局は、母の代わりに全社会環境をとりいれることになるので、正常とみなされる。

Ⅳ　第四の分離不安をあつかう方法はこうである。乳児期の自然で「自由な」愛を確かなものとするため、力を代用することによって、安定感を得る方法である。力を用いる子どもは、たぶんこういうだろう。「あなたは私を愛さなければならない。そして私を怖がらないといけない。私は、あなたに嚙みつくぞ。あなたが私を愛してくれるまでは、あなたを愛さないよ」と。「非行」というのは、たいていこの方法の産物である。この方法は非行の大きな原因となっており、妄想病者を生む重要な役割を果している(第1章最終節を参照)。

この病気の特徴は、極端な利己主義と、他者に対する疑い深さと、高慢な態度であり、さらに、うぬぼれが強いことである。妄想病者は、子どもの素朴な自己中心性と、子ども心にもそれとわかる「悪い」親の無責任な特権と気ままな権力、これらの組合わせである。力づくで愛を得るのは、異常性を生むが、それを別にしてもこういうことがいえるのではないだろうか。すなわち、愛の代わりに力をたのむというのは、われわれの文化と伝統の特徴でもあるし、同時にそれが、われわれの文化と伝統を損うことにもなっている。これは確かなことである。

人生初期の大事な時期におけるもう一つの機制は、いわゆる、「恐怖の代償」といわれるものである。他のもう一つの機制は、欲せられるものになることによって、愛を得ようとする衝動である。恐怖の代償の特別な形は、すでに述べたところである。すなわち、自己を非難することにより、母を許そうとする欲求である。しかしながら、憎悪と恐怖は、愛の対象とは別な人に置き換えられる。たとえば、非難はすべて、「競争相手」である父とか赤ん坊にむけられるかもしれない。欲せられるものになることによって、愛を得ようというもっと建設的な方法は、性格発達の大きな誘因となる。しかしもし、子どもっぽい誤解がそこにあると、困った結果を生むこともあり得る。たとえば、女の子が男の子になりたいとか、男の子が女の子になりたいと思うのがそれである。愛を得る方法が失敗すると、「やさしさのタブー」と私がよんでいる防御機制が生まれるのである（第6章参照）。

リビドー定着論への懐疑

人間発達を、このように多様化ならしめているその原動力の説明の仕方は、フロイド派の説明というよりは、アドラー派の説明にはるかに近い。食欲や社会的行動の原動力は、すべて性的要素（リビドー）を含んでいるとフロイドは考える。このような意味で、少なくともフロイドはしばしば書いている。しかしときには、気まぐれに「自我本能」とか、愛などにも言及している。しかし、自我本能とか愛とかいう概念は、フロイドの理論の中では、実際に機能的な位置を占めているわけではない。ただ記述上、便利だから用いているにすぎない。フロイドは、人間の性格は性心理的態度から発達すると考えている。そして、精神疾患の型は（もしあるとすれば）、その人の中に散在しているなまの性的衝動の方向と、まとまり工合で説明できると考えている。私がすでに述べたようにフロイドは最初のうちは、人間成長の原動力は、自己愛というかたちで自己に向けられているが、そのうち、対象愛として他者にむけられるようになると考えた。もっともそこには、感覚的、または幻想的満足を得るためだとか、物質的危険性を回避するためにといった考え方がやはりあるように思う。リビドーの表現様式は、さまざまに変形すると想定できる。まず最初は、おしゃぶりへの関心が支配的である。あるいは、まずおしゃぶりで、それから噛むことに移行するといってもよい。これらは口愛期とよばれている。次にリビドーの発達は、排泄欲求の衝動が主流を占めるようになる。すなわち、「排除」と「保持」の衝動である。したがって、この時期は肛門期と名づけられる。これは、第一期、第二期とある。そしてしだいに、性器的感情と性器的衝動が発達してくる。これがリビドー発達の主流となるので、いわゆる性感が現われてくる。これは周知のごとく、男根期とよばれる。

この人間発達論によると、リビドーのあるものはそれぞれの発達段階に定着すると考えられる。そしてその結果である性格というのは、結局、これらすべての定着したものの寄り集まりということになる。たとえば、第一口愛期に強い定着があるのは、早発性痴呆を生むと想定される。もし第二口愛期に定着がおこると、うつ病となる。妄想病者は第一肛門期におこるはずであるし、強迫神経症は第二肛門期におこるはずである。ヒステリー患者は性器的段階に達しているとは思われるが、おとなの性感を正常に選択できるほどにはいたってないといった具合である。しかしながら、定着は遺伝によって左右されるというような、仮説的定着論を支える理由はほとんどない。したがって、治療機制を説明できるような理論もなければ、効果的な定着予防法を示唆する理論もない。事実、分析者は、上述の考え方をひそかに放棄し始めているように思う。少なくとも、理論の隅に追いやっているように思う。一方、分離不安の克服こそ、人間発達の原動力であるという考えをますます強調するようになっている。たとえば、基本的原動力として、暗黙の中に社会的意図が機械的な原因論にとって代わりつつある。そこで私はこういいたい。このリビドー定着論は、子どもが母親との楽しい関係を保ち、また回復するための努力を説明するのには、きわめてまずい心理学的説明方法である、と。換言すれば、分離不安とは社会適応がうまくいかなかったときに、感じる不快感にすぎないのである。

リビドー発達の各段階は、授乳、離乳、排泄の喜びや禁止、性的感情の成長などは、母の要求に適応する手段にすぎないのである。この観点から仮定される「リビドー発達の諸段階説」は、体の発達と同じように生来的な力で決定されるとはもはや考えられない。むしろリビドー発達段階とは、母子関係の絶えざる変化に、子どもがどうかかわっていくか、その反応の仕方の現われである。そして、この母子関係のきめ手になるのは、文化や文明によって課せられた養育の慣習である。性格とか、精神障害は、環境と無関係に働いている内的成長力の自動的表現ではなく、自分がそこに存在している社会状況に対する、各個人の反応の仕方としてとらえることができる。

フロイドとアドラーの異同

理論上のこの相異は、実に、フロイドとアドラーのそれぞれの異なった人生態度の特徴でもあった。フロイドは常に、個人を自己充足的な自己決定の実体としてあつかおうとした。一方、アドラーは、個人をその社会に依存しているものとしてみた。すなわち、フロイドとちがって、アドラーは常に主体と客体との親愛関係の変化・緊張という枠組でとらえようとした。そして以上のことに関してのみアドラーの考え方は、フロイド理論よりはより真実に近く、より作為的でないということで問題はない。これについては、フロイド理論の動向が示しているとおりである。しかし私のアドラー批判は次のごとくである。もし彼の問題を私が正しくとらえているとすれば、彼は心の起源や心の特質を深く探究せず、「競争的自我」とか「社会感情」を普遍的で基本的なものとして、すなわち、全発達の出発点として、また分析不能なものとして受け入れていることである。それゆえ、アドラーは臨床的な面に自分の興味を制限している。彼は事実、フロイドより賢明であるが、フロイドより科学性に欠ける。アドラーはまた、仮定的な基本概念の吟味の仕方が、フロイドほど十分ではない。

愛憎の特質、愛憎の起源、愛憎の相互関係の理解は、単に精神障害や、個人の性格を解釈する手がかりになるというだけでなく、文化を理解するための重要な手がかりとなることは明らかである。周知のように、フロイド派の理論も、アドラー派の理論も、人間生活の根本的な動機として、「個人の利益」をとる。アドラーは「他者」の重要性を明らかに認めているが、「他者」を利己的な個人の家来か召使としてしかみていない。アドラーにとって、社会化とは利己主義を阻止することであり、自己主張の抑制とは、(たとえば他者の抗議などによって) 外部から強制されることで、個人に内在する善意や愛他主義の自然の発露ではないのである。「社会感情」という概念の用いられ方は限られている。フロイドの人生観はさらに利己主義的である。というのは、究極的な快楽に関するフロイドの考えは(したがって目的に関する彼の考えは)、身体的満足と衝動の排出という考えにすぎない。フロイドもまた、力への欲求探求に関してふれている。フロイドにとって力への欲求は、幼児的全能感を回復する試みであり、すべての他者を自分に奉仕させようとする試みである。これら二人の思想家の人生哲学は、人生の目標が自己主張であり、自己探究にあるという点では、結局一致している。そしてこの目標を妨げるものは、不快な結果への恐怖と、報復への恐怖だけである。自己主張と自己探究によって得るものは、「現実感覚」の習得であると、この二人の思想家は考えたのである。すなわち、力への欲求が自然の衝動を方向づけたり、禁止したりする実際の原動力になるのは、この現実感覚があるからである。

力への欲求の新解釈

これとは別の見方ができそうに思われる。この哲学をすべてあべこべにして、なおかつ、その公式をそのまま使うともっと効果的である。力を得るために他者の愛を求める代わりに、他者が私たちのために何かをしてくれるようにしむけるのを認める哲学である。たとえば、他者を私たちの召使にするのがそれである。それはしばしば他の方法に変わってしまう。われわれは他者の愛を確かめるために、何かを、しかも多くの場合、必要のないことを私たちのためにさせるのである。すなわち、自分が愛されていることを自分自身に納得させるために、他者に影響を与えようとしたり、印象づけようとしたり、喜ばせようとしたりすることがある。換言すれば、力への手段として愛を求めるのでなく、（神経症的不安のため）愛への手段として力を求めるのである。乳児の初期の状態には、万能感というものはない。なぜなら、万能感というのは、母とは別個のものとしての自己を意識することを意味するからである。母子の分化は、周知のごとく、乳児期の初期には存在し得ない。自己と非自己の分化以前には、力については何の疑問もおこり得ないし、興味や願望の葛藤についての疑問もあり得ない。損得の自覚もない。母と乳児の関係は、完全に快なるものか、然らずんば、不快なものかの何れかである。また、母子のどちらの側にとっても、勝ち負け、損得の感情はないものである。それゆえ、この時期に、不快や怒りが憎悪や恨みになることはない。母子分化ができるようになって、乳児が母と自分とは別個の独立した存在として、また機関として認識し始めてからでさえ、母子融合のときがあり、競争的といえない密接な母子関係のときがある。こういうときには相互に損得の取引的バランスは問題にならない。また義理で何かせねばならないということもない。どんな贈りものでも貰う方が得になることは間違いないのだから、「与える方が貰う方より幸福だ」というのはおかしな話である。どんな人間関係でもその結果はすぐにでてくる。乳児は柔軟性があるから、文字通り不安になる機会はない。それゆえに、力というのは乳児にとっては、貸借表と同じように意味がない。乳児には批判精神がない。したがって善悪は存在しない。乳児期とは無邪気な時代（あるいは人生のひとこま）である。

乳児期のこの極楽からの脱却は、授乳、世話、心遣いなどを、母が拒否したときにのみおこるものではないことに気づかねばならない。母との最初の関係は、二人を別個のものと感じさせないようなやりとりである。それとちょうど同じように、分離不安というものは、母が与えることを拒否したときにのみ子どもがもつ感情ではなく、母が子どもから貰うことを拒否したときにも、子どもがもつ感情なのである。適切な反応ができない場合と同じように、子どもは自分の贈りものが拒否されると、自分は悪い子どもであり、自分は愛される値うちのない子であると感じる。そしてついには、うつ病となって現われる。

分離不安・攻撃欲の起源

母が、子どもに与えるのを拒否すると、子どもは不安・憎悪・攻撃欲をもつようになる。フロイドは、不安・憎悪・攻撃性をもともとある本能だと勘ちがいした。そしてアドラーもフロイドと同様力への欲求を、人間性のさけることのできない基本的特徴であると間違ってとっていた。与えたり貰ったりの愛の反応状態には、たぶん損得のバランスが伴うが、これを要約すると、不安にかられた心の作為現象ということになる。これが物的取引と似ている点は、否定のしようもない。フロイドもアドラーも、攻撃欲を（そして虫の好かない感情でさえ）環境とは無関係に、個人内に自然にわきでたものであると考えた。私はむしろこれらは、環境との特別な関係でできたものと考える。すなわち、母による拒否や拒絶の産物であり、さらに一般的には、母の無反応の結果と考えるのである。事実、乳児期から脱皮の際におこる不安と怒りの反応は、完全には避けられないのかもしれない。しかし、他文化でのしつけ方やそのしつけの結果をわれわれのそれと比較してみると、母子関係に多様性があることは疑う余地もない。

フロイドやアドラーが想定したように、攻撃欲と敵意が生まれつきの人間性であるかどうか、また、させることのできない環境によって惹起されたものかどうかは、大した問題ではないと、今日では多くの人が考えている。攻撃欲はいつでも現われるであろうし、事実、いつでも現われている。なぜなら、人間は反応する可能性をもって生まれているからである。これは確かにそのとおりである。しかし、理論というものは、臨床的に相異があるなしにかかわらず、常に、われわれは自分の理論を是正することが必要である。攻撃欲というものを、空腹時の食欲と同じように考えるかどうかは、実際的にも、理論的にも、重要な問題である。(現時点でのわれわれの知識程度からではあるが)食欲は、体内過程への反応であるから、どんな状況ででも、自己出現してくるものと考えられる。あるいは、理論的にはおこる必要性がなくても、環境の刺激しだいでおこる恐怖のように、食欲も単なる自然反射的な反応として考えられる。そこで、攻撃欲もこの食欲と同じように考えてよいものかどうかを問題にせねばならぬ。

右の例は、攻撃欲と食欲は同じだという前提に立っているが、私にいわせれば、それゆえにこそ、フロイドは憎悪と暴力を不可避なものとしてうけいれたのである。そしてこの不可避な憎悪のために、社会的に無害な標的を発見することが、最も賢明な人間の知恵だと考えたのである。同じ人生哲学がアドラーにもあったので、アドラーはできるだけ早期から、赤ん坊に協力を強制すべきだと感じたのである。私は(できれば抵抗をおこさせないように)アドラーにいいたい。アドラーの理想とする育児法によると、子どもが生存するために必要な無条件の愛は、最小限にもらえばよいということになる。換言すれば、アドラーはできるだけ幼少期に条件つきの愛という不安を、子どもに与えるようにするという説になるはずである。フロイドもアドラーも、乳児の本性は「悪」であり、外的な強制によって子どもは「善」すなわち、「社会的」になると考えた。さもなければ、悪のはけ口が必要と考えた。しかし私の考えはこうである。善や愛の芽生えは、かなり初期から（乳児を養育するすべての種属の）各個体内にある。ところが、伝統的な養育の仕方は、この自然な美点を挫折させ、自然な善を罪障感と不安にみちた道徳心に変えてしまう。フロイドやアドラーの人生観は、伝統的な態度があまりにも深くしみついているので、フロイドにせよアドラーにせよ、愛というものを、他者の怒りをさけるためのものという程度にしか考えていない。このような人生観の理論的結末については、心理療法の章でさらに考慮しよう。

こういうわけであるから、乳児が力を行使し、力を愛するという仮説を検討する必要があると思う。分離不安や怒りの抗議のときにも、乳児は力かそれとも愛かの何れかに訴えるという仮説も検討の必要がある。何れにしても、競争もなく、けちけちすることもなく、疑うこともなく、損得を勘定することもない、そのような愛の関係の回復を子どもは目指しているのである。しかし、一方では自然な愛の関係を捨てて、そのかわり力に訴えることもある。愛と力、これらは発達の二つの糸である。力を求める糸はフロイドやアドラーの関心をもっぱら集めたものである。ここで私が「糸」とよぶのは、自己を意識し始めた最初の瞬間からある意図をもって人生を織りなす糸という意味である。これら二つの糸はすでに述べてきたことと異なる方向に発展することはない。一方には、利己的で支配性のつよい糸、あるいは要素があり、これは主に精神分析の関心事であった。ところが他方、不安克服の試みという糸があり、これは愛の対象を支配することによってではなく、愛の対象との相互関係を回復することによって不安を克服しようとするのである。また要求を押しつけるのではなく、自分が愛すべきものになることによって不安を克服しようとするのである。恐怖が道徳を押しつける場合、その「恐怖とは愛を失う恐怖」のことであると、フロイドが述べているのは正しい。しかしながら、この社会的見地は、分析心理学本来の個人主義的な見方に、微々たる影響しか与えていない。

赤ん坊は愛の態度で人生をはじめるばかりでなく、「与えたい欲求」も生涯主な動機として続くのである。そして他のすべての欲求のように、与えたい欲求が挫折させられると不安が現われる。けちで物質主義のおとなは、赤ん坊は母親から一番よい愛情関係をもらっていると決めこんでいる。そのために、母親が犠牲になっていると思っている。しかしながら、母子関係は、その子の心にとっては絶対であり、「釣合いのとれた」ものであり、共生的なものである。それゆえに、与えたい欲求は、もらいたい欲求と同じくらい重要なのである。あげたい愛が受け入れられないという感情は、他のほしいものが得られないという気持同様、たえがたいものである。しかしながら、この二つの感情のどちらか片方の感情が、個人生活を支配している。歓迎されないという前者の感情は、不安や挫折の症状を呈するし、後者は、攻撃的にする。ある程度不安に支配されたこの二つの衝動は、それぞれ「抑圧するもの」と「抑圧されるもの」に該当する。それゆえ、この観点からすれば、心理療法の過程は、愛することと、愛されているという感情の障壁を克服する以外の何ものでもない。それゆえ、生まれながらにもっている反社会的、利己的、身体的欲求の表現が、恐怖によって禁止されているのを単に除去するのが心理療法の過程ではないのである。

清潔のしつけと倫理観

われわれの文化では、最も重要な(というのは最も初期に強いられるものであるから)適応の一つは、清潔への適応である。排泄の衝動を妨げると、興味の発達とか社会道徳の態度に最も重要な影響を及ぼす。もちろん、この分野は精神分析によって組織的に研究されている。イギリスでは、E・ジョーンズ(E. Jones)がこの研究では著名である。しかし、私が思うに、精神分析的研究では人とかかわりたいという欲求より、感覚的価値をより重視した先入観で研究がなされている。それに性器のタブーに関したしつけよりも、排泄のしつけを優先させることの重要性が、十分理解されないまま研究がなされているということである。

赤ん坊は必要性から授乳してもらう。先に長く延期する自由はない。授乳することは、赤ん坊を喜ばせ満足させることになる。そして、ふつう授乳は、赤ん坊とかかわりのある人たちによって、決ったやり方ですすめられる。排泄の機能と授乳とは、二つの点で異なるところがある。赤ん坊はある選択力と抑制力をもっている。この初期の意志の行使は、赤ん坊を「しつける」人の反応に影響する。ここで赤ん坊は、力の最初の経験をすることになる。すなわち、その力とは人を喜ばせたり、不快にさせたりする万能的なものである。力の感覚や自己重要性の感覚が、責任感・不安・敵意などの基本となる。この力の体験がまず、称賛や批判にさらされた道徳的存在に子どもを高めあげるのである。人生初期の力の経験、すなわちフロイドのいう「魔法の泣き声」としぐさは、力の経験よりもっと自動的な方法だと思う。乳児は、「自己」と「他者」との識別がはっきりついているわけではない。乳児は「唯我的」段階にある。それゆえ、他者への愛とか憎しみには関心がないはずである。

この清潔の時期にいる乳児が、自分の排泄物に誇りをもったり、「所有物」という感じをもつとは考えられない。また、排泄物への子どもの興味に影響を与えるような行為の、感覚的満足感とか「創造的意義」について、ほとんどのフロイド派が認めているほどの重要性を私は考えていない。これらの排泄物が最初の「所有物」であり、かつ所有への誘因となることに、もし私が同じ見解をとるとすれば、（これについては、他の個所も言及したが）、われわれは次のことを認めなければならない。すなわち、われわれの文化では、所有制度は最初から人間が社会的であるという前提の上になりたっているということになる。たとえば、所有制度は他者への配慮からでている。換言すれば、個人の所有物は使ったりたのしんだりするだけのものでなく、他者に与えたり、他者から守ったりするものでもある。

保育者や心理療法を実践している人以外は、排泄物が乳児に与える機能的重要性について理解するのはむつかしいと思う。排泄物の機能は、われわれにとっては当然のこととなってきているが、快感・思考・真剣な討論の題材としてはあまりとりあげられていない。しかしながら、われわれは赤ん坊の世界は小さいことを知っておくべきである。小さい世界では、小さいことでも大きくみえるかもしれないからである。排泄物が人生最初の印象であり、したがってそれが経験をまとめるときの基本となることを、われわれは心にとめておかねばならない。乳児にとって比較できる唯一の身体的、愛情的経験は、授乳である。しかも授乳のあとには眠りがある。排泄はより覚醒時の機能であり、それには手洗いが伴う。すなわち、他者とは別個の存在として、他者からは独立した活動を、最もいきいきと実現し得る経験なのである。

われわれの社会、文化、そして経済組織に少しも役に立たない機能に、精神発達上の意義を認めることは、われわれは当然反対する。しかしながら、抑圧という公式論を用いずとも、おとなの興味といわゆる子どもの興味のちがいをはっきりと説明できる。幼少時のしつけに「静かに、静かに」という慣習はない。「よい」保育者や、「よい」母親は、単に忍耐づよいというだけではない。よい保育者やよい母親は、排泄の機能に心から興味を示し、子どもに不安も是認も自由に示し、正しい機能を決していやがったりしない。この時期の排泄機能への母の興味は、子ども自身への興味とは同じでないことを子どもに教えようがない。そして、ときには排泄機能への興味が、子ども自身への興味より大きいことがある。あるいは、子ども自身への興味を認めることができない場合があるということも子どもにわからせることはできない。子どもには母の理想よりすぐれて美的で着実な理想があることをどうして想像できようか。

しかしもし、ある変化が母の態度に現われ、その変化があまりに突然で説明のつかないものであれば、赤ん坊はそれまでに学んだことへの自信を失ってしまう。他者を大切だと感じている気持をこわすことにもなる。その変化とは、赤ん坊が母親の愛情をつなぎとめ、引出そうとしている、その作業に母親が嫌悪の情を示すことである。自分は愛される価値のあるものだと感じていたものが、この基本的変化によって、(a)赤ん坊の他者への信頼感が打砕かれ、(b)他者に自分が受け入れられているという感じをこわすにちがいないのである。これが「不安の危機」である。

授乳と排泄の相異

社会性の発達と社会的興味の発達にとっては、清潔のしつけは授乳のしつけより重要な要因である。そのことは次の理由からいえる。

(1) 授乳は空服を徐々に満すが、排泄は事実、緊急性と興奮の伴うものである。

(2) 排泄は興奮を伴い、さわる、洗う、意識する、といったような身体的経験も伴う。また、承認される体験の始まりでもある。これに比べて、授乳には外界への意識が伴わない。(授乳の間は、全くといってよいほど、外界は視野に入らない。) そして授乳は静かに徐々に眠りに誘うが、手を洗ったりするような目のさめる経験ではない。

(3) 原則として、離乳までは、授乳はいつもよろこんでされるが、われわれの文化では、排泄物への母親の態度はもっと曖昧である。そこで、赤ん坊は母親の見方が変わって、寛容でなくなったと感じるにちがいない。母親の曖昧な態度が、子どもの不安を最高のものにするのである。

(4) 乳を飲むことについては、赤ん坊はほとんど選択の力がない。空腹は強引に迫ってくる。あるいは、死にはさからうことができない。母親との快・不快の経験が、赤ん坊に括約筋の制御を早期に教える。そしてこの括約筋の制御が、社会的な力があるという最初の経験となる。他人の好意を得るのに役立つこの力によって(もっとも、そうはいっても限度はあるし、第一頼りないが)責任感がでてくるのである。愛はもはや、無条件のものではない。しかし、愛を「手にいれる」かどうかは、赤ん坊の意欲しだいなのである。食物というのは(3)で述べたように、この意味では決して条件つきではない。ただし、菓子を与えたり制限したりする時期まではである。

このようなわけで、排泄機能が社会性のある性格の基礎に大きな影響があると私は判断している。これはフロイド派が、「肛門的」傾向とか「尿道的」傾向とよんでいる機能の感覚的意義を、何ら否定しているわけではない。むしろ、主な強調点が排泄の身体的、感覚的意義から、社会的意義に移行したということなのである。

第4章　愛の心理学

愛の先天性

子どもは、親子関係が始まるとともに、人生に目覚めると私は考える。そして、この親子関係のめばえのなかに、すでに「与える」とか「反応する」衝動が秘められている。注意を引きたいとか承認を得たいなどの諸々の欲求をもつこの衝動が、仲間との自由な「やりとり」を動機づけるのである。与えることの抑制（これを利己主義の始まりと、われわれは誤解しがちであるが）は、何れもフラストレーションや不安の所産であることが多く、それゆえに、子どもはごく自然に、「親」や「仲間」の対人態度を摂取してゆくのである。これらの望ましい態度は強要したり、無理強いする必要はない。しかし、母親が愛情不安に悩んでいる場合には、むやみに子どもから愛情を取り立てようとするかもしれず、また、母親のふるまいに何ら自分本位なわがままさがなくとも、知らず知らずのうちに子どもを典型的な心配性の利己主義者にしてしまうかもしれない。事実、母親は子どものために自分を犠牲にするかもしれないし、自分のやさしさを認めさせようとする無意識的欲求のために、あらゆるものを断念するかもしれない。しかし、本当の献身とは相手に要求したり、負い目を与えたりするものではない。

神経症患者は愛をあたりまえのことと考えることができないために、愛の存在を示すささいな兆候を求め続けているのである。神経症患者にとって、大きな奉仕や犠牲はひどく不満足なものに感じられる。というのも、どんなに冷淡な人であっても、死にもの狂いで要求されれば義務感情から奉仕や犠牲を伴なう親切行為をせざるを得なくなるからである。これを神経症患者は直観的に気づいているのである。

しかしながら、ちょっとした親切な行為は、無償で自然であるため、これらの行為は愛情の積極的な状態を示す有力な証拠になる。事実、求められているものは求愛行為であって、単に心の中で思っている良心的博愛をいうのではない。

母親の愛情欲求が恒常的で強い場合に、母親が子どもを過度にあまやかしてしまうと子どもの反応が裏目に出るようになり、その結果、奉仕や親切をあたりまえと思う子どもになってしまう。また一方、子どもの〈粗野な〉「贈物」を拒絶したり（たとえば、清潔にしなさいと、子どもを拒絶すること）、母親が子どもの感情や能力をこえるような愛情表現や思いやりを示すように要求する場合には、その子を愛しているにもかかわらず、子どもの根源的な分離不安を和らげられず、一層悪化させることがある。以上のことが重要性をもつのは、もっとも愛されている子どもにみられる愛情不安を説明することができるからであり、一つの世代から次の世代へと神経症が受けつがれてゆく理由を説明できるからである。

心の成熟についての詳しい過程や「成長してゆく」過程で克服しなければならない障害や、避けなければならない袋小路などについて説明する前に、情緒の本質と各情緒同士の相互関係を明確に定義することが必要である。アカデミックな心理学によると、感情（Sentiment、シャンド Shand の定義による）は、単に一種類の情緒（emotion）から成り立っているのではなく、同一物や同一人物、あるいは同一目的に関連した多種多様な情緒(emotion)すべてからなり立っているのである。たとえば以下のようになる。「私は彼女を愛している。それゆえ、私のライバルを憎む。彼女がかわいそうだ。彼女の不幸をふせげなかったことに私はやましさを感じる。」ここでは、四つの異なった情緒が一つの、しかも同じ対象のまわりに機能的に布置されて、その対象の動きとか、その対象に対するわれわれの態度に応じて活動している。ピアノの場合に別々の鍵盤をひくように、別々の情緒がそれぞれ適当な刺激で活動させられるとする古い考え方と比較すると、シャンドのこの見解は大きな進歩とみなすことができる。

誰しも、以下のことに気づくであろう。シャンドの感情の定義では、情緒がいつでも社会的関係をもつとは述べてはいないものの、少なくともその本質に関しては、非常に多くの感情が社会的態度と結びついたものであることを示している。

(例外として、食物についての失望は、他者が関与していない状況では怒りになるかもしれない。)

愛と憎悪の関係

すでに述べたことであるが、フロイドは、愛と憎しみについては、古い考え方を信奉している。すなわち、愛と憎しみは、その起源においては互いに全く無関係な「アンビバレンス」の状態にあって、互いに矛盾したものと考えている。しかし、サディズムとマゾヒズムのなかでは、両者は結合しているとした。

私はこのようには考えない。憎しみは愛情の欲求不満状態であると考える。これは、銅貨の裏は銅貨の表側からみると表面になるのとちょうど同じことである。人間の情緒の型の無限な多様性について考える場合、これらの様々な型は、一つの同じ社会的感情が相互に転換したものであると考えることが、もっとも確かで、しかも有益な方法であると思う。物理学でいう「エネルギー保存の法則」のような法則が情緒の転換に適用可能であると本気でいうつもりはないが、よく「どんな憎しみも結局、愛情が憎しみに変わったものである」といわれるように、量的に等価なものがあると考えている。

愛が大きければ大きいほど、そのフラストレーションによってひきおこされる憎しみや嫉妬はそれだけずっと強くなるし、それと関連してひきおこされるアンビバレンス、あるいは罪の意識はさらに大きくなる。これは自明のことである。しかし、社会的感情について以下のように推論するのはいい過ぎであろうか。われわれは、さまざまの情緒が無限な様式で混合された仮説的、抽象的な基本的情緒を数多くあつかうのではなく、ただ一つの愛の欲動をあつかうのである。これらは愛の対象に対するさまざまの関係が刺激となって表現される感情である。

このようなわけで、「愛が脅かされる」と不安になる。すなわち、愛の一部分が不安に変換されるのであり、愛が否認されるその度合に応じて憎しみに転換される。また一方、自分をおしのけようとする外部からの介入は愛を嫉妬に変える。また、愛の拒絶——本来その愛をうけ入れてくれるか、あるいは報いてくれるかするはずの愛の対象による断固たる拒否——は愛を絶望にかえる。また、絶望ほどではないとしても、自分にはたいした価値がないという感情は、愛を罪障感や恥辱感に変える。愛の対象を失っても怒りようのない場合には、深い悲しみにおちいる。他方、愛の対象の苦しみに共感するとき、愛は同情に変化する。

すでに述べたように、これら星座のように集まっている一群の情動の中では、ある種の感情が他のどのような型の感情におきかわろうとも、量的にはおおよそ等価であるといえる。このことを考慮してみると、そもそも基本的な感情がいくつあるのかに関しては全く通説がないのであり、われわれは愛のエネルギーの一源泉をあつかっていると考えた方がずっと良いように思える。この愛のエネルギーとは、質、あるいは目的を限りなく変換し得るものである。しかも、明らかに、愛の対立物である憎しみにさえ変換し得るのである。*

＊ もっと抽象的なことばでいえば、不安はわれわれに対する他者の不適切な反応、あるいは、不適切なかかわりあい方に関係がある。一方、罪障感の方は、他者に対するわれわれ自身の不適切なかかわりあい方に起因する。

愛の特質についての心理学は、依存的関係から遊びや興味の友人関係を経て、親になるまでの成熟過程における対人関係の変化に応じてより一層複雑になってくる。

愛は、妨害を受けたり、養育やしつけによって無理やりに文化的な型に合わせることによって、一層大きく変形する。しかし、この変形の基本的な原理は、もちろん、権力追求である。たとえば、「称賛」への欲求は、発達過程における誤った出発や、袋小路におちいった場合にまず出てくるものである。また、「所有」は、今日の社会機構の中でのもう一つの、不十分ではあってもより実質的な社会的統合形態である。「称賛」と同様に、「所有」も、不均衡で一方的な関係である。すなわち、それは、相互関係的なものではなく、一方だけが、保護者、あるいは優越者であり、他方は、貢物を納めなければならない、「義理」にしばりつけられた条件つき受益者のようなものである。このような関係は、両者を公平に満足させることもできず、それほど応答的でもないため、不安定な関係になりやすい。そして、この場合、両者のきずなは直接には関係のない事情、たとえば、財産、社会的地位、よい容姿、ウィット、あるいは道徳などの特質に左右される。もちろん、こうしたきずなは、多くの状況に付随的なものである。たとえ、このきずなが確かなものであっても、満足感や安心感を欠いたものになると思われる。また、本質的で個人的な好み（愛情）や、純粋に共通の関心（親睦）にも欠けるようである。しかし、どのような人もこのきずなの特質に経験上満足できるものである。あまりよく知らない人からの予想もしなかった贈り物とか、思い出となる記念品とか、感謝のしるしなどの価値を考えてみていただきたい。それには、すでに指摘したように、個人的な好意ややさしさを示す、小さくとも自発的な配慮や世話と同様、見かけ以上の価値が含まれている。何か心を刺激する感動的な出来事に際して、まったく見ず知らずの人の中にひとりの観察者として参加するとき、その見ず知らずの人がわれわれを認めてくれると、われわれにとってその経験の意味あいはさらに深まるのである。

集団心理学の基本は、経験をわかちあうことが興味を高め、われわれが愛と呼んでいる社会的統合が快い安心した感覚を生むという事実におかれている。しかし、フロイドとアドラーは、それぞれ、性と力への情動を支持して、この事実を考慮の外においた。

非友交的で敵対的な情動を、愛そのものの変形、あるいは、フラストレーション反応として私は総括してきたが、例外は当然あると思われる。しかし、愛情は嫉妬と怒りに密接な関係をもちつつ、他方では、絶望にいたる不幸な感情にも密接な関係をもっている。これについては、誰もがよく知っていることである。

憎悪と攻撃欲

「純粋に個人的」な憎しみは存在するのであろうか。私には疑わしく思われる。ライバルとの競争では、絶えず激しい怒りがひきおこされるが、この激しい怒りは動物の性に関連した争いにみられるように、敗北とともに消えてゆく。人は、愛する人に好かれたときには、ある程度好評価を受けたことになる。また、どのような場合でも、厳密にいえば、憎しみは個人的な反感ではなく、憎しみは、その個人固有の性質よりもむしろ、人間関係に左右されるのである。もともと、怒りは自己保存の方法である。(これは、自分の目的を自力で達成しようとする激しい努力である。) この自己保存の本能を幼児が用いる場合は、注意をむけてもらうための非常に強い、死にもの狂いの訴えとなる (すなわち、自分たちの欲求を処理し、満足を与えてくれる他者を求めているのである)(第1章の最終節を参照)。

親が親としての自分に自己満足をしている場合には、いくら「よい子」ぶっても、無視されるかもしれないし、受け入れられないかもしれない。しかし、行儀の悪さや癇癪は何らかの注意 (すなわち、反応) を無理やりにでも引きおこすものである。これは、何の注目や注意もむけてもらえない状態よりは子どもにとって望ましいことである。こういうわけで、上手にむずかり、罰せられることによって、安心感を得ようとする欲求が子どもに強く育ってくる。というのも、「怒り」は「無関心」を表わすものではなく、親のおしおきは不安感を表わすものであっても嫌悪感を表わしてはいないことを、子どもは直観的に感じとっているからである。すなわち、親が不愉快になることは、子どもが親のもつ子どもへの愛情を妨げていることの証拠であり、それゆえに、親が子どもを愛している証拠なのである。

攻撃性は、愛を手に入れる技術であり、形態である。これは、サディズムについてのフロイド理論が示唆するような攻撃性の行使へと無理やりに追いやられることをいうのではない。愛しながらの闘いは相手に対する感情を相互に緊張させつつ、他者の存在の意味を強める。それ自体は不愉快であっても、これによってこの関係はさらに生気と安心感のあるものとなる。

身体的愛情は、乳児と母親の養育上での相互のかかわりあいの際によく表現される。(たとえば昆虫の食物交換・栄養・分泌物の交換など。) そして、後年には、これが性的な結合となって表現される。乳児と母親の人生最初の身体的関係は抱擁と愛撫の中に無限に広げられている。しかし、これが愛の特別な根源をなしているわけではなく、笑い声や多くの情緒的呼び声によって表現される胸部的―喉頭部的愛ともいうべきものが母親と乳児の関係を持続させ、後にはグループのメンバーとの関係の持続を助けるものとなる。

この母親―乳児関係は願望の相異や肉体的に分離されるだけで妨害を受けてしまう。その結果、愛情欲求はフラストレーションのために不安や怒りとして(これについては述べたばかりである)、罪深さとして(たとえばマゾヒズム)、あるいは、悲しみとして強さを増してくる。これらの愛情の完全変形は何れも芸術、演劇、小説などの喜びの中に活かされてゆき、これらの根源にひそむ本来、好意的なもの、価値あるものが表現される。すなわち、芸術・演劇・小説などは単なる苦しみに対する反応ということはできない。

個人の場合には、以上のような愛情の形態がみられるが、この他に、愛情で結ばれている人間同士の相互関係にも様々の形態がある。体で感じるほどの共感性に基づく純粋な反応は最も原始的な関係――例えば、サカナ――にみることができる。また、これらの最も高度な型は情熱主義や団結主義にみることができる。

子どもが母に求めるもの

ところで、子どもは母親が自分の感情と全く同じ感情的反応をすることを望んではいない。それゆえこういうことになる。子どもは自分のいだいている不安が母親によって十分に正しく理解された(厳密には、共感的理解ではないが)と感じることができれば、すなわち、自分のことがわかってもらえたと感じることができれば、そして、十分な反応を受けることができたと子どもが感じることができたならば、子どもの「不安」に対する母の「自信」のある反応はその子どもにとっては快いものとなる。また、子どものもつ怒りの根源は欲求（例、ミルクがほしい）にある。この怒りは、これに共感して怒りを示したり、あるいはこれに反発して怒りを示したりして満足させられるものではない。これと反対のもの、すなわち、やさしさという積極的な愛によって満足させられる。さらに、愛情関係は相互の反応が調和しているか、適当な和合をしているかに応じて多様性と複雑さを呈するということを認識しなければならない。これら愛情関係の状態はいずれもきわめて漠然としており、しかもそれは二人の異なった主体の間のことであるから、内観は不可能であり、その正体をつかむことは非常に困難である（第1章の最終節、9章および12章を参照）。われわれは同じ対象を指さしたり、視感覚を意味することばを使って、お互いの色彩体験を比較したり、確認したり、命名することができる。しかし、この簡単な手続では、色盲のような感覚の質的相異を発見することはできないだろう。愛の感情の場合でも、確かにわれわれは同じことばが同じ感情を意味すると考えて、同じ意味を与えているのであるが、しかし愛の感情を比較するのははるかにむずかしいことである。これは明白なことである。その理由はまず第一に、ある実験的に設定された状況は被験者に愛ではなく興味をひきおこすであろうからである。そのとき被験者が実験の状況とは全く別の事情で、たまたま愛をいだくことになることはあるかもしれないが。第二に、その人の性格や傾向によって同じ状況でも非常に異なった反応を示すからである。それゆえ、愛についての実験的研究による正確な観察は不可能である。そして、これが、科学がこれまで受け入れ研究してきた比較的明確な欲求とは異質な、「愛」という概念に対する障害になっている。科学が愛と身体的欲求とを同一視する傾向をもつことはほとんど避けることができない。身体的欲求が愛を促進し、愛を表現するからである。しかしながら、愛の研究がいまだ、詩人や作家、宗教家の領分に属していて、科学の領分に属していないことについてはもう一つのおそらくもっと有力な理由がある。人間のもっている愛の特質が人間のあらゆる苦しみの中心にあるからである。そして、このことが直接、愛の存在の否定に結びつくことになる。

臨床例がこれをもっと明確にしてくれるであろう。すでに述べたように、愛を与え、その愛を受け入れてもらいたいという欲求は身体的な欲求を満足させようとする欲求と同様、それなりに真実であり、現実的なものである。(もちろん、愛の欠乏は身体的な死にいたらせるものではないけれども。)しかし、そこであり得る、もっとも悲痛な体験の一つは悪意をもった奉仕を受けねばならぬことである。なぜなら、いやいやながらしている奉仕者はわれわれのよろこびに対して少しの満足も示さないからである——われわれの愛の反応を拒絶し、明かにわれわれを愛することを拒否しているからである。このような体験の当然の結果として、愛情関係に対して疑惑をいだくようになり、「完璧に」非利己的な愛を要求する傾向をもつようになる。いいかえれば、その人は自分に対する他者の愛のただ一つの証しとして、他者に自己犠牲を期待するようになる。彼はもらった贈り物を贈った人の払った犠牲によって評価するのである。さて、愛情をこめて与えることは、与える人その人にとって苦ではなく喜びである。与えること自体が報酬なのである。しかし、この「与えることが同時によろこびとなっている」ことが、今、われわれが考えている類の受け取り手(犠牲を愛の証しとしたい人間)によって気づかれると、その贈り物はたちまち、よろこびと安心の源としての価値をすっかり失ってしまうことになる。贈り物の物質的な価値だけが受けとり手に残るのである。彼は、自分が要求しているこの自発的な献身・博愛が存続することに全く自信がもてないのである。したがってこれを拒否し否定するようになる。そのために、彼の不満は反対の極端へと走る。逆説的にも、彼は今や人々が、彼を愛するのを〈楽しんで〉くれるように要求するのである。

喜びのない愛

キニク主義と禁欲主義はどちらも愛を他の人々に要求するという点で、まるで双生児のようにみえる。しかも愛を与える人にどんなよろこびをも与えないような愛、したがって、明らかに利己的でなく「純粋」な愛を要求するのである。

キニク派の哲学者は、好意的な行為というのは満足をもたらすものだということをみてとり、そこから、この好意的な行為は満足を得たいがためになされるのであると断定した。こうした見解に従えば、この行為はただ単に利己主義を裏返しにしたものにすぎない。それゆえに価値のないものなのである。その唯一の目的は自分自身の衝動のおもむくままに快感を追求することだということになる。この見解は、心理学上の快楽主義の中に哲学的に表現されている。

キニク学派の哲学者と同じように、禁欲主義者も、もし愛が楽しいものであるとしたら本物ではないと感じている。禁欲主義者にとっても、自己犠牲と自己否定は善であることの物差である。けれども、禁欲主義者は、キニク学派のように自分が切望しているものの存在を否定はしないが、その代わりに、自分自身の実践の中で理想とされている全く利己心のない献身に到達しようと努力するのである。しかし、怒りや不安に妨げられなければ、与えることのよろこびは禁欲主義者の実践の中にもしのびこんでくる。そこで、絶えず「肉体の禁欲」を強めようとするのである。生に対するこのような偽りの態度は、当然、ゆがめられた愛の本性から生じてくるのであり、また、こうした態度がより強くこの本性をゆがめてゆくのである。したがって、本当の禁欲者などというものは「いいやつ」でもなければ、「いい人間」でもないのである。

よろこびを伴なわずには愛することはできないという、いわば生物学的な公理をキニク主義者と禁欲主義者の何れもが証明しているのである。彼らの誤りは、よろこびを伴なわずに愛するというこの不可能事を神経症的なまでに求めようとするところにある。

第5章　愛の機能と表現

不安と利己主義と利己主義に発する物質主義のほかにまだ一つ、愛の存在を認知するのを妨げるものがある。それは、体の器官や体の機能をみとめない考えである。しかしこれは私が最後の章で述べるように、間違った考えである。喉頭がその器官であるし、情緒的表現の複雑な機構や、それを組織だてている神経中枢も愛の器官の基盤とみなされるべきであろう。解剖学的意味では生殖器官のようにきわだってはっきりしているものではないにしてもである。いってみれば、情緒は個体保存を第一義とする器官を借りるわけで、ときによっては感情が器官を社会的な目的に転用するのである。そしてその結果、社会性それ自体が存在価値をもつことになる。事実、感情表現はグループ内の個人が相互にラポールを保つコミュニケーションの手段として以外はほとんど生物学的な価値をもたないのである。怒りの表現でさえ、敵の破壊を目ざすというよりは、争いを避けるという傾向を一般的にもっているのである。一方、声の表現機構は求愛において使われるが、それらの表現は必ずしも声の機能によらなくてもよい。しかし感情表現は、育児、社交、遊びのつき合いを保持するためには、基本的に重要なものである。したがって感情表現と生殖とは発生源的にちがった動機と目的をもつものである。

愛　と
身体器官

このような意味で、本来ゴミから目を守る働きをする涙腺は泣くときにも使われる。笑うときの呼吸器もそうである。顔の筋肉や血管や髪の毛をコントロールするものも、表現に寄与している。ただし、それらが本来肺を守ったり、セキをしたりする働きを否定するものではない。ここでわれわれの強調したいことは、表現の本質は社会的なプロセスであるということである。表現は、個人の好き好きの問題ではあるが、同時にまた人間本来の快楽ともいえるラポール（親和感）を形成するものであるといいたい。赤ん坊は、のどを使ってよろこびを得、母との純粋な感情交流から歓びを得る。われわれはこの場合、快楽は、目や耳の性的感覚から成り立つという理由から、この快楽への理解と、それの生物的な起源・機能の理解とを深めるであろうか。私はそうは思わない、すなわち私は、表現のすべての要素は——一つ一つの文字と同様、一つ一つの要素は意味のないように思えるが——ある意味を有する〈ことば〉として直感的に理解されると主張したい。その〈ことば〉とは愛である。愛は心に伝わるものである。身体的な快の予想ではなくて、それ自体快である安定感と親愛感である。そして安定感と親愛感は、人生の初期から重要なものである。ただし、それは必ずしも本能的とはいえない。母子の親和感というのは、すべての種族保存に欠くべからざるものであるところからすると、それは本能ともいえそうにも思う。喉などは、生殖機能に関するかぎり、なくてもすむものであり、実際には使われないことが多い。しかし発声器官は養育関係にとっては欠くべからざるだいじなものであり、ふつう養育関係というと、音声を連想するのである。したがって非性的な愛の基盤に身体的なものがあるという事実を無視するのはよくない。非性的愛とは、呼吸・循環・消化の諸機能の（確かにあいまいではあるが）満足感であり、これら呼吸・循環・消化の諸機能に、二次的な意味と効用を課していることを、見過ごしてはならない。ふつうこれら諸機能の満足感は、愛しているときに最も顕著なのであるが、全部がそうだというわけではない。他人にむける不安や愛着の感情に関する身体機制がある。それは非社会的な動物とも共通している人間の欲望を満足させることとは無関係である。不安と愛情およびそれらを生じさせる神経機構は、腹部（迷走神経と交感神経）というより、胸部により多く位置して、性器にはほとんどない——とはいえ、性器は愛の表現には、よく影響されるのである。しかし、これがフロイドが示唆したように愛の中心とか起源であると推測する理由にはならないのである。

フロイドの愛の定義

フロイドはたしかに、愛に生きている心的状態をあつかい、自他一体感（oceanic feeling）——彼自身経験不可能だと認めているのだが（『文明とその不満』二一頁）——について言及している。彼は、愛に生きている心的状態を自我を犠牲にしたリビドーの対象纏綿としてとらえている。愛している人は、性的対象（恋人）を過大評価することから、自分自身と恋人との識別を心の中で見失うまでになるということをフロイドは認めている。フロイドは「恋愛中の男は一切の感覚上の証拠を無視して、自分と恋人が一つであると宣言する」と述べている（同書、一一頁）。自他一体感とはエゴの境界線が失われ、自己と全世界が一つだと感じ、自他の識別以前の源初的状態に、少なくも、部分的に回帰していることだとフロイドはみているのである。（フロイドは、これをエゴの遊離 detachment といっている。）フロイドの凝った思考もその限界が、やがて暴露されるのである。というのは、自他一体感を宗教への動機としてとりあつかううちに、自他一体感は強い欲求の表現とは思えなくなってきたので、「エネルギーの源泉」としては不適切であることを発見したのである（同書、二一頁）。「かよわな子どもの無力感に由来する宗教への欲求やそれが惹起する＜父＞への憧れについては議論の余地がない。」（＜＞著者）「私は子どもの要求のなかで、＜父の加護＞への欲求ほど強いものを他に知らない。そういうわけで、私が想像するに自他一体感の目ざすところは底なしの〈ナーシシズムの回復〉だと思う。したがって、自他一体感そのものをまず第一義的に考えているわけではない。宗教的な態度の起源は、ずっとさかのぼって幼少期の無力感にたどっていくことができる。この〈無力感の背後にも何かある〉かもしれないが、〈現在ではあいまいなまま包まれている〉。」(〈〉著者)

この裏にある何か他のものといえば、子どもの母の愛を求める欲求であろう。そしてフロイドが言及している「あいまいさ」とは、子どもの心の中にのみあるものである。あとで理由を述べるが(第13、14章参照)、フロイドは二つの盲点をもっている——一つは母性であり、もう一つは愛である。そして最近になって彼は、前者の盲点の存在を認めざるをえなくなってきた。彼は「女性の性感」(一九三二年)という論文で、児童分析者にこう告白せねばならなかった。すなわち、幼女にとってすら、「父親はやっかいなライバル以外の何者でもない」と。これは、前の個所で私の引用したことばと驚くほど矛盾している。目下のところ、フロイド派の立場は、流動的で矛盾に満ちており、ひそかにではあるが、汎性欲論から、積極的にのがれようとしている。それゆえ、芸術、科学、そして宗教を含む社会的な活動をとおして、人間が求めているものは、子どものときに失った母への愛の回復、あるいは母への愛の代償である、という仮説をわれわれが主張するのをそれほど遠慮しなくてもよい。すなわち、この作業仮説を追及することによって、フロイド理論では説明しがたく、とりあつかいにくかった「憎悪」の問題を解く可能性が感じられるのである。

愛と性の関係

同時に、われわれは性が愛の起源だということを否定するので、この愛の概念を性との関係において考えなければならないだろう。完全な愛の情熱とは、幼児的欲求に起因する

「やさしさの情（または愛）」と性欲との統合のように私には思えるのである。いわば、失われた母との一体感を再建する手だてとして愛が性を利用するといえよう。たとえば、性交と授乳は、この点については似ているし、ユニークなのである。どちらにしろ当事者の間には違和感や興味の葛藤はないのである。性行動において、誰が与え、誰が得るのか、あるいは誰が得て誰が失うのかということを考えることは、授乳においてこれらの質問を提示するのと同じように、バカげている。その行為ないし、その行為の帰するところは、全体としては相互的なものであり、さもなくば不安となっていくものである。それは乳児期の自由な「やりとり」(give and take) の再現であり、そこには歓迎あるいは受容があることは疑いないのである。このことから、病的な不安を和らげることを極端に価値あることとするが（この価値たるやフロイドを性と不安との関係について誤解させたものである）、同時に今度は、不安は愛の完成をいとも簡単に妨害する。ここでわれわれは、フロイド派の誤りを説明できるのである。その誤りとは（病的な）不安、すなわちリビドーの不満足感とする誤りである。不安とはもちろん、愛の不満足感なのである。*

* 性行動を占有物の排泄という自己本位な要求とみなすことは、婦人が乳腺の流出のために妊娠を希望するというようなものでバカげた話である。ローハイム (Röheim) の「ペニスは武器ではない」という驚くべき発見につけ加えて、私は「子どもは単なる乳救いではない」という観察を述べておこう。不安を生み出すのは、感覚的不満足感ではなく、性交時の愛的反応要素の欠如なのである。

愛の表現

もちろん、私はここでこの見解の根拠を明らかにすることはできないが、私はマリノフスキー教授 (Malinowski) のトロブリアンド島報告にあるように、われわれの性倫理とは逆の性倫理に注意を向けたい。そこでは、若い男女の性交はそれなりの礼儀や分別がある限り非難されることがない。しかしお互いのサービスや会話や愛撫、会食などをとおして、感情のきずなができきると、それは、正式な結婚によってのみ認められると感じている。私は（マリノフスキー教授もそうだと思うが）感情と性欲は分離可能だと解釈する。われわれの文化では性欲の方を抑圧するが、トロブリアンド文化では、愛情感覚をわれわれの性欲と同じくらいきびしく検閲する。もちろん「やさしさのタブー」（第6章参照）はトロブリアンド島人に限られるわけではない。実際それはわれわれの文化の特長であり、それが技術の力が愛の力にとってかわる主な理由になっている。しかしながら、愛の力の代償は完全ではないので、愛への欲求が依然として残る。ただし愛への欲求の顕現様式の多くは、攻撃的で、利己主義的な特性をもっているので、その顕現様式の本当の意味がわかりにくい。

実際、われわれは心の平安のために、自分自身を愛されているか、あるいは愛される立場にあると感じていなければならない。そしてわれわれは、「いかにして愛されているという快い確信をうることができるか？」を自問しなければならない。声の早さとひびきは重要であるが、ことばが愛を生み出すわけではない。反応の速さ、理解のよさ、同情的な反応、笑い声（悪意でない）、態度、目の広がりと形、ひとみの拡大、顔色や表情だけでなく目の涙の量など（そのほかにもあるが）は、その〈一つ一つをとってみると意味がない〉表象でありながら、それらを調和的全体像としてみると直観的にその意味が感知されるのである。そしてよろこびと勇気をわれわれに生み出してくれるのである。（心臓や胃を意味することばがいかに愛の感情を表わすことばとして使われているか注意してみるとよい。）この反応は必ずしも相互的愛の形をとらなければならないということではなく、人生が生きるに価するという感情やものに対する興味をただ普遍的に強化するだけのように思われる。

愛のしるしを示そうと入念に努力しても、たいていは非効果的である。俳優は、自分の役を生きることによって、純粋な愛情の瞬間を生み出す。この場合、自意識や熟慮めいたことは明らかに人工的なものになるだろう。愛のしるしにいちいち注目したり、言語的表現を意識するとわれわれは「冷たくなる」。そして感情に誠実さがともなわなくなる。

私がいったように、愛のサインを意味ある全体として人類の集合的潜在意識がとらえ、その結果、われわれの内なる反応が自動化するようになると（注：誠意は自律的迷走神経の障害をしめすもう一つの重要なことばである）われわれは「私は愛する」（I love）ということばの意味するラポールなるものを形成することができる。愛の反応の全機制はいかなる種類の配慮や作為によっても作動しないのである。

心理療法と愛

これは心理療法の理論にとっても実践にとってもたいへん重要な観点である。というのは愛というのは科学的興味とは矛盾するものがあり、そして意識的関心とさえ両立しないものだからである。愛は内省されえないものである。そしてまた愛は客観的にはあいまいで、手をふれて感知できず、無口であり、私が示してきたように、明らかな機能をもたないものである。

われわれの実践的観点からすると、愛が必然的に潜在意識性と無意図性をもつことには、次のような意義がある。もしわれわれがある患者が好きになれないと、われわれは彼をあつかううえで絶望的にハンディをもつことになるのである。どんなに優れた技術的手腕や理論的知識や良心も「患者の身になる」能力の欠如や共感的理解の欠如を補うことはできない。ここに分析者が実践に優れても理論に劣るゆえんがある。分析者は厳しいトレーニングによって、多くの無用の偏狭や偏見をとり除いてゆく。が受身的技法や責任免除という分析者の理想のために、そしてたぶん、性欲や憎しみを最高度に自由に表現することを理想とするような悲観的な理論や悲観的な人生哲学のために、分析者は、患者とのかかわりを、非人間的で冷淡で純粋に技術的なものにしてしまう。これはフェレンチィ(Ferenczi)のことばとは、正に反対のことである。フェレンチィはいう。「患者をなおすのは医師の愛である」と。そこで人は「どんな愛が用いられるべきか」ということを問いたくなるであろう。

やさしい人間関係への欲求や、またこれへの禁止についての考察を続けるまえに、臨床的見地から、もっと明確に日常の生活や、心理療法的人間関係のなかでのやさしさや愛情の意味を明示したい。またこのやさしさがセックスから派生したものかそうでないかということを発見することの重要性も明示したい。二年ほど前、私は七歳のときから被害妄想に悩まされ続けていた十九歳の患者(両親も関係があるが)を引き受けた。こういうわけだからそれまでの彼女は、友情ももたなかったしまたそれへの興味すらもたなかった。彼女は人生で、「人間」以外には何の興味ももたなかったが、人間の悪い面ばかりをみていた。彼女の全存在は権力に対する攻撃と防衛の葛藤であり、すべての人に対する復讐、すなわち、「世界を滅亡させること」であった。彼女は感傷性をたいへんいやがった。無慈悲なエゴイズム以外は彼女にとって偽善であり、悪徳であった。それが彼女を不快にし、怒らせた。しかし、怖れのために(それは彼女が破滅的怒りをむけている人々に帰するのであるが)、彼女はまさに道徳的にも無能になりつつあった。

絶望的な状態ではあったけれども、十分な進歩・変容がなされ、患者の協力を得るにいたるや、彼女はある理由から私との出会いに心を開き始めた。すなわち、彼女は自分のなかに愛をもたないので、人を愛することができず、全くかわいげのない人間であることを、彼女は(ときにはプライドをもって)明らかにみとめ始めた。しかし彼女は「彼女がよくなるほどには」私が彼女を愛していないと、卒直にいったのである。

彼女がいうには、私は若い女の子がこれからの人生を精神病院で暮すのはかわいそうだと思って、彼女を引き受けたのだと……。（彼女は入院生活五十年と見積っていたが、五年もすれば疲労で死んだであろう。）彼女がいうのには私が彼女にもっているのは〈科学的興味〉だから、それでは愛を求めている彼女を満足させるには役立たないというのである。（その愛の存在すらも彼女は否定したが）。そこで私はたぶんおもしろ半分で愛を示し、彼女をやめさせないようにした。しかしそれは〈失敗を認めたくないゆえに〉そうしたのであろう。また私は人道主義と義務感から愛を示したが、彼女はそれを最もきらったのである。そのうち、私は彼女が〈重荷になり〉、〈彼女の方から去ってくれる〉ことを望んでいた。私は〈彼女を怖れていた〉。これらはいずれも彼女を助けようとする私の絶えざる努力が一体どんな動機に基づくものなのかを、彼女が解明した結果の不完全な想像的産物なのである。そして前述の想像的解明はいずれも一理あることを私は認めざるを得なかった。しかし彼女が望んだものは、親のような感情で、それは私の中に見い出すことができず、また見い出せそうにもなかったのである。

どんな人生が彼女にとって意味があるのかが私にわかるようになり、また彼女がそれまで示してきたごう慢ともいえる闘いを私が称賛するようになっても、私の純粋な共感と好意の感情は、彼女には何の支えにもならなかったのである。それは彼女自身に情緒反応がなかったからである（本書九五頁参照）。そうこうしているうちに激しい洞察がひらめいて、彼女は情緒反応がないのがいけないと理解した。その結果、彼女は人間からも、やすらぎからも、また安定感や興味からも、自分をまったく切り離しているのだと気づいた。彼女は、私の顔を見守り、そのなかから愛と憎しみ、軽べつ、あるいは退屈の感情を読みとろうとした。彼女は私のことばの重さを測ろうとした。当然この意識的で知的なせんさくからは、彼女を満足させるものは生まれ出てこなかった。いくら私の側に愛の発光があっても、彼女自身の探知器は故障して見込みがなかった。そして私がいったように、意識的に注意集中しても、情緒や好感や関心などの複雑な感情表現は読みとれないのである。人は心が通じあうためには相手に対して身体的な共感をもって考えなければならないが、彼女の情緒は憎しみによって完全に窒息状態にあった。前述したように、愛の反応がわれわれの中でおこらないかぎり、他の人の愛は感じられないのである。私が病んでいるという客観的事実のみが彼女を動かした。(その後、彼女はたしかに、親のような態度をとるようになった。) そして、彼女は遠まわしにこう説明した。彼女は少しも私の面倒をみる気などない。ただ、私が死ねば、誰も話相手がいなくなるからやさしくしているのだ、と。

にもかかわらず次のことがはっきりしてきた。この愛のない態度が、彼女の病気の産物であり、彼女の愛は乳児のように利己主義であるにもかかわらず、愛への渇望が、そこにあり、ある意味でこの「貪欲さ」は、好意の念や思いやりの始まりらしいということであった。あるときは、風刺的な外皮があり、あるときは愛や文化的関心への軽べつがあり、あるときは、世界を破滅させる略奪者イシマエル族の態度を称賛した。またあるときは孤独の怖れを示し、あるいは人に好かれ、愛されて人の仲間入りをしたいとの熱烈な願望を示した。実際、妄想的様相は、防御機制の一種であった (そこには若干の補償もある)。(a)愛してくれない世界 (子どものときにみたように) に対する防御、(b)孤独の辛さに対する防御と、やさしさと、安定感への渇望に対する防御。それからすすり泣きや、それに類する訴えに対するすげない拒絶の怖れ。

彼女の必要とした愛の種類や、彼女の人間関係への態度は、「ウィムポール街のバレット」の登場人物を彼女が好いていることによってよくわかる。彼女はその登場人物にお互いに妄想症者として共感を示した。彼女は彼の強さと所有欲を好んだ。そして事実それを是認した。彼女はこのようにして、愛されるとは孤独から救われるばかりでなく、彼の強さと訓練のおかげで彼女自身の危険な衝動からも救われることだと感じたのである。その子どものような態度には、もちろん「女児のエディプス・コンプレックス」も影響はしているが、まず圧倒的につよいのは、幼児的前性器期的性格であった。

同時に、私自身が感傷性や赤ん坊めいたやさしさを受け入れる耐性がないことや、実際には私の四角四面で実際的、かつ「感情凍結した」態度が、彼女の不安や妄想的憤怒を惹起させているのだということが明らかになった。この感傷的なことに対する耐性のなさは、（われわれのことばのそのものにひそむ偏見性を示唆するような差別的用語を使っているが）私にとって何の得にもならなかった。ごく自然で理にかなった、しかも実利的な態度が可能であることがわかってきた。われわれのこの世界の営みは強さと独立心以外には、その立脚点をおくことは、できないのである。しかしながら驚くべきことは、同情を求められると、私は当惑し、耐えがたいものを感じた。ところがその患者に、性的関心をもったからといって、私は心乱れることはない。もし、やさしさの感情が性感の昇華ならば、なぜそれは源泉たる性感以上にもっと強く排斥されねばならないのか。治療者の示すやさしさの情は家族生活を侮どるものではないし、集団生活を乱すものでもない。やさしさの情は性的嫉妬をひきおこすものでもない。ところが反対意見はこうである。なぜならやさしさの情は〈子どもっぽいもの〉であり、おとなはそんな子どもじみたものには、見向きもしないように強いられているからである。しかしもしわれわれが、子どもたちをあつかっているなら（心理的疾患のおこった暦年齢に関係なく)、子どもの幼児性について耐えられないということはないであろう。われわれは患者と折合いよくやっていくためには、患者の現状に立脚していくのがよいが、それが無理ならせめて患者にとって達成可能な状況を足場にしなければならない。

私はすぐに、患者の防御と自分の防御と両方研究し始めた、そして達した結論はこうである。やさしさのタブーは、セックスそれ自体のタブーと同じように自然発生的でありながら、克服もまた可能だということである。やさしさの抑圧は性的抑圧にくらべて、もっといろいろな形をしており、抑圧の強さもそれほどはげしくはない。(ただし、フロイド派は、正常人の性的抑圧は完璧であると誇張しすぎている。) しかし共感的なやさしさを喚起するような問題に対しては身を守ろうとする自分、そして共感的なやさしさを禁止する自分。私にはこういう傾向が非常に強く顕著であるように思えたのである。

第6章　やさしさのタブー

やさしさの起源

　序論で述べたように、現代科学は感情のかおりのするものはすべて、これを強く嫌悪したのである。たしかに、自然科学では方法論上そういうことがいえるが、心理学でも反感情主義という基本的前提（たとえば、行動主義）に身をまかすほどに、過度に感情への嫌悪感がもちこまれたのである。やさしさのような無害で温和な感情――これこそ社会性の本質であるが――タブーにされたことは、ちょっと信じがたいことである。宗教家は、どの徳よりも愛を高く評価し、愛なき人生を軽蔑する。ところが、事実は性道徳に偏見をもち、財産に少なからぬ法的関心を示しているのが現状である。やさしさの情は、目標を禁止されている性感に由来しているというのが、フロイドの懸命に示そうとしたところである。したがって、感傷に接して当惑し、哀感に対してたえられないのは、やさしさの感情の根底にある性的動機を完全には払拭できないからである。このことは、男は女に比べてやさしさの情の表現が少なく、性感の表現がないという事実とも一致している。これは、われわれの文化の場合、たしかにそうである。あるいはフロイドのいうように、女性は男性よりも抑圧的に育てられ、また、娘は母への愛を性的なものに変換しにくいからそれだけ目標禁止的になるのである。しかし、このことは男性にとって、性の吐け口は女性より自由であるから、男性は女性ほど、性を文化的に昇華していないという含みがある。やさしさの情は、多かれ少なかれ人為的なものであり、非性的な愛は理想主義者のたわごとだとする見解は、われわれの伝統の中にも日常生活の中にもかなり定着している。やさしさの情は、もともと独自に存在していて、ただそれが抑圧されているだけだという考えは誤りのように思う。証拠もなく、そういうのは道理に合わないと思う。ではやさしさの情とは一体どこにあるのか。

やさしさのタブー

最も典型的な例は、(標準型といってもよいが)男児の遊び仲間にみられる。男の子は、「赤ちゃんみたい」とか、「女みたい」といわれるのがいやで、いわゆる「男らしい」ことを理想にする。このような子ども社会の理想は、強力な反女性的なものである。それは、「いくじなし」「泣きむし」「甘えん坊」など、恥辱的なあだ名をつくることに現われている。この理想我をもっと積極的に表現すれば、がんばり屋・強気・無情となり、これらを基本的な美徳とする。この子たちにとっては、権力・暴力・策略・悪事などは非常な憧れになる。したがってやがて繁華街に出る年齢になると、どの強盗も「愛すべき人間」にみえ、どの詐欺師も「利口な人間」にみえる。明らかにこの心理状態は、母や保育者に対する感情にさからおうとする反動である。ところが、子どもたちは、不本意ながら今やっと、この母や保育者のところから、心理的に出てきたばかりなのである。この性格形成の過程はすべて、離乳した母への復讐であり、拒否である。これは、例の「すっぱいブドウの実」の防御機制に基づいている。

この時期の性格形成の特徴でもう一つ、特筆すべきことは社会的観点である。すなわち、「仲間意識」あるいは、「秘密結社」をつくる傾向があることである。母へのあこがれから放浪の旅に出た少年の社会的欲求が、少年たちを相互に結びつけ兄弟のような結束をつくらせるが、それは、お互いに帰るべきところが今や失われたということからきている。この社会的現象と放浪の旅の心理についてのフロイドの見解をさらに考察するには、（第8章参照）協力しあうことに物質的な利益があるという理由から、この少年たちの社会化過程を正当化する傾向が一般的にあると思う。しかし、少年にせよ、おとなにせよ、この兄弟秘密結社には実利的な社会目的はない。仲間同士の結束はそれ自体、すべての秘密集団の最大の目的であることは自明である。事実を考えてみると、少年期の仲間つきあい、あるいはグループは、先ずつくられてから目標が設定される。ちょうど、現実的なハックルベリィが、ロマンティックなトム・ソーヤーに冗談めかして注文をつけたようなものである。実際、社会の統合それ自体が目的であり、決して実用的な目標のための手段ではない。したがって、仲間同士の結束はそれ自身のためにつくられるのである。

少年たちは成人して文明化されると、表現の抑制がでて、心からの好意をうけることへのためらいが出てくる。彼らは感傷のためにきまりわるがる。簡単には事がはこばない。つまり彼らは「情にもろくなる」のである。好意とか、敬意の表現は、下品な冗談よりは慎重に、かつ婉曲にしなければならないのである。暖かさややさしさの情の表現を隠蔽するありふれた方法が、格好をつけて乱用される。たとえば全く無礼なあだ名が親愛なことばとして用いられる。また、からかい・冗談・ばか騒ぎは愛情表現であり愛情の偽装である。これをどう解釈すべきか。破壊本能やサディスティックな遊びのために目標を禁止された同性愛みたいなものと解すべきか。このようなからかい方というのは憎悪の現われなのか。つまり、抑圧した憎悪をおもしろがって放出しているのか。たしかにそういうことはよくある。しかし、この説明はすべての場合にあてはまらないように思う。愛――それは非性的なものか、そうでなければ、性感が恥ずかしさのためにめだたないようにうまく抑圧されているかのどちらかである。愛に恥ずかしさを感じるがゆえにやさしさの情がみちあふれてくるとこれを拒否し「バカな真似はよせ」といいきかせているのである。なぜ邪気も害もないことがわかりきっているこの愛の感情を、それほどにタブー視しなければならないのか。同性愛の流れを汲む感情を恐怖するためにこれを検閲する。しかもそのことに何の良心の呵責もないので、同性愛的感情が混っていない感情すら不潔だとして、これを拒否しているのか。もしそうだとすれば、なぜ人間はタブーを避けようとするのか。また、なぜやさしさのタブーはその現われ方が個人によって、性別によって、また文化によって、多様な相異があるのか。

タブーの起源

以上の質問に答える前に、感情に対する嫌悪の例や感情を隠す例を集めたい。またこれとは反対に、間接的にわからないように感情におぼれている事例を収集したい。やさしさの情（あるいはもっと一般的にいって感情）をいみきらう社会的反応があるという前提に立って、こう述べてみたい。すなわち、社会の拒否的反応は一つの安全弁をさがそうとしているからで、その結果さまざまの変装、さまざまの弁解を用いて感情（やさしさ）を拒否するのである。つまり、やさしさの情をごまかすのである。このタブーがいかに強いか、したがって、やさしさの感情がいかに大事なものであるか、これを示す証拠資料は、事実山ほどある。

保育者の仕事の性質と、その労働時間を考えるとき、この人たちの給料はなぜこんなに低いのだろうか。たぶん、子どもに共感的に対応する権利（もちろん、何ら感情の表現はなされないが）があるということで、みえない報酬があるからかもしれない。やさしさの表現は子どもの母には許されているが、それでも、子どもとの「べたついた」話し合いは、むしろ歓迎されていない。それはやさしさのタブーがあるからである。幼児的な感じのするものは、何でもタブーになっているといってもよい。

おとなは子どもをからかう気持を隠して、わざとへりくだった格好をして子どもに近づくことがある。しかしどれだけのおとなが、真から赤ん坊にやさしさを示せるだろうか。ある男の子たちは人形あそびをする。すなわち、母らしいものへの羨望は、文化が変遷しても一貫して最も有力な要因だということである。ここで再びいいたいことは、われわれが愛玩動物（養子を意味する）にむかってやさしさの情を放出することは許容していることである。しかしそれには条件がある。われわれの文化では、女性より男性の方がやさしさのタブーが強い。これはセックスのタブーが女性の方に強い事実と関連している。ただし、女性のそのほかの禁止とは関係がない。男性はセックスを愛の代償としているといいたい。今では精神分析者すらこれを認めている。犬は人間に尽すのに遠慮深さと慎しみがある。たとえば番犬とその主人との関係は、昇華されて損得勘定に立つ同僚の仲になっている。しかし犬は、もし撫でられたら、たとえそれが小さな愛撫であってもいたましいほどよろこぶ。フロイド派にいわせると、人間が動物に定着するのは性的抑圧と（ちょうど毛皮フェチシズムのように）性的偏向に由来するのである。それならば逆に動物が人間に定着するのを、精神分析者はどう説明するのであろうか。これはたしかに性感に帰すべきものではない。その動物が小さいときにうけたあつかい方に関係していることは間違いない。もとにもどろう。子犬のバカげた挙動をわれわれは気にとめない。子犬を好いたり、子犬に好かれたりしても、われわれの威厳は損なわれない。ところが、男性がもし猫をかわいがる場合は、男らしくないとみなされる。しかし、ひとりぼっちの婦人が猫に夢中になっても、世間は何ともいわない。

やさしさを求める気持が性愛の中にもちこまれることは、すでに述べたとおりである。しかし再びここでも、愛の対象に対する軽蔑を含んだ社会的態度があることに気づくのである。これは性的羨望に由来するのか。あるいは性的非難に由来するのか。あるいはまた、

やさしさと性感

情熱的要素をもった人間愛とは別個の退行感情をそこに認識したからなのか。恋愛中の人間に「間ぬけ」というようなあだ名をつけることによって、自分はそれほど間ぬけでもなく、頭にきてもいないと思いこもうとしている。目下恋愛中の人間を「恋の病にかかっている」として、敬意を表さない傾向がわれわれにはある。ただし、セックスを嫌悪するほどにはやさしさの情を排除しないならばである。この場合、やさしさの情の根底には性的意図、性的傾向があるという理由から、やさしさの情と感傷性を認めているのが事実である。

このように禁止された社会的行動の例や、やさしさの情のように無実な感情に当惑する例は、紙面が許す限り、列挙しようと思えばいくつでもあげることができる。社会的に禁止されたためにおこるやさしさへの欲求不満と、甘い感傷にひたりたい欲求の不満、これがアルコール中毒の主な原因である。後で論じるように、愛情飢餓が「病気への逃避」の動機であり、たいていの病気の起源はここにある。何らかのひどい不幸の最中にあるときは、制御できないような感情におそわれるが、これが宗教あるいは疑似宗教に吐け口を求めさせるのである。一般大衆が偏見からこれらの宗教を認めているからである。しかしキリスト教さえ、やさしさの情の育成を公然とみとめているので、軟弱だとか幼児的だとか非難されている状態である。国家理想主義にも同じ傾向がある。日常生活や経済生活でも、鉄のような心をもった強固で頑として動じない人間を理想としている。通俗的ないい方をすれば、総体的には感情的に動じやすい性格行動と、感情的に動じない性格行動とに区別できる。一般的には、

感情的に動じない性格の方を称賛する傾向がある。それゆえに、社会的に無実な一連の感情（訳注：愛、やさしさの情のこと）に対して反感をもつような文化が生じるのである。

あたかも、みたされない願望を夢が充足してくれるかのように、もし演劇や音楽が日常生活でみたされない感情や興味の埋めあわせをしてくれるものとすれば、やさしさの情を剥奪するのは、性的感情を剥奪するのと同じくらいの重要問題になると思う。たしかに、やさしさの感情や哀感からの逃避として、セックスに走ることがあり得るが、この逃避はちょうど、すばらしい音楽にたえられず、むしろジャズの興奮を好む人たちにあてはまる。とにかくこういう行動は、次に述べる仮説を検証する手ごろな資料になるのである。ビクトリア時代の劇場や音楽堂、あるいは戦前のパントマイムなどの「あきあきするような」「めめしい」感傷は、抑圧的時代にあって目標が禁止されてしまった性感情の表現にすぎないのであろうか。あるいは清教徒的父権制社会で、抑圧されていたやさしさの情の発露であろうか。

後者の問に イエスと答えるとして考察をすすめると、やさしさの情は明らかに無害なばかりか、有益ですらある。このやさしさの情を禁ずる力や機制とは、一体何であるのか。この問については、とりあえず私は次のように答えたい。

やさしさを禁止するもの

われわれがやさしさの情とか愛情とよんでいるものは、性的欲求に根ざしているのでなく、前エディプス期の母との情緒的、愛撫的関係に根ざしている。また親愛関係(Companionship)を求める本能に根ざしている。この本能は、すべての動物が養育を必要としている乳児期以来ずっともち続けている特性である。特にわれわれの文化では、清潔のしつけがぶっきら棒におこなわれるし、母と乳児の分離がしばしばおこなわれ、しかも長期にわたるのである。また、これは母自身の清教徒的な生いたちに由来すると思うが、母自身がやさしさに我慢できないということがある。そして、これらが「心理的出産」（訳注：心理的離乳と同義）を早めている。その結果、不安・欲張り・攻撃性が生じる。これは、われわれの文化・経済的慣習・態度の中に現われている。この心理的出産、あるいは心理的離乳の過程は、競争相手の嫉妬心に邪魔されないとしても、ひどくつらいものにちがいない。このつらさがどれほどのものかということは、たぶん、不しつけなことをしたり、失敗をしたりすると、それをはっきり覚えていることから察することができる。礼儀しらずのことをしたり、失敗をした後は、幾年経ってもすごい恥辱感がつづくものである。実際、こういうバカな失敗をしたことは、犯罪をおかした場合よりも悔まれるものである。というのはこういう失敗によっておとなに批判されると、まるで子どものように嘲笑されさらしものにあったと感じるからである。このような心の痛む思い出というのは、心理的離乳につきものの拒否と禁止を、忘却の彼方においやる働きをするもののようである。

この過程に伴う苦痛は、結局性的抑圧に伴う苦痛よりはるかに大きい。というのは心理的離乳の場合は、「記憶に残らない時代」以来楽しんできたものを奪われることになるからである。ところが性的抑圧の方は、「おとな」になったときのためにとってあるものが禁止されただけである。やさしさの情が阻止されたという怒りにつけ加えて、母を失ったという悲しみや、母の態度の変化に伴う不安がおこるにちがいない。これは安定感の基礎をゆるがすことになる。子どもは自分が苦労して従順に学んだことが、結局、自分に犠牲を強いた親を満足させ得ないことを発見する。また親をよろこばせようとする子どもっぽいやり方は、もはや受け入れられないとわかる。そして頼れるものは何もないのだとわかるようになる。子どもの安定感と正義感の根源をゆさぶるものは、子どもの世話を拒否すること、子どものくれたものを拒否することなどである。なぜなら、身体的接触は見たり聞いたりすることより、もっと基本的な安定感を与えるものだからである。精神分析では、分析者は患者にさわられまい、見られまい、あるいは声をかけられまいとする。この場合は、身体的接触の重要性はさほどでない。しかし文化や性格を決定するとなると、この身体的接触は最高に重要なものとなる。というのは理想我や野望の最初の方向づけは、この身体的接触いかんにかかっているからである。

心理的離乳の条件

心理的出産が苦痛でなく心理的外傷を与えないための条件は一つしかない。すなわちこうである。子どもの友人関係の能力が増し、遊びの興味が広がることである。しかもこれは、母からの分離と母に直接世話されたい気持の喪失とが足並そろえておこることである。母との分離が友人関係や遊びという代償行為を追い越すと、不安や怒りが現われる。身近かに感じられるやさしさや、世話される愛の関係がおびやかされる時期にいたるまでの間に、母とはじめから共有していた自己への興味が（第2章「自己愛」を参照）安定したままに拡大し発展するのでなければ、不安は現われるにちがいない。ちょうど、軍隊が補給物資をおびやかされている基地を守るため引き返すように、子どもも目下発展させつつある興味から引き返して、愛の関係にもどって固守しようとする。すなわち、子どもというものは、本来自分のもっていたよろこびや安定感がもっと社会的な方法で手に入り、しかも安定感の度合は前と同じということになれば、いとも簡単にもともとっていたよろこびや安定感の方は手放すものである。またそのときの状況や性格の特異性が原因で、母親が心理的出産を不当に早めることもある。乳児はそれまで関心をむけられているとよろこんでいたのに、その関心の一つ一つが引きあげられると、これを愛の引きあげとして受けとる。もっと大事なことは、子どもは自分の愛どころか自分自身すら母には不要なのだ、自分は母に歓迎されていないのだ、というふうに受けとるのである。ここで子どもがするにちがいないことは次の何れかである。(1)子どもは愛の関係にしがみつく代わりに仲間意識や興味をのばすか（これは正常な発達である）、(2)子ども自身の権利のために闘うか、(3)ひそかに退行するか、あるいはその代わりのもの（非行とか精神障害）をみつけるか、(4)愛の剥奪の苦痛に耐えるか、あるいは抑圧という方法でこの苦痛を避けるか（やさしさのタブー）の何れかである。この中、最後の回避反応は失愛のつらい思い出や、「危険な訴え」をしたい欲求、つまり甘え（**indulgence**）の欲求をすべて閉めだすために、（意志恐怖症固有のものとして）広がる傾向がある。愛の逆拒否（訳注：愛をもらうことへの拒否）とか、愛情からの自己離乳の目的は、明らかに自己防御である。私にいわせれば、自己防御のための無関心さは、「すっぱいブドウの実」的な自己慰安的なものである。すなわち、愛への消極性を養うことによって、愛情飢餓から自己隔離しようとするのである。そのためには、一切の情念に対して心理的に目をつぶらなければならない。すなわち、情緒に参加することを拒否するのである。そういう人は、他人からの訴えや悩みに対して無感覚になるばかりでなく、また他人の同情に訴えることも恐れる。たとえば、人前で「大騒ぎ」するのを怖れて、病気を隠そうとする。愛の剥奪は避けられないものであるが、愛をいつまでも熱望することはあまりにも辛いことなので、葛藤をすべて心から閉め出すのだろうと想定できる。情念と感傷をよびおこす傾向のものは、どんなものでも、ちょうど淑女ぶった女性が性的話題に腹を立てるのと同じ理由できらわれる。退行願望へのタブーは、一切の愛情表現に及ぶ。そしてついには、愛情表現ができなくなるか、あるいは愛情表現にたえられなくなる。

やさしさのタブーの結果

愛情の抑圧はそれゆえ、一世代から次の世代へとつみ重ねられていく過程のように思われる。母自身が愛情飢餓で、その結果やさしさの情に我慢できない母親は、自分の子どもの依存性・退行・愛情欲求などにたえられないのである。自己不信に根ざした母親の猜疑心と不安は、やがて次のような感情になる。すなわち、聖アウグスチヌスのいうように、子どもは当然悪いものであり、赤ちゃんぽい甘えを非難し、くい止めることによって、よい子に「つくりあげる」必要がある。そうなると子どもは母からもっと承認をとりつけようとし、その承認を保持し続けようとして不安が出てくる。子どもは、愛とはうける価値のあるものに自然に与えられると感じるか、そうでなければ自らかちとるものだと、あまりにも人生の早期に感じる。それゆえ、過度の不安は簡単に絶望の極に達するかもしれない。

生存競争を放棄して、退行的夢（早発性痴呆）におちいりたい誘惑をつくるのも愛であるし、病弱（ヒステリー）におちいりたいという誘惑をつくるのも愛である。あるいは愛があるから、嫉妬深い競争意識・力・地位・権力・所有欲などを追求することになるのかもしれない。こうなると愛は、今や攻撃的で不安で、貪欲なものとなる。心ならずも母は、子どもへのやさしさの感情を抑えてしまい、よい仲間づくりという理想を義務化してしまう。愛とか自信というものは自然に発達するものだと私は主張しているのだが、母親は、子どもに愛とか自信の代わりに、罪の道徳とか、不信の感情をうえつけてしまうことになる。

このようにして形成された「冷淡な」ピューリタン的傾向は、嫉妬深く人を許せない性格をつくる。私たちは自分が甘えを放棄するように強いられてきたので、他者へも甘えを許せないのである。われわれは自分の愛する子どもに対して嫉妬しているのであり、子どもを引き下げようとしているのである。子どもが「いくじなし」になるのを恐れ、子どもの成長を性急にプッシュしすぎるため、子どもが「子どもっぽさ」から卒業するチャンスを与えないでいる。われわれは子どもが真剣になることを願い、快楽よりも成功を願い、存在競争の勝者たらしめようとしている。しかしながら、やさしさのタブーを強化するような方法でこれをする傾向がある。これは結局、社会生活を維持することとはほとんど両立しなくなる。

この人生哲学は、ストア主義（禁欲主義）の理想である。ストア主義は、愛の剥奪と愛の拒絶に、われわれをさらすもとになっている欲望（訳注：愛されたい欲求と愛したい欲求）を慎むことによって、苦悩を公然と防衛しようとしている。しかしながら、それは競争的な物質主義を生むことは明らかである。そして競争的物質主義は、「遊び心にみちた」文化的興味をつまらないものとして取り除こうとするか、あるいは（もし罪意識が清教主義の場合のように大きな役割を果すのであれば）「罪深い」ものとして取り除こうとする。このような生活態度は、自然な満足などでは得られるはずがないので、そういう人たちは自分を強固にしようとする傾向がある。ストア主義は皮肉屋になり、清教主義者は本質的なことになると陰気で狭量な反キリスト教的人間となる。すなわち、無情な神の無情な「お気にいり」になるのである。

やさしさのタブー（仮説）の特質について、もっとはっきりしたイメージをもつためには、エーテル波動から類推するとよい。エーテル波動は波長に従って連続線をつくるが、尺度が違えば違った結果がでるのである。たとえば、輻射熱・光・磁気・無線の波・原子の分裂によるある種の放射などがそれである。これらのもののうち、感覚で認知できるのはほんのわずかなものだけである。あとのほとんどは間接的方法でのみ発見しうる。これと比較してこう推論できそうに思う。人間の精神的エネルギーには、身体的体験から心理的体験にいたるまで、幅広いものが介在しているということである。身体的体験とは、身体的欲求や身体的満足さらには吸乳とか性交のような身体的関係を含み、心理的体験とは、われわれがはっきりと自覚できる憎悪・恐怖・悲嘆・歓喜などなまなましい感情を経て、純粋数学を頂点とする文化的興味にいたるまで、非常に抽象的で心理的な関係を含むのである。一方には、なまなましいはっきりした感情があり、他方には、抽象的な興味がある。そして、われわれは不断気づいていないのだが、この二つの間に感情反応が幅広く介在している。したがって、それを言語化することはむつかしいし、漠然としているので認識することもむつかしい。認識しにくいもう一つの理由は、精神的に健全な人がそれを当然のように思っているからである。われわれの気づかない感情反応は、日常生活でおこっているさまざまの状況に応じて出てくるもので、その状況の特性を明確化するのはむつかしい。したがってその感情反応についても、これを考えたり語ったりするのはむつかしい。反応といっても、それは百パーセント「情緒的」なものというわけではない。しかし、身体的欲求にとってはあまり意味のない対象への興味にくらべれば、われわれの気づかない感情反応というのは、もっと生き生きしたもので抽象性もさほど高くはない。身体的経験や心理的興味の対象よりむしろ社会的、文化的活動に熱中する場合に、* 一種の背景をなすものがわれわれの気づかぬこの感情反応なのである。そしてこの感情反応は、社会的、文化的活動をわかちあうところにその意味がある。このレベルでの反応（すなわち、親愛関係）に一番適したことばは、たぶん、感情とか「意味」とか、あるいは無意識的好意などであろう。無意識的好意というのは、興味に協力的に参加する者と競争的に参加する者との間に無意識的に生ずる好意のことである。

＊　熱中とその反対の「飽き」は、ものへの興味が強いか弱いかの差と考えてはならない。むしろ、この興味

を支える社会的親愛関係如何にかかっている。リーダーシップも同じく、この社会的親愛関係如何にかかっている。

やさしさのタブーは特定個人の親切心の場合ばかりでなく、感情交流、意味交流の領域にも現われる。やさしさのタブーとは（白痴のような）感情欠如や、（早発性痴呆のような）感情の引き上げのことでもない。やさしさのタブーとは感情の禁止である。その感情の禁止が、個人の社会的反応を鈍麻させるのだが、それが当人にわかった場合は後悔するはずである。やさしさのタブーをもった人間は、暖かい感情表現的な人間関係にはたえられないものである。彼はまた、すべての友人に対しても、「冷たく凍えた手」しかさし出せない。彼は形式ばった人間関係や、抽象的興味、あるいは官能の中に逃げこもうとする。彼はすばらしい文学を好むことがあまりない。彼は自分には何かが欠けていることを、うすうす、あるいははっきりと知っている。友人にとって、彼は好感のもてない友人であるし、親類にとって、彼は好感のもてない親類である。彼は不幸な人なのである。

やさしさのタブーの文化的相異

反応性や感情の自発性は個人によって様々であるが、これはさておいて、われわれは文化が異なると、この点がどう違うものか広く研究したいと思う。現によくあることだが、たとえば、性的関係をもつことに危険性がないときでも、親しい関係をもつことへのタブーがはっきり出てくることがある。マリノフスキー教授（Malinowski）は、トロブリアンド島の人たちについてこういう報告をしている。すなわち、ある女性が自分の恋人と寝てもよいときでも、婚前にあまり親しくなるのは（例、食事をつくってあげる）よくないと考えている。トロブリアンド島の人たちにとっては、婚前に親しくなることは、ちょうどわれわれにとっての婚前性交のようなものなのである。もし彼らの文明がわれわれの文明のようであれば、彼らも高額の請求書を離婚の口実に考えるであろう。また、日曜の新聞には献立表が載っており、牧師は道徳の頽廃を語り、新異教思想の危険を口にするであろう。しかし、トロブリアンド島の人たちはそうしなかったばかりか、彼らの隣人であり、とり引先でもあるドブアン族のところまで、やさしさのタブーを伝播しなかった。ドブアン族の理想的倫理というのは、彼らがイギリスのブロードムーア族になれるほどのものである。ブロードムーア族の倫理的態度は、フロイドの無意識心理学にぴったりあてはまるものである。彼らの考えでは、人生で唯一の価値あることは隣人をしのぐことであるが、そのための唯一の方法は強制と詐欺と性的アピールである。

これらの部族の人たちの育児法を研究してみると、偽の母権制であることがわかる。つまり、財産相続は名目上、母系制になっているが子どもの目からみて、実際には母に自信もないし、安定感もないし、威厳もない。親切で保護された幼児時代をぬけ出して、おとなの生活に入ると、それは無情で競争的な生活であり、ストレス・怒り・退行願望が渦巻いている。しかもこれらは何れも、母には扱うのが苦手なものばかりである。生育歴の複錯した状況がどう影響しているかを分析するだけの紙面はない。しかし、この疑似母系社会の人たちの民族性は、生まれつきの悪が放出されたからではなく、子どもっぽい（自然な）人なつっこさや好奇心が――それは超競争状態では存続はむりである――抑圧され、激しさが身についたからである。

オードレィ・リチャーズ（Audrey Richards）は、前述の民族性とは正反対の極にあるものとして、アフリカのある種族のことを報告している。彼らの子どもはほとんどけんかをしないという。離乳を強迫的にさせられることがほとんどないし、念入りに世話されるので、不安や嫉妬をおこさない。清潔のしつけもやかましくない。母たちはこういう。「清潔のしつけなんて、かわいそうよ。時がくれば、子どもは自然にそれくらいのことはわかるわよ」と。

この文化でも、セックスのタブー、セックスの秘密主義は非常に弱い。しかしドブアン族との性格の違いの原因は、性的要因に由来しているわけではない。子どもは不安もなく、怒りもなく、失われたよき時代への退行的願望もなしに、成熟に達することができると私には思われる。また、やさしさの感情を免疫化したり、追放したりしないでも、このアフリカの子どもは成熟するものらしい。子どもは人から愛が貰えなかったり、自分の愛を受け入れてもらえなくても、心が傷つかないし、「きつく」て「冷たい」性格にならないですむ。きつくて冷たい性格とは、情熱的になるのを軽蔑する性格であり、何かに献身できない性格のことである。このアフリカの子どもは、防御機制のために感情を抑圧することもなく感情に対して無反応ということもない。

もう一つ重要なことが結果としておこる。それは構えもなく遠慮もない性格の人は、構えや遠慮のある人よりも、ずっとよい親になれるということである。つまりこういう人は、子ども時代を抑圧のために失ったという後悔の念がないので、自分の子どもが親の関心を求め、親に訴えをしてもそれを苦にしないし、当惑もしない。そういう親は、子どもと感情的な接触ができる。というのは、その親自身に子どもらしさがあり、女性らしい気持があるからである。こういう人は、心の強さとか、毅然さとか、人の心に入っていく能力などが欠けるということはまずない。われわれの文化は、何を軽蔑すべきかを教えてくれているが、こういう人は、ただそれを無視しないだけである。われわれは成熟し男らしくなるためには、子ども時代のあけっぴろげの気持を捨て去るか、抑制しないといけないと誤解しているのではないだろうか。このマイナスの行動——防御的反応——を、よいものだと誤解してはいないだろうか。ちょうど、ファシズムが攻撃性を理想的なものと考えたようにである。このようにわれわれが誤解をするということは、気質における男女差の起源について、大いに示唆するものがある。

男女の相異

第二次性徴ともいうべき男女の気質差は、ふつう各個人の生理的特質に由来すると想定されてきた。しかし、数多くの資料からうける印象では、性格発達における生理的要因は、われわれがうすうす想像している以上に、影響力に限界がある。生理的には女性でも、非常に男性的性格（われわれがそう思うのであるが）の人もあるし、その逆もある。男同士でも文化が違うと、性格が違うが、それと同じように、あるいはそれ以上に、女性らしさとか女性の理想なども、文化によって違う。大雑把にいえば、相違の一番大きいのは父権制社会である。そこでは、女は男の被保護者か、そうでなければ玩具である。古代チュートン族の社会のような母権制文化では、男性用の理想、女性用の理想などの区別はなかった。たとえば、原典によると、ブリュンヒルト（女性）はあらゆる点で、シグルド（男性）と同じように描かれている。

われわれの育児法の特徴は、私がすでに概説したように、やさしさのタブーがあることである。そのため、男性のおとなと女性および子どもとの間に、不自然な心理的相異が生じ、したがって情緒的障壁ができた。これはたしかにありそうなことである。もちろん、女性はたえず育児にたずさわっているから、男性のように子どもとの接触が完全になくなることはない。女性は子どもをもつ可能性があるということのほかにも、その兄弟たちと発達上、異なるものがある。すなわち、エディプス願望にもエディプス的慣習にも、女児と母親との間に、兄弟たちが父親に対してもつような同じような分裂をもちこみはしない。むしろ、女児が自分より年下の子どもの面倒をみるときは、母を思い出すことさえあるかもしれない。しかしここで、乳児期から阻害されずに成長してきた母性傾向や慣習に気づいても、必ずしも母性本能というものを想定する必要はない。しかしこういうことは、女性の性格形成に影響せずにおれないものである。

私の論点は、乳児の活動、乳児の満足感、母子関係などへのタブーと、退行への非難が拡大して、無害どころか有益な感情や態度にまでおよぶことがあるということである。男女を人為的に区別するために、かえって男女の仲は悪くなり、結局女性は自分の子どもに依存せざるを得なくなる。そしてさまざまな男女の不和は増大し、嫉妬がかきたてられることになる。しかし、最悪の結果は親と子の断絶である。親は無意識の中に自分の退行願望にさからいこれを防ごうとする。そこで子どもの子どもっぽさにたえられず、子どもが早くおとなになるようにせきたてる。そのため、子どもの素朴な、構えのない、感情豊かな社会関係を放棄させてしまう。このように、「子どもらしさへの権利」を否定している親が、子どもに対してかかげる目標はおとなっぽいものとなり、また子どもにとっては、魅力のない社会関係を求められることになる。この魅力のない社会関係のために、子どもの不安や憂うつ状態がおこることとすらある。この場合、子どもの感情を推論すればこうなる。「もし成熟のみかえりがそんなことだったら、私は今のままの方がずっとよい」と。やさしさというものに我慢できないピューリタン的態度は、結果的には自分のきらいな退行現象を増大させることになる。更にまた、やさしさを認めないピューリタン的態度は、本来子どもの成熟を願いながら、結果的には成熟の邪魔になる不要な道徳律を押しつけることになる。そこにあるのは、徐々に成長の過程をたどらせる代わりに、抑圧によって急激に変容させようとする態度である。これでは真の意味での成熟した人間は生まれない。生まれるのは、不安と怒りにみちた幼児性を核とした頑固さと辛辣さである。やさしさのタブーは子どもの寛容さを失わせるばかりでなく、おとなの特性であるべき安定性と人格の統合性を、子どもの身につけさせないことになってしまう。

本書で解明しようとしていることは愛の特質に関する一般的な仮説であるが、本章でとりあげたやさしさのタブーは、この愛の特質的仮説と関係がある。やさしさのタブーの概念は、男・女・子どもそれぞれの性格の相異という事実に、新しい観点を与えてくれるし、民族間の性格の相異についても新しい見地を提供してくれる。そして、男性・女性・子ども、それぞれの新しいかかわりあい方を示唆してくれる。それゆえ、やさしさのタブーの解明は意義あることのように思われるのである。

第7章　抑圧と嫉妬

われわれはここで、次のような基本的な問を発しなければならない。すなわち、「社会とは人間性の自然な表現なのか。それとも、力による人工的なものなのか？」と。フロイドは、ためらいもなくはっきりと後者だという。フロイドにとって、社会とは罪障感と恐怖におののく「追従者」を、「指導者」が支配することによってのみ維持されるのである。ちょうど、(フロイドの目には) 個人の社会的行動が、恐怖による抑圧の結果にみえるようなものである。

フロイドの社会起源論

われわれはもちろん、意識のレベルで働いている威圧による抑制と、完全に無意識の過程である抑圧との相異を見きわめる必要がある。しかしながら集団の社会化の過程では、この二つのメカニズムは「並行して」働き、ほとんど同じ結果を生んでいる。

フロイドの心理学は、(そしてたしかに現代心理学はそうであるが)、抑圧の概念が出発点となっている。そして抑圧の概念は、記憶が受身的に沈潜したものとは考えていない。彼はむしろ、ある心理過程と心理内容が、意識の流れや意識的行動の方向からはずれて、分裂したものとして抑圧の概念を考えている。その結果である「無意識の心」のかくれた影響力についての研究が、精神分析の主たる課題となってきた。すでに述べてきたように、文化への関心ともいえる社会的感情の発達は、抑圧によるものと考えられてきた。それゆえにフロイド派の社会的理論は、すべて抑圧のおこり方が基本テーマになっている。

最初に注目を集めた無意識心理の内容と過程は、性に関するものであった。次に明らかにされたことも、性的ということばの意味は拡大解釈されているが、やはり性的なものであった。精神分析理論の最近の発展は、基本的概念に影響を与えるだけの時間的余裕がなかった。それゆえ、今でも精神分析の基本的概念は、まだこれらの素朴な観察と解釈に基づき説明されている。社会の起源と特質についての精神分析の概念も、基礎はまだここにある。そして発展途上にある心理学として再構成されていない。それゆえ精神分析的な諸概念が、片寄っているのは当然だといえる。

もし仮に、抑圧をうけるのは性的願望であるという前提があるとしても、自分より強い競争相手への恐怖が、この抑圧を扇動していると想定することは、きわめて論理にかなっている。(タブーのように)社会的なものであれ、または(禁止や抑圧のように)個体内のものであれ、性的嫉妬はすべて制御の主たる動機として考えねばならない。これと軌を一にするが、この制御が性的機能へのおどし、すなわち、「去勢」によっておこると推論してもよさそうである。その去勢恐怖とは、性的欲望を満足させる器官が永久に取り除かれる恐怖である。性的欲望を満足させる器官が、女性の場合はめだたないので、男性の器官を女性がうらやましがるのは理解できる。事実、ある状況のもとではこの羨望は大いにおこりうることである。

フロイド心理学は、社会機構の発達にとって、基本的に重要な二つの嫉妬を強調している。すなわち、

(1) 去勢恐怖によって強いられた性的な嫉妬。

(2) 自分よりも優れた「完璧」な男性に対する女性のペニス羨望。

後章で述べるように、これらはたくさんある嫉妬の中の二つにすぎず、特にこの二つが、最も重要だというわけではない。社会の発達に重要な役割を演ずる嫉妬はたくさんある。フロイドの強調点の誤りが、抑圧をうけている願望やその願望を達成しようとする原動力についての概念の誤りからきていることを示したいだけである。幼少期の男児は母への近親姦願望の充足に対して、「父が大きな障害であると感じている」とフロイドはいっている。しかし、フロイドが想像しているようには、これは普遍的ではないと私は考える。ただし、これは母親の性格や、対息子、対夫との愛情関係に影響を与えるような何らかの状況におかれるとおこりうるといえる。

抑圧の機制

禁止する者が、恐れられていると共に愛されていればいるほど、それだけ禁止の効果も大である。というのは禁止する者が愛されている場合は、物的懲罰を行使する権力のほかに、愛を引きあげ愛の代わりに、怒り・嫌悪・屈辱など罰以外の方法を行使する力をもっているからである。愛されている者だけが、真の意味での分離不安を支配できる。禁止する側が、願望を禁止された側より弱いにもかかわらず、あるいは弱いどころか頼っているにもかかわらず、禁止が完全に効く場合がある。ここでは、恐怖や罰は問題にならない。唯一の恐れは、愛が失われるという恐れである。われわれが、禁止を無理強いする場合の、この失愛恐怖の効果を考えるとき、それはいかなる物的不安を与えるよりも、影響力が大きいことに気づくのである。兵隊はこのような不名誉の恐怖のために、すなわち、人によく思われたいがために死ぬのである。禁じられている欲望が、ある瞬間衝動にかられた結果実際に満たされると、自責の念のために、愛してくれる者への償いとして、最大の罰を求めるようになる。もし、自己制御が罰の恐怖に基づいていたり、得をしたいという計算づくでおこなわれていたら、このような行為は想像もつかないであろう。愛ではなくて、自己中心的な恐怖が自己制御の終極的な原動力であるという想定からは、このような罰を求める行為を理解することはできない。

意識的行動とはそんなものである。同じことでも、幻想の世界では善となる。すなわち、恐怖でなく愛が禁止の主役となるといいたいのである。幻想は全くプライベートな世界のことであるから（自分自身の世界のことであるから）、幻想にふけるのを恐れなければならない理由は全くないのである。ただし、人に好かれていないという幻想におちいって、思考過程の中に意識的矛盾がおこり、それが苦にならなければの話である。かくして母への近親姦願望という永遠の問は、もしそれを意に介さなければ、父の復讐という危険をおかすことなしに母への近親姦願望にふけることができる。しかし、もし母のイメージに理想的な美を見出している場合、また母の感情がそのような考え方には反対なことがわかっている場合、この幻想はよろこびどころか苦痛とさえなる。それゆえ、父への恐怖は子どもの近親姦願望を隠蔽（抑制）する一方、子どもに母への近親姦願望を放棄させ、あるいは子どもの感情を抑圧させる。フロイドがあれほど重視した典型的なエディプス的抑制、すなわち、父親による禁止は抑制にはなるが抑圧にはならない。しかし、母親による禁止は、少なくとも無意識に達するほどに影響力は大きい。母親の反対をさけることはできない。すなわち、母親の了解なしの近親姦願望の満足は思いもよらないのである。父親は「赤ん坊と母親のことについて」は知らないかもしれない。けれども母親は、自身の子どものことなので常に知っているはずである。母から隠れることは幼児にとって想像できないことである。罪障感をもって母から隠れること自体、苦痛な分離であるから、子どもにとって母から隠れることは望ましくないことである。無意識においてさえ、近親姦願望にふけるには、「母のイメージ」を分裂させなければできないことなのだと私は思っている。

幼児にとっての母の意味

幼児期の生活の初めから、母親は幼児の意識にはっきりと登場する最初の対象である。その対象たるや、子どもにとっては別個の存在であり、しかも快か不快かのきめ手になるものなのである。それ以後、母へのイメージ(母に対する子どもの考え方)は、子どもの発達の中で大いに修正される。こうして母親は、あるときは魔法のような子どもの泣き声と身振りの従順な奴隷ともみえ、あるときは、はげしく服従を強要する人間とみられるかもしれない。母親のイメージは、授乳し清潔にしてくれる養育者のイメージから、いたずらで「低俗な」ものに関係があるとは考えられないほど、冷静で、理想的で、純粋な、近づきがたい女神のようなイメージにいたるまで幅が広い。それゆえ、母親は最初の理想主義の基礎となるだけでなく、また子どもが自我像をつくったり、また人生で野心や目標をつくるのにきわめて重要である。すなわち、母親は抑圧とか拒否に有力な役割を果すばかりでなく、養育の面でも、積極的で建設的な重要な役割を果すのである。母親の性格や家族のメンバーとの関係が子どもに与える影響力は、それゆえ、非常に大きくその多様性も無限である。

家長の抑制、すなわち、嫉妬深い父への恐れは、特定の家族や特定の文化では、母親による抑圧への補足的要因として作用するようになる。母の抑圧が弱い限りは、父親の権威がその援助に動員される。父の権威を必要とするときでも、父の抑制は母の抑圧の欠如を決して完全に補うことにはならないのである。エディプス願望がもし母にではなく、父に妨げられている場合、芸術・宗教に吐け口を見出すか、あるいは神経症に吐け口を見出すかの何れかである。この三分野は、フロイドがエディプス・コンプレックスの昇華とか、「退行」と説明したものである。

しかしながら、母親の抑圧とか父親の抑圧と単純にいうわけにはいかない。というのは性器期以前は、これらの抑圧の影響は、男児と女児ではそれぞれ異なるからである。男児の場合、嫉妬深い父を全く愛さないかもしれない。すなわち、父は邪魔者とか、おせっかい屋とか、関係ない人とみられるかもしれない。また女児とその母の間には、決して相互補足的な関係はおこらない。母親は決して真の「関係ない人」にはならない。父の抑圧母の抑圧というようにわけるのでなく、愛され好かれているものの自発性からくる抑圧、（この抑圧を私は「内因性」とよび）、押しつけがましい第三者への恐怖からおこる抑圧（これを私は「外因性」とよぶが）、抑圧をこの二つにわける方がよいと私は考えている。

エディプス願望に関する私の考えは、初期フロイド派のいう父親への「去勢恐怖」よりも、母親の拒否が去勢恐怖より時間的に優先権をもつばかりでなく、また人生のより柔軟な時期に現われるというだけでなく、論理的にも確実であり、またその裏づけにも事欠かない。赤ん坊は母親の機嫌がよければ、父親不在でも満足を得ることは考えられるが、母親の了解なしには満足を得ることは考えられないので、これは論理的にたしかである。母親は子どもの非文化的欲求を色々なときに征服しているので、そこからくる威信をもっているのである。それゆえ、母親は「全能」かつ「全知」である。母親はすべての倫理観・美的理想・嫌悪などを教えこむことになる。もし子どもが自分の近親相姦を母親が認めないとみている場合、その子は次のエディプス幻想の段階に進むことができない。そのエディプス幻想とは、「もし、お父さんが遠くへ行ってくれたら」とか、「もし、私がお父さんより強ければ」、「お母さんはよろこぶだろう」という幻想である。「お母さんが決して同意してくれないだろう」という考えは、たとえ幻想のレベルであっても、エディプス願望への決定的な障害となる。一方、もし母親を強者である父親の私有物だと思った場合は、母を父から救いたい、奪い返したいという幻想を子どもはもつであろう。

母と父との関係は、家族感情の三角関係の他の二面で重要である。もし、全能の母が父を恐れているとわかると、なおさら赤ん坊も父を恐れるはずである。赤ん坊は、実に母の見方で環境を評価し、気持を「纏綿する」のは必然的である。すなわち子どもは母親の目を通して世界に近づくのである。そこで赤ん坊にとっての父とは、母の父に対する反応の仕方できまる。母への共感をとおして赤ん坊は、母の恐怖・憎悪・愛情・称賛などさまざまな態度を取り入れるのである。子どもはまた、父が母の愛を自由にできる力をもち、またその力を不当にもちたがっていると理解している。しかしこれは、その力がどういうものかという子どもの受けとり方に大いにかかっている。もし、父が母を高く評価しているなら、母に対する子どもの敬意も不動のものとなる。すなわち、父が母を支配し、母が父の支配を受け入れているなら、力は子どもにとって正義となるばかりでなく、美徳となり、愛をかちとる真の方法となる。もし、母が父を愛しているなら、子どもも父を愛することになる。これは、近親姦願望への母の拒否とあい呼応して、子どものエディプス的嫉妬や、憎悪から父を守ることになる。一方、もし母が父を単なる権威筋として父に服従している場合は、全くちがった感情の型が子どもにできてしまう。これらの「もしも」という仮定は、いずれも、家族によって相異があり得ることを示唆している。そして、文明による相異すらあり得ることをほのめかしているのである。これらの相異については次章で明らかにしたい。ここで、われわれに関心のある「もしも」とはこういうことである。すなわち、もしも、われわれの見解が妥当だとすれば、どうしてそれらはフロイド派の研究によって予示されなかったのか。たとえば、フロイドは「自我と本能」の論文（四五頁）で、「両親特に父親は、エディプス願望を実現するための障害とみなされている」と書いているのはどういうことなのか。これに対する私の考えは、むしろ母親がエディプス願望への主な障害であるとみている。（ある特定の文化や家庭では）父がエディプス願望の主な障害とみなされることもあるが、これはほんのわずかにすぎない。

フロイドの抑圧論への懐疑

精神病理学や、文化人類学的心理学におけるフロイド派の解釈を裏づける莫大な証拠資料があるにもかかわらず、これに反して、母親の意志が第一義で、最高に重要だとするこの提案を、私は実証しなければならない。もちろん、私はこの本の範囲内で、私の所論をすべて実証することはできない。しかし、大筋においては妥当なフロイド理論が、無意識下の母による抑圧の重要性についてふれるのを避けるのはなぜか。少なくとも二つの理由をあげることができる。私が予見したように、そしてその見方が正しいとすれば、母の抑圧は無意識や自制を生むのに非常に効果的であるから、認識できるようなエディプス症状が何らでてこないのである。この場合、「抑圧されているものの再生」はない。フロイドのいう父の抑圧は神経症の原因を説明できる。母の抑圧は動きのない静的文化、すなわち、「歴史のない人々」から説明できる。これは、厳密な意味での母権制宗教集団が、セム族気質の父権制宗教集団とは正反対の性格であるということの説明になると思う。事実、周知のごとく、動きのない静的文化や母権制宗教は、罪障感にこりかたまった宗教の攻撃の前にほとんど没落してきている。罪障感に支配された宗教は、「横暴な父」を人々に強制的に拝ませることにより罪の償いをして、「横暴な父」をなだめようとしているのである。なぜ最初の分析的発見が、いわゆるエディプス病（神経症）やエディプス文化に限定されたのか。それは、われわれが父権文化に住んできたからだというのがその理由である。それに、エディプス病やエディプス文化が、最も顕著なところが多いということもある。父の抑圧は本質的には弱体である。それゆえにこそ、抑圧内容をいとも簡単に分析場面にさらけ出すのである。

再論しよう。フロイドの前提は、あらゆる文化の中で一番父権制のつよい文化を頭においたものである。すなわち、神経症の問題が頭を占めていたフロイドにすれば、父抑圧を最初に発見させた状況（父権文化）に関心がむいたのは当然である。ところが、エディプス理論で武装したフロイドは、やがて解釈すべき問題にとり囲まれて身動きできない自分を見出した。フロイドは、エディプス感情が象徴的に現われている絵は解釈した。ところが彼は、比較的特徴のない背景や画面にはほとんど関心を示さなかった。それにしても、父対息子の敵意が本格化しエディプス葛藤がおこるのは、母による抑圧が不適切な場合のみであると私はいいたい。

私がこれから明らかにしたいことは、父権文化においては、母抑圧を緩和し典型的なエディプス・コンプレックスを顕著にするような状況が多いということである。たとえば北欧の諸文化を比較すると、幼少期の子どものしつけは父権文化では共通しているし、夫と妻の年齢も不均等である。女性にはもてない親愛関係と現実への関心を、母親は子どもとの関係で補償しなければならない。父権文化の女性は、他文化の女性より誇りをもち、情熱的な母親であり、自分の息子たちにやさしすぎるきらいがある。そのため、息子たちは社会が母と同じように評価してくれないという不満を示しがちである。女性としての自己礼賛の欠如、父権家族への盲従、男性への過大評価、これらの状況はすべて母性的権威を父性的権威にすりかえたものである。父権文化では、子どもが他の願望を放棄するのを学習する前に、また現実的関心事としての親愛関係が発達する前に、エディプス願望が早く熟してしまうにちがいない。赤ん坊の母親に対する性的感情の抑圧は、離乳前は不可能である。ただし、禁止と許容の識別があまりにも人為的すぎて、子どもにはむつかしすぎるという理由があればの話である。おそらく性的感情の抑圧は不自然でさえある。かくして、これらの未成熟な性的願望、あるいは性以外の点での抑圧遅延は、子どもが一時に一事ずつ問題を解決する機会を奪っている。そして、もし子どもが代償的興味をもつだけの時間が必要なら、特に問題解決の機会は重要である。最後に、父権文化では、子どもにとって母親を性的にあるいはその他の面で独占する場合の主な障害は、父であると子どもがうけとるようにしむけている。

このような状況では、子どもが願望の放棄をしたり抑圧を達成するのはむつかしいばかりでなく、両親としても子どもを援助することはできない。母親は父親への影響力をもっているが、父親は離乳と排泄のしつけに伴う威信のもちあわせもない。母親が授乳や湯浴みを通してつくった食と体という基本的な絆を父親はもっていない。この絆はすでに指摘してきたように、願望を放棄させるとき非常に貴重なものである。父に対する本能的な愛はない。もし父が子どもに愛されているとすれば、それは母が父を愛しているからである。それと同じように、母が父を恐れていると、父は子どもに恐れられ、母子関係に父が干渉してくると、父は子どもに憎まれるのである。典型的なエディプス状況は、父による抑圧という弱い基盤の上に築かれるのである。

内因性抑圧

次に、内因性の抑圧について述べることにする。内因性の抑圧とは、愛されている人の欲求が、愛している人の欲求と対立する時におこる。この種の抑圧を生ぜしめる対立なるものは、愛の関係の中でおこる。外因的抑圧のように、すなわち、フロイド派特有の抑圧のように、局外者の干渉によっておこるのではない。（もしそうであれば、これが真の抑圧を生んでいるはずである。）

最近のフロイド派の理論の発展は、この母による内因性抑圧の圧倒的重要性を、それとなく認める傾向にあるように思われる。精神分析は、人生のごく初期が病理的に重要であるとする。すなわち、母から自己を識別する前の段階、したがって父親の嫉妬と怒りが、自分にとって危険だと子どもが気づくずっと以前の時期が大切なのである。エディプス期以前の抑圧はどんなものでも、母によっておこることは明白である。つまりそれは内因性のものにちがいない。精神分析で推論するような、嫉妬深い父親の妨害を恐れての抑圧ではない。

フロイドは、その立脚点や個人的経歴やその他諸般の事情のために、抑圧に関する概念を一面的にとらえた。したがってフロイドは、性的な葛藤に偏見をもっていた。そして、彼がもともと注目に価すると思った嫉妬とは、次のようなものであった。

(a) 父に対する男児のエディプス的(性的)嫉妬。

(b) 女性より優れている男性に対する女性のペニス羨望。

しかし、これら二つの嫉妬は、最も初期に現われるものでもなく、最も大切なものでもなく、また最も普遍的な反社会的原動力でもない。このことを示す文化人類学的証拠がたくさんある。私は、(c)カイン嫉妬について一三四頁に述べるつもりである。カイン嫉妬の抑制は、母権制社会の倫理的主題である。ここで指摘したいのだが、母権社会の嫉妬深い神話は、母親の愛情が欲しいための子ども同士の争いを主題にしているが、父と息子の間の嫉妬はとりあげていない。カイン嫉妬は当然、個人の発達の最も初期の、最も強力なものである。バンツー族などある未開人は、カイン嫉妬撃退法を工夫している。

しかし進化の過程そのものが、嫉妬のもう一つの大きな源泉をつくってきている。(d)女性が子どもの出産と授乳を専門にすることにより、少なくとも乳児期に関する限り、親の（器質的な）機能と満足感は、女性が実質的に独占している。しかしこの進化のために父親としての衝動、つまり、子どもとつながりをもちたい父の衝動が減少していないことは明らかである。非哺乳動物のオスは、産卵鶏のように養育活動ができるし、また養育活動に熱心である。全く産卵鶏以上に熱心で有能なことすらある。願望とその願望をみたしうる身体的能力のギャップは、個人の異常現象になって現われる。それは特に、ある未開社会の慣習の中に表現されている。

たとえば、西ヨーロッパで今もなおおこなわれているのだが、妻がお産の床についているとき、その夫が出産のまねごとをする習慣がある。これは普通、お産を軽くするおまじないと考えられている。そして、子どもの出産にあずかりたいという夫の無意識的願望の表現として解釈されるし、子どもの母と共に、子どもの共有者になりたいという無意識的願望の表現として解釈されるかもしれない。

女性に対する男性の嫉妬

両親同士の愛情関係、特に両親の子どもへの態度の違いが子どもに深く影響するので、両親が甘やかすか厳しくするかを競うのはたいへん重要なこととなる。私は男性の女性に対する嫉妬という点を強調したい。特にこれは、フロイドのペニス羨望という概念の正反対である。ペニス羨望は、ある特殊な文化状況の所産かもしれない。男性の人生には、母の希望・期待・満足が欠けているが、これは男性が創造的、文化的なことに、女性よりも関心をもつ理由だともいえそうである。またこのことは、男性が女性より攻撃的で所有欲が強い原因であり、また男性が女性より、非行的かつ性的な理由である。さらにまた、男性が徐々に政治的、経済的に優勢を占めた理由でもある。

フロイドのいっている父権文化や父権的感情、それから男女同権反対論などは、以上述べたような、いかんともしがたい男性の女性羨望の表現であろう。その証拠となる例は次のようなものである。

(1) アランダ族(オーストラリアの原住民)は、男が女と同じように産むことができるとされている。もちろん、彼らはそれを事実だとは信じていないが、いわば願望的幻想である。

(2) アランダ族は、男性の尿道に半切開の手術をすることにより、男性にも子どもができると思っている。その尿道の傷を彼らは女性器の名前でよんでいる。

(3) ある儀式で、アランダ族はこの尿道口に出血させる。しかし、女性はこの儀式から完全にしめだされる。

(4) 未開人の間では、メンスに関した儀式はほとんどないか、あるいは全くないのは注目すべきことである。

これらの資料を順番に考察してみると、(1)は単なる願望充足の幻想であり、(2)は実行できる限り、また言語と行為の許す限り、できるだけ本物に近い女性のまねごとをしようというのである。(3)と(4)は、補足的なものと考えられる。メンスに対する普遍的な恐怖は男性の羨望によるものである。これは「すっぱいブドウの実」の原理の転化したものである。オーストラリアの男性は、女性の典型的な機能を果すことによって、女性への「羨望と嫌悪」から逃れている。当然男性はこの嫉妬の儀式において、「劣等」な女性を、傍観者の役割からしめだしている。女性の直観はその意味を見通しているのかもしれない。そして輝かしいフロイド的な男性の権威と社会的優越を保つべく、女性は直観的に自分の威厳を引下げているのである。

引用の便宜上、女性への嫉妬を「ゼウスの嫉妬」とよぶことにする。というのはゼウスは子どものパラスを産むために、妊娠していた妻ミティスをのみこんだと書いてある。男性が子どもを産む神話の例は、この願望の普遍性を示している。

しかし、子どもを所有している女性に対する男性の嫉妬は、やがて自分の妻を所有するためにやってきた子どもに対する嫉妬に変貌する。子どもの出現は、女性の愛情生活を豊かにするが、男性の愛情生活は無力なものになる。ここに、私が「ライオス嫉妬」とよんでいるものを見出すのである。ライオスには、エディプスという息子がいたが、その子は誕生と同時に父に捨てられた。多くの他の神話や、多くの動物の行動は、クロノスとかオーラノスのように、子どもの出現に父が怒ることを証明している。この嫉妬は、男児にも女児にもむけられるが、父が母を性的に所有することに対して、やがて息子が挑戦しないための「時を得た準備」が、この嫉妬であるとフロイドは解釈している。しかし、われわれはこのフロイドの解釈を拒否しなければならない。

嫉妬の諸形態

要約すると、フロイドの社会理論の焦点は次のようになる。

(a)　母への父の権利に対する息子の早熟な性的嫉妬——すなわちエディプス・コンプレックス。

(b)　「優秀な」男性器への女性の嫉妬——すなわちペニス羨望。

これらの嫉妬は、それぞれ重要な補足すべきものがあるように思われる。(a)を補足するものとして、(c)子どもが養育者たる母を所有することへの父の退行的嫉妬がある。すなわち、ライオス嫉妬、あるいはオーラノス嫉妬である。(b)を補足するものとして、(d)赤ん坊を産み授乳できる女性の力への男性の嫉妬、すなわち、ゼウス嫉妬である。

ちなみに、パラスがゼウスの頭から完全武装してとんだ話は、彼女が授乳を必要としなかったことを示しているように思われる。しかも、パラスには、軍隊や政治の男性的資質が、生まれつき備っていることを示しているように思う。こういうわけであるから、完全な嫉妬が示唆していることは、あたかも「女性が男性を産むのでなく、男性が女性を産む」といっているかのようにみえる。

(e)嫉妬の五番目の型は、アベルに対するカインの嫉妬である。これは社会化の過程ではるかに重要なことのように思う。それは、末子を除いて生物学的に避けられないことであり、そして原始的状況では、人生の初期に現われるにちがいないからである。中央オーストラリアの母親は、子どもをひとりおきに食べる。しかも、それを年長児と分ちあって食べるというのである。ローハイム(Roheim)はこれを事実として報告しているが、オーストラリア人の民族的性格を考慮にいれていないように思う。ローハイムによれば、オーストラリア人は「英雄」であり、「おおかみのように陽気な」人間である。しかし、彼らが何ら離乳の心理的外傷に悩むこともなく、幼少時の性的抑圧(潜在期に)で苦しむこともないのは、この牧歌的性格によるものだとしている。このような「従順な母親」を、子どもがもつという安心感は、カイン嫉妬の解決策としては珍しい方法である。子どもが「母を食べ」続けるばかりでなく、母親も子どもに、赤ん坊を食べさせているのである。

第8章　社会の起源と特質

人間の社会化過程に関するフロイドの考え方は一貫性がなく旧式である。嫉妬が社会的調和を妨害すると考え、また抑圧の特質と機能をフロイドのように考えると当然そうなるのである。人間の先祖たる原始人たちも今のわれわれくらい社交的であったと思われるが（その可能性は高いと私は思う）社会の起源というものを一応歴史的事実であると私は推論する。こういう風に空想すること自体が何れにせよわれわれの社会的衝動や反社会的衝動の表現でもある。つまり、もしわれわれがこの原始人と同じように「神話的存在」だとすると、われわれが結合して一つの集団になるそのなり方や理由を露呈することがすなわち社会的、反社会的衝動の表現になるのである。

フロイドの社会形成論

『トーテムとタブー』（一九一二年）でフロイドが推察したことは、家長の性的嫉妬と猜疑心が成熟登上の息子に向けられて、結局息子を追放するということであった。そこで息子たちの性的不満が彼らに「兄弟のきずな」を結成させることになった。しかもそのきずなたるや（多かれ少なかれ）目標を禁止された同性愛的なものであった。したがってその集団の家長と対決することになる。そして息子たちの結束力によって結局、家長を殺して食べてしまうことになる。ところが息子たちは今や自分たちの自由になる近親姦的強奪（母に対する）を良心の呵責のため放棄する。息子たちはそこで共通の罪障感、猜疑心、恐怖、呵責によって連帯性を形成する。息子たちは何れも死んだ祖先の禁制にしばられかつ拘束させられるにいたったのである。

フロイドは彼の著作のいたるところでこの社会理論の修正や代案を出している。たとえばある個所でふとこうもらしている。人間の協力心が人間に社会をつくらせたのであるが、この協力心の実際上の利点を論理的に予見したのがこの社会理論である、と。「ひとたび原始人が労働によってこの世における運命を改善することが文字通り自分の自由であることに気づいたら、他人が自分と一緒に働くか、自分に敵対するかに無関心ではいられなくなる。一方が他方の価値観を身につければ、この二人が一緒に生活するのは得になる。」この協力心はやがて親殺しの心理につながるところに意味がある。そのことについてはすぐあとでふれるつもりであるが、「父を打ちまかすことによって、息子たちは男が幾人か団結すればひとりの男（父）よりも強くなることを発見したのである」（『文明とその不満』、六五—六七頁）ここで述べている社会化への原動力とは理性的なものである。ただしフロイドがそれに気づいていたかどうかは別である。『文明とその不満』（六六頁）に出ているように家族的結合自体は経済的動機に起因する。つまり「女性はいたいけな子どもと別れたくない。そこで自分よりも強い男性のそばにいなければならない」ということである。

性的動機や理性的動機もさることながら、さらにフロイドは社会的耐性も結局は親の愛を失う恐れに起因しているとした。ここでフロイドは兄弟姉妹間の嫉妬（カイン嫉妬）にふれているわけだが、ここで特筆すべきはフロイドがいつも「親」といい、「母」とはいわないことである。「兄や姉は自分の地位をねらうもの（弟・妹）をわきに追いやって、親に絶えず近づけまいとし、弟妹たちの特権を奪おうとする。しかし弟妹たちも自分たちと同じように親にかわいがられているという事実に直面し、また自分だけが被害をうけずに敵愾心をもち続けることは無理なことに気づいて、ほかのきょうだいに同一化せざるをえなくなる。そこから子どもの共同体意識・集団意識が生まれるのである。そしてこの共同体意識・集団意識はやがて学校生活においてさらに発展するのである。」（『集団心理と自我分析』、八六頁）

自愛と恐怖がここでは「同一化」の原因とみなされている。それゆえ、共同体意識・集団意識・団結心などは「羨望」に由来するとフロイドは明言している。「社会的感情というのは本来は敵愾心であったものが裏返しになって、同一化という好意的色彩の濃い結びつきになったものである」（八八頁）、「これまで事態の推移を観察してきた限り、この反対表現が出てくるのは結局、集団外の人ともやさしさのあるつながりをもつので、それに影響されているからである。しかしわれわれの同一化現象の分析が完全なものだとは思っていない」。

個人心理と集団心理

ここで再び気づくことはフロイドが（彼の体系的理論と基本概念に関する限り）やさしさの情という「事実」をやさしさの情の成長を説明するのに用いていることである。

集団心理というものがフロイドにとっては非常に不明確なので、彼は二通りの人間心理を想定しなければならなかった。一つは社会心理であり、もう一つは個人心理である（九二頁）。あるいは二通りの個人心理といってもよいかもしれない。すなわち、リーダーの心理と服従者の心理である。フロイドは前言と矛盾したことをいっている。「そもそもの始めから心理学に二つある。集団内個人の心理と父あるいは長あるいはリーダーの心理である。」（このすぐあとでフロイドは「個人心理」をわざと孤立化させていることを不満ながらもうすうす気づいている。この孤立化された個人心理は集団心理のおもかげが全然残っていない。これが私のフロイド批判の告訴状であることはいうまでもない。）

しかし二頁ほど先のところでフロイドはこの説を再びとりあげている（たとえば、集団心理は基本的なものである。あるいは少なくとも個人心理と同時発生的であると認めている）。フロイドはいう（九四頁）「いわばリーダーが各個人を無理やり集団心理においこんでいるのである。リーダーの性的嫉妬と性的不耐性が集団心理の究極的原因になっている」と。そして脚注でこういっている。「息子は〈父〉から追いたてられ引き離されて相互に同一化しあい、さらにはお互いを同性愛的愛の対象としてみるようになる。このようにして自分たちの父を殺す自由を手に入れるのである。」（〈〉著者）

一般的にいって性的嫉妬は多様性に富むものであり、低い文化よりも高度の文化における方がより一層顕著であるという文化人類学的事実をフロイドは無視しつつ、一方ではこれらの事実をいささか疑うというかたちで関心を示してもいた。これは彼の自己防御に役立っている。われわれは彼の前掲書八二頁にこんなことを発見した。「われわれはリーダーの関係を不当に重視しすぎたきらいがある。これは自責せねばならぬ」と。ところが一方では（八五頁）他の極端に走りすぎる人間を非難しているのである。

このかなりの後退（たしかにそれは度が過ぎているが）を仮に認めるとしても、このような散発的で変貌に富む理論構成から社会生活に関して一貫性ある理論らしきものを汲みとることができるであろうか。ここでわれわれは、自己否定的言動・経済的目的・理性的見通し・やさしさの情・自責の念・性的欲求・同性愛・恐怖・権威・同一化・敵愾心の裏返し（羨望）など社会化の原動力を動員しているわけである。このうち最後の二つ（同一化と敵愾心の裏返し）は仮説的な過程であるから、初めに説明しようとした現象よりも理解しにくいかと思う。フロイド自身ある個所で、社会的結合の事実あるいは可能性をどう理解してよいかわからないと告白している。すなわち『文明とその不満』（一〇二頁）で人間の結合についてこういっている。「〈なぜ社会的結合がおこらねばならないのかわからない〉、それはただエロスの作用にすぎない。人間集団は相互にリビドーをかけあってまとまっているに〈ちがいない〉。必要性だけでは、すなわち共同作業の利点だけでは人間を相互にしばりつけておくことはできない。」（〈〉著者）ここにはリビドー的欲求やその他自己中心的な欲求以上の要因はありえない。ただしリビドー的欲求もその他の利己的欲求も今問題となっている現象を説明するのには不十分ではある。二頁あとのところでフロイドは、ある動物社会では比較的調和があることをどう説明してよいかさっぱりわからないと告白している。動物たちは今日われわれが驚歎するような動物社会の状態をつくるまで何万年となく生存競争を経てきたのである。換言すれば葛藤・闘争・抑圧は社会形成のために不可欠であり、いわば一つの溶接剤だとフロイドは考えている。

愛の心理学に一番近い説をフロイドは『集団心理学』の中で扱っている。すなわち同書で（五七頁）「愛こそがエゴイズムを愛他主義に変えるという意味で文明化の唯一の要因である。これは性的愛についてもいえることである。性的愛は女性に対しては女性の好きなものを与え、男性に対しては非性的な昇華された同性愛を与えるという恩恵をほどこしている。ついでながら同性愛は共同作業を通して育つものである」と語っている。ここでわれわれはおどろくべき変説を見ていることになる。すなわちフロイドの例の悲観主義と狭い見解をつかのまではあるが暖かみのある直感がこれを克服しているのである。もし愛というものが純粋に性的なものであれば、何かを与えることになぜそれほど真摯になるのか？　性的欲求は本来、競争相手を粉砕する必要があるものではないのか？　同性愛が共同作業から出てくるのはなぜか？　愛の概念はフロイド理論を形成する諸概念の正反対の概念である。

フロイドは愛あるいは利他心を性欲から切り離すことはできなかった。またフロイドは、憎悪は状況しだいのものであり生来的な不可避なものではない、とは考えなかった。さらにフロイドは他者を好意的に感ずる基本的傾向が人間にあるのをみとめることをいさぎよしとしなかった。したがってフロイドは自称折衷派であるにもかかわらず、またその仮説にも一貫性・安定性が欠けているために（例：二つの感情が発生的には本来無関係な場合の感情の逆転）人間社会あるいは動物社会を説明できないのである。人間の善行（利他的あるいは社会的）をフロイドは利己的欲求という公式では説明できない。それどころか悪行自体をも説明できないのである。それゆえにこそフロイドは破壊のための破壊本能あるいは他からの刺激をうけて出てくるとか、裏切られたから出てくるとかいうのではない、先天的に独自に存在している破壊本能というものを設定したのである。

社会形成の要因

私は一方ではこう考える。それぞれの母のもとに形成された「兄弟姉妹の団結」こそが社会の起源である、と。（人類の初期）（父は交配期を除いては家庭にとって存在の意味がなかった。母が父に追放されたかどうかは別問題である。まず最初に克服されねばならない嫉妬は、養育に関する嫉妬あるいは同胞競争（カイン）の嫉妬である。そしてその際の最初の審判者は母である。すでに引用したようにフロイドによれば、両親は嫉妬深い年長児から愛を引き上げるぞとおどしてこの嫉妬をおさえこんだのである。そして年長児が憎悪を取り入れしかる後にそれを若年児への愛に逆転させることを強いたのであった。

おもしろい比較であるが、藁小屋に生まれた動物と比較するとよくわかる。動物は最初からあるていど社会化された人生を始める。というのは他者（他の赤ん坊動物）は母が留守の間は相互に母のかわりをつとめ合うのである。これとは対照的に人間の場合は、母への独占権の時期を通過してやがて母への所有権の放棄を強いられる。そして人間の道徳的感情と反社会的感情は動物よりははるかに意識的になり、動物よりは可変性に富んだものになり、もっとなり行きまかせのものとなる。そしてやがてもっと手を加えられていく。

母が子ども同士の寛容性を強いかつうながすので、子ども自身の自己主張の欲求や可変性に富んだ興味は遊び友だち的人間関係をつくることになる。これが文化発展のもとであり、また慣習のもとになる。これは子ども全員がその後結婚しても決してなくなるものではない。女性の方が男性よりも社会から脱落する率はたしかに高い。というのは家庭生活が女性の社会的欲求をより完全にみたしてくれるからである。しかし拡大して考えれば、幼児的依存期から性的成熟期にいたるまでの長い介在期間中に習慣化してしまった仲間づき合いや共通の興味による親愛関係に、性的、生殖的結合が完全にとってかわることはまずないのである。

銘記せねばならないことは（第7章参照）、育児法の結果を予想するためには、すなわち将来の人生における役割を予想するためには、男児と女児の性格的差異を根本的に識別することである。今日は男児と女児の差異を身体の化学的差異に由来すると考える風潮がある。この差異の起源が何であろうと、やさしさへのタブー（tenderness-taboo）が女児の場合は少なく、したがってこれが女性の社会的欲求や社会的情動を変えるということである。このことが逆に社会の起源の重要な要因にたぶんなっている。したがって幼児的依存期と性的成熟期の間に心理的性差はさほど開かないはずである。

性的嫉妬を制御することが社会化の要点ではない。それは二義的なことである。まずいえることはたぶんこうである。性的嫉妬というこの貪欲さに限っていえば、われわれの先祖たる（たぶん）原始人は今日のわれわれほど独占的ではないし、特定個人に集中・集約されているわけではない。われわれのような高度の文化では、性格でも気質でもかなりの個性化がおこなわれている。そして第二にこういえる。素朴な生活と自由な生活、すなわち性的タブーのない生活（それは近親姦願望を内的にかあるいは母によって抑圧しているおかげである）が性的衝動を神経症的に歪曲しないですむようにしてくれているのである。かえってこのことが配偶者の選択が神経症的になる（不満足な選択）のを防いでくれている。さらに性的タブーのない生活は性的衝動を解放するので夫婦の性交過多を完全に緩和してくれる。セックスというものは「役割」さえ与えれば、人生において身分相応に振舞ってくれるものだと私は思う。そういう場合の性関係は満足すべきものになるはずである。そして人間も他の動物と同じように一夫一婦制への傾向をもつようになるのが自然である。こういうわけで一夫一婦制に対する社会的強化と行動の抑制は破壊的な性的嫉妬を生むように思われる。また強化と抑制は原始人においては今日のわれわれ神経症的文化ほどには必要ではなかったようである。神経症的文化の産物は勃起不能とドンファンの心理、この二つであることは明らかである。

性的嫉妬の根源の大部分は不安にみちた幼児的、排他的な所有欲にある。そしてそれが家父長的文化の所産たる底なしのケチ根性によって社会的にも一層増長されている。もしドンファンの心理と独占欲にからむ病的不安を排除できたら、性的嫉妬の心理的動機が減少するばかりか、性的嫉妬を刺激する人間関係場面が減少するはずである。そうなると性的嫉妬が社会形成の主要因であるとは考えられなくなる。われわれの育児法の産物にすぎないものをあたかも人間性そのもののように誤解して、遠い過去を現在に役立つように再構成する傾向がある。とにかくわれわれは次のことを知らねばならない。

(1)　ドンファンの心理は精神分析的に解明すれば幼児性にほかならぬ。(すなわち、母定着であり近親姦願望である。)

(2)　動物にもたぶんあると想定される性的嫉妬は好きな配偶者を独占したいところから出てくるのではない。たとえば、ある女王蜂が他の女王蜂に示す嫉妬心は育児上のものであって性的なものではない。このことはすでに他の個所で述べたとおりである。

(3)　性的嫉妬にはたしかに病的なものがある。(たとえば、慢性アル中患者が配偶者の浮気を妄想するように。)仮にその嫉妬心に立派な理由があるとしても、心理療法は嫉妬心を減少すべく多大の貢献ができるものである。

(4)　個人をとってみても文化をとってみても、性的嫉妬に関しては相互に大きな差異があるものである。たとえば、性的嫉妬が全くないこともあるかもしれぬ。母権制文化では父権制文化よりも嫉妬心が顕在的にも実質的にも少ないのである。

以上の諸事実と今までの議論からして私は、フロイドの人間社会形成論を否定するものである。フロイドは人間社会は本質的には性的嫉妬の克服そのものだと考えている。家長たる父(フロイドの好きなものだが)の降臨にとって大切な社会的要因として嫉妬がまず考えられるが、社会は父の降臨よりずっと前からあったのである。社会生活の中心柱としてそもそもの初めから父はいたと考えるならば、性的嫉妬は社会分裂の主犯人だとみなさざるを得ないのである。

もちろん、純粋の母権制社会は異常であるし、理論的にもそれが存在する可能性は今までになかった。私が母権制というときは、幼児に関する限り女性が有能な家長であるような社会のことである。したがって母権制家族の構成はあるていど社会構成に影響するだけでなく(これは大したことではないが)、おとなの性格や成熟度にまで影響を与えている。そういう社会のことを私は母権制と考えているのである。

こう考えると子どもたちの集団の中に社会の起源があるということになる。すなわちそこには欲求もあるし潜在能力もある。不満もあれば嫉妬もある。そして子どもたちひとりひとりは、母を失ったことからくる分離不安を克服する唯一の方法として、あるていど仲間(集団)をうけ入れなければならない。こうして各個人は身体的欲求や身体的満足感とは無関係な社会的欲求や社会的耐性を身につけるので、その限りにおいて真の意味で社会的存在ということになる。

社会進化の要因

以上のような考え方からすると、社会の進化は一直線上を歩んできたのではないし、また身体的進化のようにそれぞれ別の方向に枝分れしていったのでもないと私は想像する。一個体としての社会は非常に可塑性に富むから、社会構造は(幾世代も経るうちに)生活一般の状況に呼応し、順応して、ああもなるしこうもなるという工合である。それゆえ幾世代も経つと「落差」が出てくるのである。であるから社会は交互に母権制にもなるし父権制にもなる。そして絶えずある目的にむかってすすむのである。その目的というのは次のごとくである。

(a) 社会構造の順応性を最低に見つもり、社会の伝統と連続性は最高度にこれを保とうとする。

(b) 社会生活に不可欠な個人への制約は最低限におさえる。すなわち個人の自然な行動は最低に制約しつつ、社会的タブーすなわち内心の抑圧は最高の効果をあげようとする。

(c) 人間衝動の制度化された表現は最高度にこれを許容する——昇華とか文化的興味がそれ以上である。

以上は結局、心的安定性と順応性(訳注:変化性)のバランスをとるための妥協条件である。しかし社会と社会が競争・闘争状態にいるときは社会の均衡がこわれ、「生」への関心、文化への関心から略奪的、攻撃的行動へと関心がたやすく移行するもののようである。つまり社会に不適な者が生存する傾向（訳注：適者生存でなく）、換言すれば闘争だけに適した人間が生存する傾向が出てくる！　これについては次章でさらに考えたい。

社会進化を左右する諸要因といっても、今ではあまりにも複雑化し微妙なからみ合いをしているので、その要因の影響力を評価するのは大変むつかしい。女性が食料生産者であるところでは、女性が社会でも家庭でも高い地位を与えられる傾向がある。したがって彼女は子どもに対しても威厳と権威を維持するし、子どもの愛と関心の唯一の的となるから、どちらかといえば子どもから独立した存在たり得るのである。こういう条件におかれると彼女は子どもの「依存性」を切断（心理的離乳）する権力と意志をもつことになる。すなわち、彼女は子どもたちの幼児性感と近親姦願望を永遠にそして完全にはねつけ抑圧することが自由にできるのである。幼児性感と近親姦願望を完全に抑圧し放棄した子どもは、適当な母代理を求めて成長していくのである。でないと母は子どもに依存し、子どもにこびりついて子どもの依存性（母への）を育てることになる。そしてかえってエディプス願望をつのらせることになる。

女性が食料生産するようになると、男性は労働から解放されることになる。それゆえ男性の子ども時代の交友関係は純粋に男性的社会あるいは「結社」の様相をおびたまま続くことになる。兄弟同盟は事実、亭主協会のようなもので、妻たちはみんな家事に専念することになる。これは同性同士の団結の起源にもなり、また女性征服への道を共同作戦で開くことにもなる。しかし一般的にいって、女性の経済的権力は家政上の母権制を目ざして前述したようにゆれ動いている（疑似母権制および祖母原則を参照)。

狩猟その他最大の努力と絶えざる労力を要する生活維持ということになると、男性は身体的にも優位であり、出産・育児にもわずらわされないので女性より有利である。たしかにこれは性的分業のもつ生物学的利点である。ところが一方、前述したように自然が付与してくれた能力にそって興味が発展せず、むしろその人が機能的ににが手な役割に興味がむかうとき、不均衡が生じる可能性がある。人間にこれをあてはめて考えるとき、女性が育児機能を独占していることへの男性羨望がおこり、その結果不均衡が生じることになる。そうなってくると男性の経済的優位性がライオス嫉妬、ゼウス嫉妬、カイン嫉妬の道具になってしまう。そして男性は自らがかちとった食料所有権を活用して、婦女子に対しても所有権を確立する(財産と権力の関係については参考文献G参照)。それゆえ、狩猟民族すなわち遊牧の民は大いに家父長的である。(動物の群は絶えず世話せねばならないが、これは子どもにしばられない男性のみができる仕事である。) そして婦人の方は人生での伴侶というよりはもっぱら従者であり性的欲求の対象なのである。

母権制社会の形成

農業が発達すると人間社会は食料の欠乏なしに一個所に落着けるようになった。ここで一大変化がおこったのである。家庭は安楽の場となり、その重要性が出てきた。そして家庭確立のために婦人も重要な役割を演ずるようになった。原始農業においてもやはり婦人が開拓者であったと推定できそうに思う。すなわち、現存するこの種の社会をみるとそこでも婦人たちが働き庭づくりをする。そして財産も女系に相続される。末子相続の場合もある。こうなると男性は今やあるていど雄蜂である。妻の家あるいは妻の母の家の居候である。ときどき小ぜり合いに出かけるか、武器をもてあそぶくらいである。もっと条件のよい社会では、男性はジャングルを切り開く、家を建てる、魚をつるなど力仕事をするし、機織や壺つくりなど家庭的（女性的）仕事もする。この文化では男性は婦女子に対して所有権はない。彼自身が母の部族に属し、労働の産物は妻のものになることもある。この母権制社会ではこのような育児法にふさわしい倫理感、部族の性格、母性礼賛が生じてくる。すなわちこの農耕文化は本質的に平和である。権力争いもない。ただし（人間心理とは無関係に）自然の猛威のために人口移動がおこり、社会的大変動が生じることはある。

この農耕文化では豊饒な土地、めぐまれた気候、交通連絡の便などが人口密度を高めたが、この農耕文化の着実な進化（かつてスペインから北部中国にかけて広がったが）が再び女性を経済的無力の状態に追いやった。村は成長して都市になり、農業は家庭から離れたところで営まれるようになり、家畜が引っぱっていた鋤が婦人の鍬にとってかわった。そして農業は男の手にわたった。同時に芸術・工芸の仕事は主婦業に比べると高度に専門化された本格的な職となった。男性が再び経済的支配者になった。財産相続は父系制となり、長子相続制となった。ここで再び男性は婦女子への所有権を主張することによって、性的嫉妬や同胞嫉妬を克服しようと思えばそうできるようになった。

こうなると食物を与えてくれる母なる大地への礼賛の感情は、きびしい天なる父への礼賛にとってかわられるようになる。罪障感は退行から早熟へ、つまりカイン嫉妬（訳注：サティによれば母の愛をめぐっての子ども同士の嫉妬）からエディプス嫉妬（訳注：サティによれば父の愛をめぐっての子ども同士の嫉妬）へとおきかえられるのである。したがって次章に述べるように「生けにえ」の意味が変わってくる。嫉妬と願望に関する神話の中に子どもの世界観の変化を窺い知ることができる。神官でもある王は今や母なる大地の子ではなく、天なる父を代表する息子であり分身である。年毎の生けにえあるいは生けにえの代理（誰かが代理に生けにえとなる）は単なる形式になってしまった。また儀式的に降職させられるだけで実際の権力には影響しないものとなった。神官たる王は人生の王になり、一年ごとの王ではなくなった。そして息子が——王の姉妹の息子でなく——彼のあとつぎになる。こうして王朝が樹立され、今われわれの知っているような世界歴史が始まる。同時に馬が家畜化され、大勢の船員を遠くに運べる舟が建造され（地中海で）たので、組織化された大がかりな戦争をするようになった。また略奪的生活型態が可能にもなり、それが利得にもなった。それゆえ社会が軍国主義的、商業主義的、そして家父長的となった。これは歴史上文字が現われたころからずっとである。

社会の形成に及ぼした経済的その他の要因を私はここでは徹底的に究明しようとは思わない。それが本書の目的ではない。私のいいたい第一のことは愛が（利己的な欲望ではなく）社会生活の源泉であること。第二に、愛の妨害物である嫉妬はさほど性的欲求に支配されるものではないことである。むしろ愛の欲求不満が嫉妬を生み、また愛の欲求不満克服の努力が片寄ったものになったり激しいものになったりすると嫉妬が生じるといいたいのである。

社会と同じように家族も諸勢力が微妙な均衡を保ちあっている組織である。個の成熟途上、適応途上のそれぞれの要所要所に愛というものが強力に注ぎこまれなければならない。しかしこれにあらゆる種類の緊張とストレスが伴うのはやむを得ない。基本的にはすべての嫉妬は母をめぐるものである。それゆえ嫉妬にまつわりつくさまざまの願望を抑圧することによって嫉妬を制御できるのは母のみである。こういうことをする権力と意志が母にそなわるための条件についてはすでに述べたとおりである。子どもが巣立つようになると、今度は逆に母をおさえるようになる。結果として子どもに激しさが出てくる。それまで嫉妬を抑圧し放棄していたその禍いを、今度は福に転じなければならないが、それには相当の社会的圧制、迷信的圧制を必要とする。社会進化はここで父権志向的になる。

総括的にこういえると思う。人類の永遠の問題、そして人類の中心問題は成熟することであり、愛の欲求と性的欲求の調和を図ることであり、そしてまた愛の欲求と性的欲求の両方を最大限に満足させることである。これは現に成長し適応しつつある個人と、絶えず変化しつつある社会・文化・伝統との両方が同時に追求すべき課題である。抑圧は個人がおこなうが、抑制は抑圧の補完作用として集団がおこなう。しかし抑制や抑圧というような否定的解決は永続性に乏しいし、かつ不完全である。一番必要なのは適応の二重過程である。すなわち個人が社会に適応し社会が個人の欲求に適応するということである。理想的文化あるいは理想的社会機構を次のように定義できないことはない。すなわち理想的文化あるいは理想的社会機構とは表現の自由を社会的に最大限にみとめ、人間性の成長を最大限にゆるすものでなくてはならない。しかも、もし代償作用と抑制が必要ならばそれを最も有効たらしめるような文化であり社会機構でなくてはならない。

第9章　宗教は病気か治療か

宗教研究の基本的態度

すべての善と幸福が調和と相互反応性にみちた人間関係に由来し、すべての悪と不幸が人間関係の不適切さに起因すると結論するならば、当然次の問を発さねばならない。すなわちこれは近代科学の発見なのか。また心理療法のみが人間の運命・幸不幸の改善を期待し得る唯一の方法なのか。答は否である。過去をふりかえるとき直観的にこれが真理であることがわかるのである。それは実際的にも感性的にもそういえる。ただし論者たちが何れもその生物学的、人類学的、精神病理学的意味を徹底的に解明するほどの知識（あるいは興味）をもっていたわけではない。概括的にいって、宗教とは精神病と同じように成長の未熟さ、特に幼児期への退行に由来している。そしてまた宗教は、相互の情緒的関係（すなわち倫理的関係）を改善するために、高次元の形式をととのえようとするものである。精神病そのものとちがい、宗教は社会的試みであり、個人的かつ利己的試みではない。したがって精神疾患とちがって宗教の現われ方は苦痛・心神喪失・痴呆というかたちではなく、社会制度の中に現われるのである。

われわれは今日、反宗教という偏見をもつ傾向がある。それは繊細な感情への無関心さ（すなわち、やさしさのタブー）もさることながら、ほかにも二つ理由がある。まず宗教の社会制度としての表現は、その大部分が強大な社会的影響力をもっている。それは個人の利己心にまで影響を与えるものである。あらわではないにしてもである。第二に、たいていの宗教は先史時代から譲り渡されてきた伝承を重視する。つまり戦時中の報道局のように、歴史的確証性に重きをおかないのである。

伝承のあるていどの修正と粉飾はよくあることである。それはわかっている。しかし偽造の張本人たる年代記編者や記録者はわれわれの観点を知っておどろくであろう。彼らは歴史的確証性というものを、「精神的真理」の犠牲の上になりたつ単なる物知りていどに解している。「迷信」どころか「非道」すら判断の基準になるが、これは精神病理学的洞察にとっては有害なものである。精神病理学的洞察は、われわれが「他人の身になって考える」能力があるかないかに大いにかかっている。また同じように人の言動の理由を理解する能力いかんにかかっている。

母権制社会の宗教

宗教の起源と変革に再び目を転じよう。文字がなかったころの文明における宗教について知ることができるような歴史的記録が墓地の遺跡の中に発見された。この遺跡の示唆する当時の慣習によると、死者に対する敬意が存在していたことだけは推論できる。たぶん死後の精神生活への信心かアンビバレンスがあったであろうと思われる。この慣習は少なくとも五万年前までさかのぼることができる。

陶器製造法の記録は永久保存されるだろうが、彩陶文化と称せられるものがはるか昔、スペインから北中国にかけて広がっていたと思われる。われわれの感触によればそこに農耕文化の存在が推論できる。すなわち寺院の周りに村がまとまってあり、軍事制度はなく、たぶん世襲制の指導体制もなく、農地の個人相続・個人所有もなかったと思われる。この文化はその後の文化とあらゆる面で似ている。それはわれわれの熟知しているとおりである。すなわち、少なくとも家事に関する限りは母権制で、財産は母系相続であり、権威（たとえ社会的には夫あるいは兄弟がその権威を行使していたとしても）も母系に属していた。さらにまた純粋に社会的、宗教的な精神生活も母系相続のかたちをとっていた。神話や宗教、年中行事や祝祭、特に子どもの心理のある段階あるいはある側面をおさえたり保護したりするのも母の仕事であった。精神分析をしていると今日でもこの傾向はうかがわれる。ただし今日の文化ではこれがもはや決定的な特徴になってはいない。

当時の人たちの倫理的、宗教的、社交的な慣習は、今日のわれわれの心理・社会的問題や関心とは異なるものを表現し意味しているといえよう。彼らが信仰した神は天にまします父ではなく、地上にましますの母なのである。地上の（現実の）父・母に対する献身度が、母の信仰者と父の信仰者とでは異なる。したがって母なる神に罰せられる行為とは、母や赤ん坊への敵対行為である。父の特権への早熟な性的嫉妬心や、父の権威への反抗ではない。これは当然そうなるはずである。母の制裁機能は父なる神のそれほどには顕著ではない。ところで父なる神への信仰は母なる神への信仰のあとにきたものである。母は事実、警察官としてよりも護民官としての色彩が強い。したがって豊年祈願行事の方が贖罪行事や告戒行事（両者は何れも父の怒りをなだめる代償行為）よりも証拠としては多いのである。

もし罪をおかした場合、母なる神は容赦なく罰するのである。これはたしかである。無情さははっきりしている。母なる神が倫理やしつけに対しては寛容で、あっさりしていることは歴然たるものがあるが、一面それと同じくらい彼女の無情さもまたはっきりしている。母なる神は、人生を神経症的なタブーでがんじがらめにすることはない。すなわち神経症的タブーの一つ一つにしかるべき罰をあてがい、贖罪方法まで準備するようなことはしない。しかし、ひとたび彼女の掟が破られようものなら、それは死に値する。彼女に弁解は通じない。彼女はアトロポス（訳注：運命の三女神の一神で生命の糸を切る役をする）であり、不退転であり、宿命であり、のろいである。神そのものを運命づけ、バルデル（訳注：北欧神話。双生の兄弟に殺された。太陽の光輝と慈愛の化身とされた）の懇願にも耳を傾けない。彼女の前では死者の心も唖のように閉じ、自分を弁護することもできない。そのさまは赤子のようである。この神学は前エディプス期（乳児的）のアンビバレントな母のイメージを反映している。その母のイメージとは幼児にとっては限りなく善いものであると同時に、すごくこわいものであり、彼女の不興を買うことは一切のよきものの終焉であり、世も終わりというようなイメージである。

ではこのような母なる神の倫理的要請とは何であるか。それは早熟に反対するよりは、むしろ退行に反対するもののように思う。ここがつまり父権制の倫理感情と異なるところである。さらにいえば彼女の不興を買うのがつらいために嫉妬心は放棄しなければならないが、この嫉妬心は弟アベルに対する兄カインの嫉妬心である。アベルの捧げものはカインのそれよりも親なる神によろこばれた。すなわち親なる神は赤ん坊の方をより一層かわいがったのである。これは父ライオスに対するエディプス王の自重すべき罪とはちがう。母権文化の人たちにとって「罪」とは全くセックスに無関係のものであり、嫉妬とは養育されたい欲求やえこひいきされたい欲求にまつわるものなのである。たまたまエディプスの罰は去勢という象徴的行為であったが、カインの罰は家庭からの追放であり母なる神の果実を産む大地からの拒否である。大地（母）は実に母の懲罰を暗示するものであった。一方、エホバ（父）はこの罪人をかばい続けようとした。これは心理的に非常に意味のある状況である。すなわち嬰児殺しの罪に際して示す両親の怒りはそれぞれ対照的だからである。母は赤ん坊を守ると同時に復讐し、父は自分がかつてそうであったように、父にとってかわろうとする年長児に味方する。（これは長子相続・末子相続という難問解明の手がかりを与えてくれる。)

いけにえの意味と動機

いけにえというのは精神病理学者には特に興味あるところである。というのは、うしろめたい思いをしつつもある願望をみたすと同時に、それに伴う罪障感の消滅もおこなうという、この二つを一挙に果すからである。その点神経症状と同じである。母権制と父権制の倫理観の相異については前述したとおりである。この考えを厳格に発展させれば、母権制宗教におけるいけにえは、父権制宗教におけるいけにえときわめて対照的ということになる。母権制宗教の場合、いけにえにされるものは「清浄な人間」であり、名誉をもって遇された。しかしそれが婦人の場合もあり得る。男性にせよ女性にせよいけにえになる人間は、いけにえになる前年に指名され、それから後はあらゆるわがまま・自由・特権がゆるされていた。(この慣習は近年まで宮廷・領主邸などの宴会の司会者というかたちで続いている。)彼は明らかに「大地の子」として遇され、すべての愛を一身にうけ脚光をあびることを楽しんだのである。これはいわば赤ん坊時代にかつて楽しんだものであり、退行願望・退行羨望ともいうべきものである。しかしその年の終わりにはいけにえになる人間すなわち死につつある神は、ただの人間の子と同じようになってしまう。彼の尊厳さと人生は気まぐれな母によって台なしになる。しかし気まぐれな母の性質ゆえにこそ赤ん坊も生まれるというものである。

いけにえによって満たされる動機たるや多種多様である。まず第一に、自分だけが犠牲にされているという不公平感をなだめると共に、この不満を味わっている人がいることを知るだけで一つのはげみになるというものである。第二に、彼(赤ん坊)がわれわれにとって代わって以来、彼が楽しんできたわがまま一杯に対して、われわれは嫉妬していたが、その嫉妬をわれわれは満足させるために嬰児殺しをするのである。嬰児殺しにわれわれは若干の羨望の念をもつものである。第三に、新しく赤ん坊をもつことによって再生願望を楽しむことができる（同一化による）。これは幼児的特権の再開である。（再生というテーマは神話でも行事の中でも遍在しており、心理的にも重大な意味がある。）第四に、大地なる母が新しく赤ん坊を産むのを許すことによって、われわれも退行的「カイン嫉妬」のうしろめたさから脱脚するのである。われわれは大地なる母の機嫌をとって、われわれ子ども（といっても今ではよき年長児だが）への母のいつくしみの情がいつまでも長続きするよう手を打つ。これが豊年祈願祭の本質である。つまりこの年中行事は赤ん坊の出産にはさほどかかわらず、むしろ食料の生産に関するものである。信者が今ではおとなになったので、この祭りの中味が宴会と性的無礼講になってしまっただけである。したがって性器的活動がこの種の年中行事の基本概念ではない。（豊年祈願祭は基本的には性的なものであるという考えは、私にはどうも誤解ではないかと思われる。誤解のもとは近親姦への父の猜疑心か、あるいは近親姦願望そのものが作動したために慣習が崩壊したかである。）

神話の二つの型

宗教的儀式と文化について相互に対照的な二つの様式をここで述べたが、神話にもこのことが示されている。母権制文化では嫉妬に関する神話は、父と息子が母を独占しようとして争う神話ではなく、兄弟姉妹が養育者をめぐって争いあうのが主題になっている。ヨーロッパの民間伝承は伝統体系を扱っていることになるが、この伝統は保育園にいるわれわれの子どもたちに直接かかわりあいをもつようになる。たとえばシンデレラやシンデレラ・タイプの人間は「信用できない母」と妹（新来者）を単なる義理の関係とみなして、これを受けつけない。すなわちこの義理の関係は父ゆえに生じたのであり、そのおかげで自分はのけものにされていると思うからである。一方、弟（妹）が兄（姉）と争う物語は無数にある。この場合、弟（妹）は殺人をおかすほどの競争に訴えるよりはむしろ、正々堂々と競争して目的を達しようとする。そういう場合が多い。前述した嫉妬物語のように兄（姉）をおしのけるよりは、フェアーに競争する方が人間ができていることがわかる。母権制神話では儀式のときの「いけにえ」と同じように、子ども同士が養育者をめぐって争い合う心理を投影したものが多い。近親姦願望が神話の題材になる場合でも、それは兄弟と姉妹の近親姦であり、親と子の近親姦ではない。これは関心が親から友だちに移行していることを示唆している。

母権的儀式はどうしても多神教になりやすい。もちろん、多神教の中には父なる神も含まれてはいる。そして父なる神のイメージは、その宗教を形成した人たちの父のイメージになぞらえたものである。つまり父なる神の特性をみれば、その神を生んだその文化のその発達段階で、実際の父というものにどういう態度をもっていたかがわかる。換言すれば母権制の養育法では、エディプス期以前の段階では、たとえば東欧のユダヤ人家庭とは違う父のイメージが子どもに生じることになる。したがって神の概念もエホバの神とは異なったものになるのである。すなわち神のイメージはエホバの神ほど権威主義的ではなく、それほど「俺について来い！」式ではない。

われわれの予想を裏づけるものはたくさんある。原始多神教の神々はリーダーであり、援助者であり、ときには稼ぎ手でもある。この神々は私的制裁や仕返しをするけれども、場合によっては高次な社会的義務遂行のための守護神でもあった。社会的義務とはたとえば、誓いや祈りなど神聖な義務、また人に親切にする義務などである。しかし一方これらの宗教には共通する道徳律がない。法を与え法を強制する機能は女性のものである。女神は処罰と同時に恩恵を与えるものでもある。男神は教師であり防人《さきもり》である。これは何れもその神話をつくった子ども心に、父・母の家庭内での実際の地位がどう映っていたかによって決まってくるのである。

父権制文化と母権制文化

母権制の人たちと父権制の人たちとでは、神話・伝説・儀式・いけにえ・倫理およびその他の心理的特徴に截然たる相異があることに気づくのである。私が思うにこれら二つの文化は心理発達の段階に相異があるのでイメージも違ってくるのであり、心理的に訴える場合も心理発達段階に応じて違ってくるのである。

母権制文化の儀式・神話・伝説・再生儀式・いけにえなどは何れも退行願望と嫉妬を素材にし、これを表わすものが圧倒的に多い。母権制文化での再生儀式では「君はもう一人前の男なんだよ」ということを強調し（一人前の女なんだよということもあり得る）、したがって子どもっぽい欲求や嫉妬を捨て去ることを強調する。これに対して父権制文化では「君はまだ子どもなんだよ。だから年長者にさからってはいけない。また年長者の特権を侵害してはいけない」という。父権制の再生儀式では、息子（エディプス）のおとなびた嫉妬（たぶん、性的嫉妬）をあつかったものが多いが、この儀式は父ライオスの私利私欲のためにしているのである。息子に対する父の嫉妬は息子の横車に対抗するための正当にして必要な防衛権というだけではない（フロイドはそう考えていたらしい）。出産と育児という女性の専売特許に対して、男性がはげしい嫉妬をもつことは生物学的にもいえることである。男性が女性の出産機能やメンスを真似る儀式が広範囲におこなわれている証拠があるので、前述したように男性が女性に嫉妬をもつのは文化人類学からみてもうなずけるのである。心理学ではこうみている。おとなにひそむ無意識的幼児性は非常に強いので、母は子をいやがるようになる。というのはその子は、母自身がまだ堪能したことのない子どもとしての役割から母を締め出そうとする侵略者だからである。そうなってくると、父は息子にせよ娘にせよとにかく自分の子どもが自分と妻の間にわりこんできたように思う——彼は妻を無意識的に母とみなしている。父は子どものころ、弟や妹がしたのとそっくり同じように、今度は自分から自分の子どもを押しのけるのである。こうして退行願望がある限り嫉妬が体験されるはずである。というわけで父は自分のカイン嫉妬を自分の子どもたちにむけるのである。

ライオス嫉妬つまり父の子に対する嫉妬はこのように非常に複雑で強大なものがある。これはギリシャ神話が明らかにしているとおりである。たとえば天の父オーラノスは息子も娘も大地なる母から生まれるのをよろこばなかった(これは性的嫉妬でないことはたしかである)。クロノスは子どもを生きたまま飲みこんでしまった。これも再びセックスとは無関係である。ゼウスはさらにそれに輪をかけたようなことをした。すなわちゼウスは妊娠中の妻ミティスを飲み込んでしまったのである。それは彼自身がパラス(アテネ)を産んで親の特権をひとり占めしたかったからである。最後に、有名なエディプス神話もそうである。もともと罪人だったわけではないエディプスが生まれる前に、父ライオスは自分が王国から追放されることを予感していた。父は予言者に相談していたので(このこと自体が生まれ出ずる赤ん坊に対する父ライオスの幼児的、無意識的猜疑心の現われである)、自分が追放されることを確信していた。したがってライバル(赤ん坊)が生まれると同時に始末したのである。すなわち赤ん坊を母から引き離したのである。この解釈はフロイドが思い及ばなかった解釈である。

男性には絶えず母性的機能を奪回したいとの自然の欲求があり、したがってこの男女の不公平さを除こうとする欲求がある。ところが男性の性格的未成熟のため、子ども対妻(彼にとっても心理的には母に当る）の関係が彼にますます嫉妬心をおこさせるのである。世話するされる、やさしくするされるの関係に嫉妬をおこすのである。したがって男性は一方では母を排除して赤ん坊をとり、他方では赤ん坊を排除して母をとる。子どもと同じように母（妻）からも子どもからもそれぞれ注目をあびたいのである。

男性を成熟させず、自己中心的（すなわち不安の強い）幼児的願望のとりこにしたまま放置しておくような文化や育児法では、父が母と子の間に割り込み母と子の両方に権威をふりまわし所有権を主張する、そんな欲求が父の側に強く残るであろう。これに加えて、社会・経済的な状況が男性に強大な権力と財産を付与する場合には、女性や子どもに対する男性の嫉妬にみちた攻撃性や所有欲を抑制しようもない。そこで父権制社会と父権制家族が確立されるのである。こうした養育法が幼児性と早熟性を促進させ、やがてこれは自動的に永続し自動的に強化するようになる。（われわれの説によれば悪循環あるいは良循環ということになる。）そして家族全体の精神生活や雰囲気にこの変化が現われるのである。

これと同時に天なる父は、絶対神である大地なる母を追放し、彼女の特性を一つ一つ崩していく。ついには彼女を崇拝することを禁じてしまう。母権制は異教徒の近親姦願望的つくり話だという理由からである。（この話は移行期にはエディプスにとりつかれた迷信的で官能的なものになる。たとえば牧師を去勢するのは神話によれば女神そのものである。）その年の人気牧師はいけにえ代理を見出すことによって「人生の王」になれるのである。そして彼は女神の赤ん坊ではなく、大地（女神）の夫君を意味するようになる。役職は父系世襲となる。そして人類の歴史で初めて王朝というものが現われるのである。王とは正に天なる父自身の地上における顕現ということである。一方いけにえになるものは人類のために死んでくれる神（それゆえ非常に崇高視されるが）から人類の罪を背負った罪人あるいはスケープゴートにいたるまでさまざまである。（キリストは両方の役割を果したといえる。）

こうなるといけにえという行為は退行的嫉妬を象徴的に放棄するものとなる。食物を与え子どもを身ごもる母に服従するという意味だけではなくなってくる。つまり新米者に道をあけてやるという象徴ではなくなってくる。つまりそれは早熟な子を殺して、天なる父の怒りとライオス嫉妬をなだめるものである。そのほかにもさまざまの嫉妬がなだめられるが、主たることはいけにえには罪人をさし出すという意味が出てきたことである。神意の問題ではなく罪の問題が宗教の主要動機になる。この変化は神話に現われている（そして今日では神学になろうとしている）。その神話というのは父・子間の服従か反逆かの闘いを描いたものであり、もはや子ども同士の嫉妬が主題ではなくなっている。いけにえによって無意識的に満足された嫉妬は、嬰児殺しになるよりは親殺しになって現われる。母権的儀式は今や非宗教の最たるものという理由で放棄される。というのは母崇拝には近親姦願望の嫌疑があるからである。つまり罪というのは性的感情のことであり、自己を与えたがらないとか嫉妬深いとかその他反社会的行動のことではないのである。善とは権威への服従であり、多種多様のタブーを守ることであり、自己卑下の感情を培うことであり苦行することである。母権制文化や母権制養育法では上述のごとき倫理的行為は最低の評価しかうけなかった。もし母権制の宗教儀式と宗教的幻想が前エディプス願望（精神病）・前エディプス的恐怖・前エディプス的葛藤を表わすものとすれば、父権制の宗教思想や宗教感情における願望・恐怖・葛藤は何れもエディプス期のものであり神経症的葛藤ということになる。

フロイドの宗教論

今やわれわれはフロイドの思想を理解する地点に達した。すなわちなぜフロイドが、宗教は神経症的であり幻想であり原始的な非現実的思考の産物だ、という結論から出発しそれを前提にしたかである。フロイドはすべての宗教をエディプス原理で解釈した。彼はエディプス原理の作用している宗教例ばかりに注目してこれを選び、この選んだ例を宗教全体の本質であるとみなしたのである。彼のこの思考の枠組にあわない事実は将来の課題として片隅に追いやったのである。

ところがこの問題は無期延期されたのである。偉大にして謎につつまれた母権制社会の風習をフロイドは軽視している。それについては『集団心理と自我分析』の中で簡単に二個所でふれているだけである。フロイドはいう。「今日でもなお父の中に見出すさまざまの特徴を神が有しているということは、決して忘れることのできない原初的父をその中に認めるからである」と。有史以来の父権制宗教についていえばたしかにそうである。しかしなぜそれ以前の宗教を無視するのか。ローハイムはエディプス概念を応用した研究をさらに一歩すすめてこういっている。「われわれが人間たるゆえんは、エディプス・コンプレックスを有しているからである」と。私が思うに彼はたぶんこうつけ加えたかったと思う。「われわれ人間が宗教的であるのは、エディプス・コンプレックスの害毒から自分自身を防御する必要があったからである」と。しかし上述した諸事実からするとこういえると思う。宗教の社会的、心理療法的機能を大局から見ることが必要であり、宗教の幅広い諸形態を理解するのにエディプスという公式だけでは無理があるということである。

神経症にせよ精神病にせよ、その病理性の度合は、肉体病のそれと大同小異であることを銘記しなければならぬ。肉体病と同じように、神経症も精神病も好ましくない要素を含んでいるようなものである。つまり神経症や精神病が何か病原菌と闘っていないのなら意味がない。闘っても何の変化もないとすればたしかにおかしな話である。普通は闘った結果、妥協して不適応現象を呈し、社会的に無価値どころかそれ以下の状態になっているのである。それゆえわれわれは宗教が病気かしからずんば健全か、病的心理かしからずんば心理療法かなどという論争をせずに宗教を研究しなければならない。

二つの宗教形態の融合

以上、私は宗教を極端な母権制形態と極端な父権制形態の二つにわけて、対照させながら概説した。そしてある時代のある民族における宗教形態の決定条件を提示してみた。再び繰り返すが宗教の本当の病理性というのは移行期におこるように思う。移行期というのはこうである。宗教儀式の中に幼児的願望が必ずしも十分に表現されず、かといってきちんと抑圧（権威への服従）し続けるのでもない状態のことである。結果として罪障感の培養とそのつぐないが出てくる。ここで興味ある問を発したいと思う。すなわち宗教を純粋に心理療法・社会療法と考えるとき、果して宗教は最高度にその特質を表現しているであろうか、と。母権制社会の単純性・安定性と、父権制社会の規範性・峻厳性を何か新しい方法で融合させることはできるか？　これは実際にはキリスト教がやってみたことだが、キリスト教の栄枯盛衰はまさにここに起因するのである。

宗教的感情・信条・実践を研究するのは大いに結構だが、その際注意を要する両極端の偏見がある。まず科学である。科学は宗教のどの部分が迷信と感傷的幻想のかたまりで、また荒唐無稽な昔話だとみなしてよいかを吟味する。科学のこうした悪趣味に反対して、私が警告を発したのはすでにご承知のとおりである。すなわち古代の無名記録者を人は盲信しているが、これは結局民間伝承の編集物にすぎぬという説に私は反対である。宗教という題材は心理学の基本問題である。宗教を理解するには客観性と同じくらい感情移入的理解が必要である。宗教否定の態度は科学者としてもひとりの人間としてもよくない。

しかし一方、宗教的熱狂や科学への不信も私は賛成できない。キリスト教の社会的性格と社会的機能への究明は何も形而上学的考察を加えなくても可能であるし、また形而上学的立場をとらずに究明されるべきものである。

奇跡の動機

したがってキリストが歴史上の実在人物かどうかはわれわれの宗教研究では問題にならない。（一般にいわれているイエスの誕生日と誕生の場所はギリシャ人やユダヤ人の宗教的発想とは正反対なのである。）また、われわれの研究の結果、キリストの歴史的事実が云々されるというものでもない。しかしキリストの実証的資料には「奇跡的」なものが多いので、これを心理学的にどう解釈するかを考えねばならない。

まずこう考えることができる。奇跡というのは実際にあったものであれ、空想上のものであれ、他の行為と同じようにある一つの機制と動機を必ず両有している。機制については今ふれないが、宗教的奇跡の背後にある動機を分析すれば、次のような心理学的結論が出てくるのである。すなわちイエスの偉大なる生と死、もろもろの誘惑、たとえ話や説教、描写されているイエスの人柄などを研究した結果得られる結論と、奇跡の動機とはおどろくべきことに一致しているのである。

人間には驚異を求めるあくなき子どもらしい欲求があり、また万能の守護者や養育者に特別面倒をみてほしい気持がある。これはいうまでもないことである。奇跡というものはキリストの死後、パウロの時代から今日にいたるまでいつもキリストがおこなったものだとされてきた。しかしその大部分は正直のところつくり話であるという説がある。アーネスト・ブラマは十字架の奇跡について推理小説をかいている。奇跡には大体において、神秘的能力を人にみせたいという動機がからんでいる。そうでない場合には、たぶんその奇跡をおこなう人間に自分の善人ぶりと意見の正しさを人に証明したいという意図がある。そこで結局、奇跡というのは何れも、奇跡をおこなう人間が自分の信奉者の評価を高めようとするものである。したがって私は奇跡には力と名声へのあこがれがあると解したい。しかし銘記すべきことがある。それは旧約聖書、福音書、聖人伝、聖人業績などに奇跡は顕著にうかがわれる一方、教会でも奇跡というものが大切にあつかわれていることである。事実、キリストは自分の教義と倫理が真理であり価値あるものであることを大っぴらにすることに反対したといわれている。それは特に自分の力で「自然の法則」に異をとなえることになるからであった。人にわが証しを示すなかれというのがそれである。

奇跡というのはそれに付属した他の教義の正当性を証明するために力と名声を示すものであるとすれば、そういう奇跡は無視してもよい。しかし教義そのものに偏見をもってはならない。中世では信仰を支持するのが至当だと考えたが、われわれも同じように考えねばならない。つまり教義を黙殺したり、何でもかでも疑うのはあまり意味がない。奇跡の方にもっと意味がある。しかし聖書物語や教義の全般的傾向と全般的雰囲気をよく観察するまでは、あまり各種の奇跡を信じるべきではない。

宗教的教義と人間関係の類似性

心理学的にいって、キリスト教の教義の特質やキリスト教がその前の時代の倫理思想と訣別した事情を考えると、どうもキリスト教には二面性があるように私には思われる。まず第一は、社会生活というものは権威に基づくのではなく、愛に基づいているという考えである。したがって神というものを抑制者、裁定者、強制者あるいは懲罰者というよりは、何でも与えてくれるもの、あるいは許してくれるものというふうに考える傾向がある。ところが一方では、宗教的行為というものを神に対する人間個人の義務というよりは、人間関係をよくするものと考える。この考え方を類推すれば、親子関係にも適用できる。すなわちキリスト教神学と社会倫理は子どもの成長発達のある移行期に相当するのである。この移行期前は親子関係は嫉妬心のため排他的である。(これはキリストが神の恩寵を独占せんとしたパリサイ人を軽蔑したのと似ている。)この移行期にいたるまでの間、子どもの親に対する愛情的態度は不安にみち、みじめで、罪障感にあふれている。しかしそこには無意識的な憎悪と攻撃性(原罪)がある。ところが移行期をすぎると子どもは親を許し、親と和解し、むしろ「やさしくて」「よい子」と評されるようになる。同時に自分と他の兄弟との仲をさいていたカイン嫉妬が克服され、仲間づき合いができるようになる。そして親からの評価と期待が減じる。子どもは愛と自信を失うどころか、むしろ社会化を通して愛と自信を回復する。そして家族全体の幸福度が大いに増してくる。不安と嫉妬と退行のある子どもだけがいつまでも依存していようとする。しかもそこには不平と思いやりの混合感情がある。これは親に対するアンビバレントな愛である。それゆえ、ほかの子どもに対して好意・関心があってもそれは影がうすくなる。

宗教的教義と子どもの愛情(社会的)発達段階とは相似形をなしている。このことは宗教的伝承の超自然的な特質を解明するのに何か示唆を与えてくれないであろうか。記録によればキリストの人生とそのたとえ話(ここでたとえ話というのは、たとえ話としてふつうあつかわれているものをさす)には何の解釈もいらない。それは愛の特質と意義を体系的に公開し実証している。ただそれだけである。そこで述べられているキリストのパーソナリティには冷静さと情熱とが神学的に理想的なかたちで混りあっているので、それは心理学的にいってみごとである。伝承からうかがい知れるキリストの情緒的態度は、子どもや神経症者が求めるものとそっくりである。すなわちそこには自信がある。しかしそれが無関心になることはない。そこには共感性がある。しかしそれが扇動になることはない。親は子どもに嫌悪をもたれると心さわぎがするが、しかしそれによってカッとすることはない。このことは精神分析者と患者との仲についても準用できる。

一九三二年、私は次の結論に達した。すなわちキリストの最期の晩餐は自由に与えることを劇的に例示したものである、と。身体すら食に供するのである。あたかも母が子に与えるかのごとくにである。さらにはりつけの話は何のこだわりもない「赦し」を例示しているように思われる。そこには憎しみも悪も実在するものではなく、愛が阻止された結果変形して抗議・非難（本来、注意を喚起するつもりであった）・攻撃性となったにすぎない、という理解がある（第1章最終節参照）。最期の祈り「主よ、彼らを赦し給え。彼らはなすべきことを知らざればなり」にはこういう意味があると思う。すなわち赦しとは無価値な対象に対する謙遜ではなく、悪とは単なるあやまちに過ぎないことを認めることである（ソクラテス流である）。悪は決して因果応報のむくいをうけないというのである。この最期の晩餐の話は、最高の極限状態におかれても報復を考えず、抵抗すら示さないという例証である。

その後一年して、後述するように精神病理現象の分類方法を公式化するうちに私は、三つの願望精神病（wish-psychoses）と三つの「誘惑」の類似性に愕然としたのである。早発性痴呆は自己充足の結果、孤立におちいる傾向があるが、それは荒野に生きて石をパンとする話によく似ている。つまり魔術的想像力を駆使して自分を仲間とは別物にしてしまい、その結果社会性喪失状態になる点が似ている。ヒステリー症状の病的な手のこんだ依存性は「何をしても天使が味方になってくれる」という考えに表現されているように思う。第三の誘惑とはこうである。権力を使って権力崇拝をおこさせ、世界征服という幻想ともいうべき目標を掲げるということである。以上三つの誘惑は何れもそれに対照する病的な人生目標を示唆するたとえ話のように私は思う。それまでの私は、誘惑というのはおとなが虚栄と自意識を理性的、意識的にとらえてきた例だというふうに解していた。しかし既述したように、権力への欲求や権力の行使を一貫してキリストは拒否してきたことは間違いない。

この拒否は次の表現にあきらかである。すなわち、人にわが証しを示すなかれ、と。証しとはこの場合驚異と同じように、奇跡をおこなう者の偉大さを例証することである。仲間の服従や称賛を求める試みのことである。これは奇跡をおこなう者の社会的態度が誤っていることを示唆している。キリストが意識的に奇跡をおこなったのは、悪魔をしりぞけ、死者をして立たしめ、嵐を静めたときだけである。まず第一の奇跡は、心理学的にいって子どもが親に自分の内なる危険な衝動をおさえてほしいと願う気持に相応している。すなわち、子ども自身の努力や心理的葛藤とは無関係に、それをうまくやってほしい願望である。次に死者をして立たしめた奇跡であるが、これは子どもの協力なしに親が分離不安を克服するのと心理的には同じことである。救助とか保護とかはもちろん（訳注：嵐を静めた奇跡を指している）、被養育願望の拡大されたものである。福音書によれば以上の奇跡を除いては、キリストはこれ見よがしに魔法をおこなったり、力のための力を誇示することはまずなかった。

キリスト教の変化

奇跡を行なうことへのキリストのこの自制は、スリルと快感を求める気持を挫折させるばかりでなく、親の万能を信じたい幼児的欲求を打ちこわすものでもある。そのため後年、奇跡へのこの自制を修正するような伝承ができてしまった。論議の深みに入るつもりはないが、せめて次のことを私は読者に想起してほしい。それは福音書の超自然主義は、あらゆる種類の無意味な奇跡をも、キリストのものにしてしまったことである。四大福音書はただ便宜主義から選択されただけでなく、そこに共通するさまざまの特徴があるから選択されたのである。私はそう思っている。奇跡の示す自己中心性と、奇跡のもつ道徳性。これらはキリストの人生や教義の雰囲気と一致しない。これを直観的に感じるのでこういうことをいうのである。親の万能感というモチーフが全くない宗教があることを、何れ私はどこかで示さねばならないであろう。しかしここでは力への欲求という考えが倫理的教義の成熟度に適しているとだけいっておこう。換言すれば前述したように、親の関心を得るために仲間を排斥する子どものレベルにいるということである。

読者の注意を喚起したい奇跡の第二の型がある。それは親の懲罰機能に関する奇跡である。私の知る限り、キリストがこれに登場した記録が福音書にはない。キリストが両替屋を罰したときは、人間的憤怒という物理的な方法を用いた。これは友好的な方法ではないにしても、少なくともスポーツマン・スタイルの罰し方であった。またコラジンへのおどしは実効性のあるののしりというよりは、冷静な報告だと読みとれると思う。ヨハネ黙示録にある巨大な空想は力の顕現への欲求をみたすものであり、他の悪い子どもたちに報いるに正義をもってしたいという欲求をみたすものである。このことをキリスト自身は失礼ながら無視していた。救助願望・支配願望はキリスト教神学が成長するにつれみたされていった。

しかしほかにも被養育欲求とでも称すべき、人生初期の欲求がある。これは治癒の奇跡や、予見の奇跡に現われている。治癒の奇跡には三つの技法が用いられている。第一は患者に何かしてやる（サービス）こと。第二は自分で何かするように激励してやること（再保証）。第三は「汝の罪赦されたり」といってやること（免罪）である。これらの機能は何れも母と幼児との関係に非常に似ている。

すなわち、無力な幼児の欲求、臆病な子どもの欲求、罪障感を始末しようとしている年長児の欲求にそれぞれが応えているところがそうである。予見の奇跡とは大勢のものに食を与えたり、水を葡萄酒にかえたりというのがその例である。この奇跡は運命や未来に関する非常にすぐれた社会的感受性を意味している。

記録にある奇跡は何れも幼児的願望と幼児的欲求の現われだと思う。神とは食物を恵んでくれるもの、なおしてくれるもの、力づけてくれるもの、奉仕してくれるもの、救助し保護してくれるもの、援助してくれるもの、勇気づけてくれるもの、赦してくれるもの、そして（統制不可能な幼児的衝動を意味する悪魔を追い出すことによって）どんな人間でも善き人にしてくれるものなのである。ある種のてんかんはそのような幼児的衝動が変形し混乱したかたちで表現されているにすぎない。そう見れないこともない。神の親的機能、あるいは心理療法的機能を右にリストアップしたが、最後につけ加えるとすれば、死や危険から救出してくれることである。しかし前述したようにこのリストはこれで完璧というわけではない。懲罰性や優越性を意味する奇跡は前述の奇跡のリストの中にはあまり例示されていない。もし例示されていれば、それらの奇跡はその社会的意図あるいは社会的動機に一貫性があるはずだし、記録にあるキリストの人生や死や教えに一致するはずである。ちょうどそれは、やさしくてかつきびしさのあるよい親の見本のようにである。

宗教の神経症化

奇跡やたとえ話や説教、それから生と死、これらの話に一貫して流れている特徴は人生の目標と愛情である。そしてそれと関連した社会心理学は人間の思想として画期的な発明である。仏陀の神秘的な哲学にも、ソクラテスの実際的かつ論理的な思想にも、キリスト教のこのような社会的動機や社会的行動をふまえた理論はとうてい期待できない。しかし運の悪いことに、キリスト教の伝統が情緒的にゆがみをもった人たちを経て伝わってくるまでは、キリスト教の人生観は心理学的に理論づけられなかったのである。キリスト教は基本的には心理療法体系であるとの前提からすれば、キリスト教はもっとも助けを求めている人にアピールすることになる。宗教は神経症であるとはいえないが(ただし、神経症そのものが治癒を目ざしての動きであると考えないならばである)、宗教は概して神経症者のものになりやすいとはいえると思う。

宗教の変遷史をみると、宗教が神経症の治療に成功しなかった場合は、いつでもきまったように、神経症が逆に宗教の教義の中にまぎれ込んでくるのである。キリスト教の歴史にはこれを証する証拠がたくさんある。

精神衛生という観点からすれば、キリスト教にはもともと次のような理想があった。(1)神への信頼感(親の失敗・嫉妬・復讐心・専制などが神のイメージにならないように不完全な親との和解を強調する)、(2)よい人間関係。

さて(1)の神への信頼感は信者が自らの罪障感をとり除き、劣等感を克服する働きをする。また同時に、親への無意識的な不平・恐怖・敵対心を消去してもくれる。この機能はふつう信仰心とか善への称賛として表現されるが、これが家父長的宗教の主たる特徴のようである。一方、(2)のよい人間関係をもつとは幼児的嫉妬心(カイン嫉妬)の放棄を意味している。嫉妬心の放棄は退行的・幼児的願望を一切がまんして、すなわち性格の成熟をまって、はじめて可能である。これは母系制宗教の特徴である。そこでは力・名声・支配・依存・孤立などを求める病的なほどの幼児的願望と幼児的理想主義の放棄がある。このことについては精神病理の章でふれたいと思う。宗教では謙遜を強調するが、これは罪障感が原因でもないし自己卑下が原因でもない。また宗教が強調するところの人への奉仕は、親分肌のものではなかった。宗教の主張は破壊的でもなければ威圧的でもなかった。それゆえにこそ、私の示唆するようにキリスト教は宗教の二つのタイプがそれぞれの倫理的態度やその他の長所をひとつに統合する試みだったのである。

事実、キリスト教は地上における天国というものを理想化したのである。すなわち人間社会の団結と安定性は権威（人間の権威であろうと神の権威であろうと）に左右されるものではなく、競争原理によって統制されるものでもない。また神経症的な罪障感や攻撃性によってみだされるものでもない——そういうのがキリスト教の理想である。

神経症的不安に対する前述のような福音伝道的、救世主的教義は容易に理解できる。宗教に対抗する心理療法もたぶんこれには強く同意するであろう。わかるような気がする。すなわち心理療法でも神経症的願望に対しては抑圧という防御を割に気楽に使っているし、それによって罪障感・依存性・嫉妬などとの妥協点を見出そうとするのである。（われわれは恐怖のために放棄し抑圧してきたものを、一方ではやはり求める気持がある。それゆえこれをもっている人をみると羨ましくもなる。その結果、甘えを最高に排斥し、ときには甘えに対して嫌悪や憤怒さえもよおすのである。）現代の歴史がささやかながらも得ている資料の示すところや、はりつけの話は、生けにえを捧げる話に似ている。このことから示唆を得てこういえると思う。はりつけというのは、神経症的罪障感への防御機制のからんだ宗教儀式や信仰に対する批判的先達者の誰もが結局は甘受せねばならぬものであろう、と。はりつけの話にはさらにこういうことがいえる。異教徒ローマ人（ピラトによって代表されているが）の寛容な態度。神への罪障感をもつ司祭の感情。しかもこの司祭は、神への忠誠を誓い神に愛される立場をとった人々への嫉妬をもっている。これらの記述は心理的、社会的にもうなずけるものがある。

何れにせよキリスト教の最初の宣教に対して三つの反応があることに気づくのである。ひとつは無意識の罪障感・不安・憎悪からくる孤立感や憂うつを克服したい欲求があるため、キリスト教を歓迎するという反応である。第二の反応は、自由についての新しい意味がキリスト教によって提起されたので、それまでは役に立っていた防御機制が弱体化し、批判され、疑問視され、軽視されるようになったと感じた人々の、不安にみちた怒りの反応である。第三の反応は温和で寛容な態度である。これは罪障感から解放された実利性に富む異教徒の心理である。異教徒はわれ関せずの態度をとるので、前記二つの反応を示す人たちからは最も激しい怒りを買うことになる。

ペテロの分析

こう考えてくると、人や文化が異なるとそれに応じて、心理療法的な欲求や好みも多様性を帯びてくることがすぐわかるであろう。ペテロの最初の奇跡の一つは懲罰に関することである。アナニアとその妻サッピラが財産の一部を自分たちだけの安楽と安泰のためにひそかにかくすという利己的なことをしながら、一方では人に受け入れられ認められようとして、子どもっぽい策を講じたためにペテロの念力で殺されてしまうというのがそれである。ペテロの行為には名声を博することへの不寛容の精神がすでに現われている。ペテロは共産主義の実践者であった。つまりペテロ自身が名声を捨てようとしている人であった。そこで彼は人が何か得するのに我慢できなかった。（おもしろいことに『老水夫の到来』という小説がある。キリストとその弟子たちが奇跡を演じつつ諸国行脚するという中世文学である。そこではペテロがこれ見よがしな攻撃的な人物として描かれているのに対し、キリストは特に何かせねばならないとき以外は控え目に描かれている。）聖書の登場人物の特徴に注目してほしい。結局、登場人物はキリスト教の教義や伝承がわれわれに伝わってくる唯一の通路なのである。鋭い分析がないので弟子たちの神経症は（神経症そのものが一つの防御策なのであるが）キリスト教という心理療法ではなおらず、かえって神経症がキリスト教と結びついて妥協策を講ずるかっこうになっている。その結果、キリスト教の伝承に神経症的性格が付随することになる。ペテロの性格はもともと幼児的で、名誉心が強く、衝動的で自己顕示的で、さらに情緒不安定である。ペテロのことを「よりどころ」と呼ぶのは、心理療法の中でも暗示や激励といわれるものを意味するのかもしれない。しかしたしかにこれは記録のいうところとは一致しない。

パウロの分析

一方パウロは最初から歴史に狂信者として登場している。そこには狂信性と倫理的不感症とが混合した慎重さがある（例：聖ステバノの殉死）。パウロのよさはやさしさのタブーをいたるところで打破したことである。その表現の頂点にあるものが、かの有名な愛の詩である。これは社会的感情を詩的に表現したものといえよう。にもかかわらず、支離滅裂なパーソナリティにひそむ幼児的なやさしさの情を噴出させたために、おきまりの結果を招くことになった。すなわち激しい不安と、前エディプス期への退行に由来する罪障感および女性憎悪である。女性憎悪は母への復讐心を意味し、また母を誘惑者とみることを意味する。パウロの二重人格性は克服されなかった。彼の人格は決して統合されたものではなかった。むしろ防御的自尊心と攻撃性が最後まで残っていた。こういうわけであるから、パウロの教えが罪意識と贖罪の問題にみちみちていたのは当然である。したがって宗教に無関心な人たちのギリシャ的な冷静さに対して、パウロが腹を立てたのももっともである。

パウロのキリスト教はその起源たるや、ユダヤ教とは正反対である。そしてこのパウロのキリスト教と対照的なのがギリシャ教会の心理学的特徴である。すなわちギリシャ教会は、神とキリストと人間との関係にパウロのキリスト教よりはもっと哲学的な関心を示しているように思えるのである。そしてその関係の本質、その関係の窮極的目的についても、パウロのキリスト教よりはもっと哲学的関心をもっている。

その他の登場人物の分析

新約聖書の中でもすでに宗教的関心については大雑把ながらも分化がある。ある作者は強い分離感に圧倒されていることはたしかである。その結果罪障感と不安が高まり、罪意識と救いの問題で頭は一杯である。そして和解を求める儀式を考案して贖罪を願い、神をこわいもの、人間を不道徳なものとみなしている。このような気質に特にアピールするのは旧約聖書（例：エリシャの召使に対するあつかい）や後期キリスト教時代の懲罰に関する奇跡である。最高の奇跡は赦しに関するものであるが、それは身代わりになって復讐をうけるような人間にだけおこり得るのである。しかも仮にそうだとしても、慎重に条件を考えておこるのであり、あるいは予定された運命であるかのごとく全く自動的におこるのである。そのような信者にとっては、奇跡的治癒は力の実証という以上の意味はないのである。

また他の作者は罪障感や分離不安の問題にはさほど執心しない。いわばこの作者たちは「救い」を当然のことと考えている。あるいは救いは自らかち取るべきもの、またかち取り得るものだと考えている。したがって、このようなもっと確信的な立場からすると、「神へのおそれ」や「罪を悔いること」などは天なる神と安定した友好的なリレーションをつくる唯一の出発点であり基盤であるという前提はもたない。そういう前提をもたずに福音を広めようとする。繰り返していうが、私の考えはこのような宗教的気質や宗教的態度の相異と、この世の父（および母）への幼児的態度の相異とは相関関係があるということである。しかもこの相異は何れも、母の性格や地位に影響を与える文化的状況なるものに規定されているのである。この文化的状況というのは、母がその子を離乳したり、母に対する子どもの欲求を抑圧したりそらしたりする、そういう母の気持に影響するというかたちで作用するのである。子どもの欲求を上手にそらしそこなうと、退行やエディプス願望が性格を支配するようになり、罪障感がおこる。したがって和解的儀式や和解的宗派が必要になってくるのである。

罪障感と人生態度

罪障感のとりこになっている人は人生を楽しむことは無理である。これは当然である。この人たちにとっての快楽は、自分はつまらない人間であるという病理的心情をますばかりである。したがって懲罰欲求をおこさせる。その結果、世界が悪魔にみえてくる。善なるものへのあこがれが強まる。快楽はすべて悪なるものだと考える。したがって人生態度がすべて禁欲的となる。自分と異なる考え方をする人間に対しては厭世的態度をとる。この人たちにとって幸福とは、畏敬の念欠如の証拠であり、異教思想のしるしであると映る。つまり幸福とは、自己に対しては危険信号であり、他者に対しては「けもののしるし」ということになる。リゲネス（訳注：エジプトのアレクサンドリアの著述家・神学者・教師）は「神の国」を求めるあまり、自分自身を柔弱な男にしてしまった。アウグスチヌスは洗礼をうけていない赤ん坊は、アダムとイヴの罪と義なる神の怒りのため、永遠の苦しみが続くであろうといった。このような考えの人には魂の救いのためには、身体の殺戮も義とされた。アウグスチヌスは彼の救済観に反対したペラギウス派をつぶすために、ローマ皇帝の気に入られようとした。迫害・弾圧・宗教戦争・十字軍は何れもこのような激しい罪障感と不安に由来している。すなわちそこから出てくる欲求は、(1)異教徒を征服して神と和解したい、(2)いつこわされるかもしれない抑圧を持続したい、(3)母からの分離・愛の剥奪に由来する怒り（したがって女性憎悪）(4)心理学的には年下の赤ん坊を意味する自由気ままな異教徒への嫉妬である。

現在のところ私の考えはこうである。この反社会的行動と厭世的態度の原因は、神経症的な愛の剥奪感と不安と怒りである。それゆえに、このような悩みをもつ人は宗教を求めるし、そういう人に受けがいい特定宗派も出てくるのである。宗教的心理療法というのは、神経症の治療に部分的には効果があるが、それにしても元患者が次の世代に対しては治療者になるところに、宗教的心理療法のゆがみがましてくる。もともとは心理療法的な目的とアイディアにみちていた宗教も、それが神経症的な通路（神経症的人物の連続）を経て伝わってくると、ゆがんでしまうのである。すべての悩みから解脱したと思っている信心深い人の証言も、ほんとうに宗教的治療そのものが効いたのかどうか保証の限りではない。ましてや治療的意図があったかどうかさえもさだかでない。こういうわけで宗教は退化する傾向がある。そして精神分析が本領とする神経症的特性が宗教によってますます増大する気配がある。

宗教的心理療法のゆがみ

この私の考えはやはり正しいと思う。宗教はさまざまの心理的多様性を帯びながら発展してきたし、気質が違うとそれに応じて、宗教のとり入れ方も違うことをみればわかると思う。さらに私はこう思う。ある時代ある地域における宗教のタイプというものは、そのときの文化や民族性と関係がある。一方が変われば他方も変わるということである。今論議の的にしている宗教は、エジプトからおこりアフリカの北海岸にそってカルタゴからローマへと動いていったが、その間宗教はそれぞれの特性を有していた。一方、これとは対照的な宗教がある。それは小アジアのギリシャ植民地に発生した宗教である。五世紀にはすでに迷信への批判精神があったし、現代人が羨ましがるような、思想への寛容さがあった。たとえば、魔女と名のる人たちが教会から締め出されたが、それは彼女たちの作った工芸品が不浄だからというよりは、インチキだという理由の方が強かった。その後千年以上もしてから魔女狩りがあり、啓蒙時代のイギリスでは生きたまま火あぶりにしたのである。再びペラギウスにもどろう。洗礼をうけていない赤ん坊は永遠に苦しみが続くという説を唱えたアウグスチヌスに反対したのがペラギウスであるが、彼はアイルランドの牧師であった。後年、ペラギウスと同じ考え方をもつにいたったドゥンス・スコトゥス（訳注：スコラ哲学者。一二六五？―一三〇八）はその名の示すとおりスコットランド人であった。こんな昔にこんな地域にまでキリスト教が伝播されたのは、もっぱら説得（すなわち伝道）によるもので、征服とか強制的な回心によるものではなかった。キリスト教のこのねばり強さは異教徒の神話や祭礼への接し方をみてもわかる。たとえば新しい聖徒たちは昔の神々の無難な儀式方法を拝借したのである。ときには名前を拝借したこともある。たとえば聖カスバートとか聖ゲルトルートとかである。

キリスト教発達史の中でも、この派の異教徒に対する態度には嫌悪感がない。嫌悪感があるのはアフリカ流のアウグスチヌス派である。キリスト教のギリシャ的伝道者ともなるところ考えた。自分たちはとてもよいものをもっているので、それを皆とわかち合う義務がある、と。アウグスチヌス派は、自分の魂を救うためには、他者を征服して神を求めるようにさせねばならないと考えた。ギリシャ的考えによると、処女たる母のためにダイアナの祝日（イースターという）を拝借することは非礼にはならない。ギリシャ的思考の持主は既成の慣習を便宜上踏襲するだけの話である。例年の祝日を廃して人々をがっかりさせたくないというだけの理由で慣習を存続している。それで十分な理由になる。つまりヨーロッパ風のキリスト教は、アフリカ風のキリスト教ほどには罪・罰・赦しの条件に関心がなかった。すなわち罪障感という神経症的問題には関心がなかったのである。唯一の関心事は人生の意味と、創造主（親）対被創造者（子ども）の関係であった。神というものにも母性原理を導入している。(これが影響してカソリック教会の永年の不安定性がおこったし、ヨーロッパ全体の神経症がおこったのである。)ヨーロッパ風キリスト教の倫理上の問題とは、実際によい人間関係をもつかどうかであり、性的色彩を帯びた無意識図的、無意識的罪障感の解消ではなかった。そこでは人間のイメージを、神の協力者となる可能性を秘めたものととらえていた。人間を生まれながらにして神にそむくいかんともしがたいものだとは考えなかった。したがって宗教的生活というものを、「神と人対悪魔」と考える。これに対しアウグスチヌス派では「神対人と悪魔」と考える。

原始キリスト教のこのような諸分派の中、何れが哲学的に真理であるか、また何れの派がキリストの教えを一番純粋に伝えているか、を論ずることに私は興味がない。この二つの教義がそれぞれの倫理的行動や思想的寛容さにどんな結果をもたらしたかを議論する気もない。ただし、私は自分の偏見がどちらに向いているかを隠すような、面倒なことをしているわけではない。私の唯一の関心事は、キリスト教が分裂と反目と不寛容というおかしな傾向をもっているという事実である。また、最近になってこれらの諸傾向が、その逆の方向を向き出したということである。キリスト教のこの激しい分裂傾向はとりもなおさず、心理療法そのものの特徴でもあることを私は指摘したい。つまり神経症者の気に入られようとして、そしてまた神経症者をとおして宣伝することによって、心理療法もキリスト教も、不安と攻撃性にみちた病理的性格を表現しがちだということである。

宗教研究の結論

宗教を研究してわれわれの気づいたことはこうである。キリストの主たる関心事は、幸福と心理的安定感と社会的調和の基礎としての愛を培うことにある、ということであった。このことは神経症的二大特性を特に示唆するものがある。第一に、罪障感と分離不安の支配下にあること。第二に、退行的、幼児的傾向の支配下にあること。第一の方は、親が健在のうちに親との間に愛の関係を〈回復〉することを求め、第二の方は親との愛の関係を〈維持〉することを求める。そして親から離脱したときは、遊び仲間との友好関係を樹立しようとする。愛への欲求という点で何れも似ている。（これが本書の基本テーマである。）ただし、両者（訳注：神経症的二大特性）に相異もある。それは愛の関係を邪魔するものが、両者によって違うのである。そしてそれぞれがそれを克服しようとしている。すなわち幼児的願望はこれを満たそうとし、罪障感を伴う嫉妬心についてはこれをおさえようとしている。これが異なる点である。

宗教を研究して発見した第三のことは、異教思想に対する態度のことであり、これはすでに素描したとおりである。異教思想の特徴は高い基準をもった実際的倫理であるが、それが極端なまでに寛容な神学的意見と繋がっていることである。心理学的にいえば、異教徒は親の愛を当然のことと思っている。したがって彼は気持よく幼児としての特権を放棄し、おとなとしての責任をとろうとするのである。ところが他方では、おとなとしての快楽や特権を享受し楽しむことをためらわない。幼児的退行という渦巻とその上にそびえるエディプス感情の岩の間で、この異教徒は成長の舵をとっている。自分ひとりで自分に頼りきっている。あるいは親の激怒と親からの分離を招くのではないかと、無意識的には恐れつつといってもよいかもしれない。罪障感のとりこになっている人にとっては、こういう態度は冒瀆的であり、こういう態度を内に秘めている宗派は、真の信仰者にとっては、絶えざる恐怖になるであろう。ところが正統派と称する人たちは、自分が嫌悪しているこの異教徒を、無意識では羨ましがっている。そして異教を粉砕しようとする。というのは異教思想というのはキリスト教に対して抵抗するにせよ攻撃するにせよ、キリスト教と結合するだけの共通目標をもっていないからである。異教思想は決してキリスト教を審判はしない。ただし、ローマのドミティアヌスやベルリンのヒットラー体制のように帝国主義的目的のために、換言すれば非宗教的な目的のために、キリスト教が利用される場合は別としてである。（おもしろいことにもしヒットラーが古代ゲルマン人の特性を最高度に回復させて、封建的ドイツ魂にまで高め上げ得たとすれば、ヒットラーは一切の不服従を非難したくなる衝動にかられなかったであろう。実際はそうではなかった。）異教徒には罪の意識が欠けている。つまり神の栄光をいやまさんという心情を何が何でもかり立てて、誘惑や疑惑を自ら追放するという欲求が異教徒には欠けている（すなわち、抑圧の強化が欠けている）、それゆえにギリシャ・タイプあるいはドイツ・タイプの異教思想は、非宗教的な熱狂者（よくいえば宗教的には中立的な熱狂者）にはアピールするけれども、ある種の保守的感情をのりこえて統合しようという社会的原動力に欠けていた。したがってキリスト教やマホメット教のように改宗をすすめる宗教に対抗して一歩前進することができない。もちろん異教徒の多くは迷信的な不安（神経症的罪障感）にみちみちている。それはあたかも退化してしまった仏教やアニミズム的、有神論的な多くの原始宗教と同じである。しかし男と女が家庭的にうまくやっている社会の宗教は、罪の償い方を主体とする宗教ではなく、社会的な祝祭を主にした宗教になっている。

一般的ないい方をすれば、育児法が母権文化的なところでの異教思想は、ロマンティックで寛容性に富むといえそうである。母権文化的育児とはすなわち、母が父または姑または実母に支配されていないという意味で、これはたいてい母権制社会形態に見出されるものである。純粋の母権文化的育児法に関係ある文化の特徴については他の個所でふれよう。今ここでいえることはこうである。このような母権文化の状況で愛を求める場合、それは現実の社会環境にむけられるということである。したがって母権文化の人たちは、今のこの世の生活がよい生活だと考え、幼少期のことをふり返って退行的願望をもつことは少ない。(退行的願望はしっかりと抑圧される。母の外力によってか、自らの内なる力によってか、それはわからぬが。) また性的早熟願望をもつことも少ない。したがって母権文化では依存願望をもつ必要性が少なくなる一方、罪障感解消の方法を考察する必要性も少なくなる。父権的育児法にくらべれば、いつくしみ深い神はそれほど必要でなく、懲罰的神もそれほどおそれなくなる。

キリスト教における母性的宗派

処女なる母を信じる宗派が重要性を占めてきたのは、キリスト教思想の発達史でも比較的後期に属する。しかし注目せねばならないのは、母の機能は初めから聖霊に基づくものとされた点である。ことばの奇跡(口頭での説教)と聖霊の御名は、神が遍在するという思想と共に、母性的宗派の心理的特徴になっている。思うに神なる概念の修正と、罪意識の軽減がこの宗派の発達をうながしてきたのである。

聖書の福音という心理・社会的発明についての私の意見を要約するとこうなる。キリスト教の教えは、キリスト教以前の父権制宗派がアピールした人々よりはもっと進歩した人々にむけて語られたものであり、その人々の欲求に応じようとしたものである。旧約聖書が清潔のしつけや離乳という道徳的なものに関与しているとすれば、キリスト教は社会化というもっと現実的な過程にふれているといえる。すなわち、親とだけの親愛関係という排他的なものから、仲間すべてを抱き込んだ仲間との友好関係へと移行しているのである。おとなの宗教的欲求と子どもの愛への欲求とを類似的にとらえると、親との独占的親愛関係を放棄する条件というのは、安定感の保証である。換言すれば、親に絶えず泣きつかなくても親はいつも知っていてくれるとわれわれが確信できなければならない。(旧約聖書の作者すらこのことは知っていた。) さらにいえば、われわれは親を受容する自信がなければならない。すなわちわれわれは罪障感（原罪）を解消できなければならない。われわれはひとたびエネルギーの源（すなわち勇気と愛の源泉）を確信するや、仲間づき合いの世界に勇を鼓して入っていく気持になれるのである。救いや贖罪を得るのは宗教生活あるいは社会生活の始まりであり、決してそれ自身が目的でもなければ、それで終わりというものでもない。

キリストはそれゆえにこう主張するのである。われわれは赦しを受け入れねばならぬ。そして社会生活という軌道にのらねばならぬ、と。そしてさらに、神への献身から人類への献身へと切り替えることが大切である、と。もっともこれは罪障感と不安にみちた幼児的人間には、受け入れがたい話であろうけれどもである。

第10章　治療教団とその実際

前章で私は治療的奇跡の心理的効果について言及した。さて本章では人間関係が不満足のために生じる一連の病気があることを論じてみたい。愛の機能を研究した結果、ある種の「治療的教団」と医学的「異端」の心理を考察するのは意味あることのように思える。つまり宗教の場合と同じように、ここでも治療的要因は、変形している、していないは別として、愛ではないのかという問である。

治療教団発生の基盤

医学史をみれば医療技術は系統発生的に進歩してきたと考えざるを得ない。医学上の異端や治療教団を研究してみて残念に思うことは、今日の科学的医学にいたるまでの発展途上からこれらが脱落していることである。しかし患者の文化よりも先をこして早目に成立していた医学的体系というものはない。もし一般大衆の教育が低いために科学的医学に対する理解が全くなく、また科学的医学への信頼感がなければ、科学的医学の発達も実践も、もっと遅れていたであろう。人は医療が自分に必要なればこそ金を支払うので、支払うのはただそれだけのことである。したがって文化的、経済的淘汰あるいは文化的、経済的圧力が医療行為の実践に影響してくるのである。それは宗教の場合と同じである。それゆえに、疾病理論と治療行為をみれば文化のある側面が明らかになるし、その治療法の提唱者の性格も明らかになってくる。その提唱者というのは宗教的信条と宗教的儀式に支えられて、初めて存在可能なのである。

したがって治療理論が器質的疾患を理解し治療する方法として妥当かどうかを越えて、その治療理論が人間にアピールしていること自体を研究する必要がある。その上今日の文化においては、肉体的苦痛と直接関係のない悩みや病気をかかえ、それからの救いを求めている患者が多い。病人の約三十パーセントが「神経性」の病気で悩んでいると推定できる。たしかに患者の大部分が、医療技術的サービス以上の何かをわれわれに期待している。したがって患者への接し方が大きな意味をもつ。ただし例外はある。歯科の治療や視力検査のように、あきらかに客観的技術を要する場合がそれである。この場合は患者が自分は病気だという感覚は強くないし、医師との接触も短かくその場限りである。ところが客観的技術とは違い、主観的要素ということになると、それ自体が症状を生むばかりか、肉体的疾患の過程そのものを生むか、あるいは除去するかに大きな役割を演じるのである。

過去半世紀の医学の技術的進歩は目ざましいものがあった。それゆえわれわれとしては、正統的医学が「インチキ医療行為」を駆逐してくれるものと期待していた。これは当然であると思う。その上一般大衆への科学教育——少なくとも科学というものが人気の座を占めるようになって——医学もますます進歩した。こういう基盤に立っているわれわれにすれば、インチキ医療行為はもうなくなったも同然と思えてくる。ところが事態はその逆である。インチキ医療行為がかつてないほどに繁盛し倍増しているのである。その理由は何か？　私はこう思う。医師は病気の肉体的プロセスを直接、効果的に防ごうとして熱心なあまり、患者が医師にしてほしがっていることを無視してきた。すなわち、患者の苦しみの除去、これである。（もし疾病が肉体的なものであれば）医師はその病気の原因を取り除くことによって、患者のこの期待に最終的には応えている。それはその通りだ。しかし患者の求めているのは、今すぐに楽にしてほしいことである。治癒そのものではない。病気とは――この場合、病気とは効率性の低下のことである。あるいは楽しむ能力の欠如、一般的に気分のすぐれないことである――終極的には肉体的原因以上の何かである。病気の主観的側面や病気に関する主観の変化には必ず医師が関係している。

医学教育が昔よりも客観性の強いものになり、人間的情の薄いものになっていることは否定できない。いろいろの病気の段階や形態を一連の症例を示して、学生に詰め込み教育している。その意図は結局ある一定の症候群に共通する要因（これが病気の本体だと考えるがゆえに）を指摘することにあり、患者ひとりひとりの人間的要因に関心があるわけではない。それゆえ大衆の求めているものを大衆に与えてはいない。したがって大衆は自分の求めているものは、他に行かなければみたされない。これは当然そうなる。われわれは学生時代に人間の苦悩の源泉を教わらなかったけれども、当然われわれはこれを考慮しなければならない。

苦悩の源泉

苦悩には一大源泉がある。それは不明瞭ではあるが医療を求める際にしばしば表出するのである。この苦悩の源泉は正常人にはとても感知しにくいと思う。というのは苦悩の背後にある欲求をふだん彼は忘れているし、また正常人にとってその欲求は大した意味もないからである。この苦悩は肉体的障害を伴わないことが多い。つまり肉体的障害を除去すれば楽になるというものではないことが多い。事実、医療を求めてくる場合、それは何らかの情緒的な、そして自己中心的な訴えであるように思われる。すなわち患者は無意識のうちにわれわれに同情心を引きおこそうとしている。ところがわれわれ医師は同情心を患者に向けず、患者の肉体的苦痛にむけやすいのである。これに反して、偉大なる「インチキ医者」はこういうケースのあつかいが上手である。われわれは治癒状態から病気の特質を推論できる。治癒状態から病気の特質を推論する試みとして、ここで同種療法（Homeopathy）とクリスチャン・サイエンスを考察したいと思う。この派の信奉者が「どの医者もなおせなかった病気が私はなおった」と体験談を語ることが多い。結局、この場合病気といっても、われわれにいわせれば、病気と思い込んでいたか、そう見せかけていたと思うのだが、われわれの目的は患者が自分はなおったと信じられるようにしてやることであり、日常生活をよろこび、日常の仕事ができるという元の状態にもどしてやることである。これは患者が医師に期待した努力と責任をわれわれが果したその見返りだと受け取ることができる。患者の病気が本物の病気ではないといって、患者を非難したとしても、患者が自分は病気だと誤解せずにおれなかったもともとの不幸感を除去することにはならない。それでも彼を回復させるという目的を達成したといえるだろうか？　病気を続けるか続けないかは患者の意志しだいだと、責任を患者に押しつけるのは、実利的効果があるだろうか。たしかにこの派はこの種の苦悩を除去するのが上手である。彼らの治療法はウソの病気をウソの方法であつかうものだとは思うけれども、それでも全体としてその現象をみると、理論的にも実際的にも非常に興味深いものがある。肉体的疾患が実はないにもかかわらず、肉体的疾患に悩むという面倒な能のないことをする人がなぜいるのか。実は本当の病気ではないとわかっていても、なぜその症状が消滅しないのか？　この問に答えるためには同種療法やクリスチャン・サイエンスを吟味・研究すれば、何らかの手がかりが得られるであろう。

ハーネマンの示唆するもの

ハーネマン（訳注：一七五五―一八四八。ドイツの医師。同種療法の創始者）の説は、病気の主観性を信ずるところにその端を発している。彼は体液（訳注：人の性質・体質を決定するものと昔信じられていた）や病原体の存在を認めなかった。また昔の医学は無気力感や病気だという感じの背後には何かがあると仮定したが、それをハーネマンは認めなかった。そこで当然ハーネマンは症状を重視した。したがって患者自身の報告が最高に大事なものになった。彼は患者の生育歴や現在の体験に根気よく関心を払うように弟子たちに命じた。何とかしてほしいという患者の欲求は決して肉体的なものではないとハーネマンは考えた。ひとつひとつのケースは患者のパーソナリティ同様ユニークなものだと考えたのである。

現代のわれわれは神経症や精神病の症例をみる場合、それぞれのケースの個性を考えるが、ハーネマンはそれと全く同じである。彼の治療体系が人口に膾炙した理由がわかるような気がする。ハーネマンはたしかに最も熱心な症状追及魔であった。彼の熱心さにはほとんどのヒステリー患者が満足した。患者の環境や性格を調べるのはハーネマンにとって、当然のことであった。しかも新しい症状はなおのこと探究した。潜在性の症状すらその存在を推定した。ただし、病気というものは症状の複合体であり、それ以外の何ものでもないという彼の基本的主張には必ずしも固執しなかった。ハーネマンが一貫して主張したのは医師の感受性であった。医師は患者の報告と五十歩百歩のような質問を連発してリードしてもいけないし、解釈してもならないというのである。事実、「分析的態度」を彼の弟子たちには禁じたのである。患者に譲れるときにはいつでも譲らなければならないという主張を、彼はかなりの紙面をさいて語っている。そしてパラグラフ一九八では、精神的疾患をあつかう場合には気さくに同情心と自信のある態度をとれといっている。「無駄なおしゃべり」を聴くときでも、注意散漫な聴き方ではいけないという。「矛盾した言動、説明熱心、激した訂正、きつい言動などは人の心をダメにする。軽蔑、裏切り、ぺてんなどは患者を怒らせ、状態を悪化する。また患者をまともな人間としてあつかう態度をいつも保たねばならない」と。ここでハーネマンのいっていることは、現代のもっともすすんだ見解とも一致しているし、今日おこなわれているふつうの治療よりははるかに先をおこなっている。

パラグラフ一九六では心因性の精神障害と肉体的障害に起因する精神障害とを区別している。心因性の精神障害は人間関係に左右されることも認めている。換言すれば、心理療法の可能性を暗黙裡に認めている。また彼は情緒障害が肉体症状にも大きな影響を与えることに気づいている（パラグラフ一九七）。彼はいう「心理的症状は医師が見落してはならない特徴である」と。

ハーネマンが強調していることはまず患者をあつかえということにつきる。つまり患者を困っている人間として遇せよ、患者との間に打ちとけた関係をつくることが不可欠であるというのである。肉体的苦痛を全く技術的に、感情抜きにあつかうことに反対すると同じように、精神病者に苛酷な態度をとることにも一貫して反対した。ハーネマンの治療法とは精神病患者に親切心をもって当るということであった。そして肉体的疾患の場合には、彼の同情心は底なしの忍耐と患者の感情への関心というかたちをとったのである。

成長発達のある段階や、神経症のある段階では人に対する患者の最大の欲求は、聴いてもらいたい、わかってもらいたいということである。これに対しわれわれのなし得る最大の援助は、患者の問題や悩みを意欲的にかつ徹底的に研究するというかたちで、真面目に関心をもっていることを示すことであると思う。したがってハーネマンの臨床法とは患者の欲求にぴったり応えるということである。ハーネマンも、アドラーが強調しているように、報復的仕打ちをしないことと、甘えさせることを説いている。心理学的にいえばハーネマン理論は心理療法的親切さと心理療法的思いやりということになる。彼が助言・忠告の価値に気づいていたことは医師の「もの腰」「立居振舞い」「心の養生法」の必要性にふれていたことからもわかる。しかし患者が荷をおろすだけの時間的余裕を与えずに、患者にせわしく助言・忠告を与えることには反対している。

ハーネマンが人間の特質をどうとらえていたかは、彼の病院管理論や看護婦・手伝い人の採用条件論にはっきり現われている。病人に対するハーネマンの態度は、心遣いと慈悲心、これにつきる。そして彼の神秘的、主観的な疾病観のゆえに、神経症が主たる問題になっている患者たちとすぐ親しい関係になった。

同種療法は最後には、大部分の疾病は〈かゆみ〉に由来するという理論を展開した。梅毒や性病についてもふれている。しかしそれについてはあまり知られていないし、強調されなかった。しかしそれは疾病は悪なるものという概念と、同種療法論者の心の中の罪意識とのつながりを示唆している。そしてこれは神経症者の罪障感を大いにそそるのである。

ハーネマンのこの理論はもちろん、一番古く一番広く伝播した疾病観である。たしかに病気と罪を識別することばをもたない言語体系もある。われわれの宗教では永い間、病気は罪の直接的結果であると考えてきた。そして今でもこのシンボリズムを採用している。同種療法理論はたいていの慢性病は罪が原因だとするが、その場合の罪が性的なものであることは明らかである。これはあらゆるかたちで現われている。当時〈かゆみ〉は外部から寄生虫が入ってきたものとは考えず、性的うずきだと考えた。服薬中は性的禁欲を禁止した。ちょうど未開人が危機に瀕したときには禁欲しないのと同じである。フロイド前の研究者として、罪障感の病理性に気づいたのはハーネマンであった。フロイド同様ハーネマンも、性的要因を重視した。彼のこの洞察力には、罪障感にとりつかれた神経症患者たちの多くが感銘をうけたことはたしかである。

もともとの同種療法理論には、ほかにももっと人の心を打つようなさまざまの特徴があった。それは民間信仰ともむすびついていたので、神秘論者や神経症者にうけたのである（極微量の薬を振って服用すればその効能が高まるということには無意識的な性的連想がある）。前科学時代の医学が処方した危険な薬を用いずにすますという実利的有利さが同種療法にはある。同種療法はその二大特徴のために一般大衆に受け入れられたのである。第一の特徴は、悩める人間としての患者に関心と親切を示したことである。第二の特徴は、患者が医師を信頼し、医師は患者を思いやるという親密感あふれる関係をもちつつ、なおるという強力な暗示を間接的に与えたことである。同種療法の理論とその理論のもつ神秘性、このおかげで同種療法の医師は患者と親しくてかつ影響力のあるリレーションをつくることができた。当時の専門家気どりがよくしたような、支配的でよそよそしい態度がそこにはなかった。患者の愛情問題、罪障感の問題にしかるべき関心を払うことによってハーネマンは、患者のわかってほしい欲求、かばってほしい欲求にたぶん応えたのだと思う。今ではこれは常識である。わかってほしい、かばってほしいという欲求の原因は、幼少期が不安にみちていたためであり、いわば孤独感の現われである。ところでこの孤独感というのは、精神的障害をもつものに普遍的な現象である。これについて何れ私は述べようと思う。

さてこんどはクリスチャン・サイエンスに移ろう。ただしその形而上学的な自己矛盾から目をそらすというようなむだな努力をする気はない。つまり頭の悪くなるような頭の体操をする気はない。むしろクリスチャン・サイエンスが人々に感銘を与えている理由を発見したい。またその信奉者たちに対して、クリスチャン・サイエンスが力をもっている理由を明らかにしたい。われわれの気づいたところによると、クリスチャン・サイエンスの立脚点は結局三つある。孤独感・罪・苦悩である。これらは何れも死ぬべき運命にある人間の幻想であるというのである。この合理的有神論的唯我論者たちによれば、やがて死ぬべき人間は真の存在に非ずというのである。魂そのものは神の放射線である。決して神と別物ではない。したがって孤立とか孤独があり得ないことは、自明の理だという。人間ひとりひとりが神と実質的には一体化しているから、結局人間は相互にばらばらになり得ない同胞である。そしてさらに、神は愛と完全であるから、悪魔を創造したこともないし創造するにもできない。神はそんなことを考えたことすらない。したがって神は全知全能であるから、いかなるかたちにせよ悪は存在のしようがないのである。

クリスチャン・サイエンスの示唆するもの

クリスチャン・サイエンスの教義は議論を認めない。それは彼らも認めているように、クリスチャン・サイエンスの論理には妥当性がないからである。たとえば、やがて死ぬべき人間の創造がそれである。また罪と苦悩は孤独感と同様、実在しないものである。それゆえそれが実在しないことを悟るために、罪や苦悩から目を転じて神の善なる世界に注意をむけさせるのである。病気の問題、苦悩の問題、罪の問題、これらはしたがって一発で解けてしまう。しかもこの幻想（訳注：病気、苦悩、罪のこと）に関与した人々を非難はしないのである。神は一つの病気にそれぞれ一つの治療法を用意したはずであるといったのはハーネマンである。ということはハーネマンは病気は症状（単に主観的なものだが）の束以外の何ものでもないとわれわれに信じこませようとしたことになる。しかしクリスチャン・サイエンスはさらにその一枚上を行っている。すなわちクリスチャン・サイエンスでは病気の存在を否定し、またその他一切の不快なるものの存在を否定するのである。クリスチャン・サイエンスが人気を博するかどうかに関する限り、これが弱点でもあり、長所でもある。

クリスチャン・サイエンスは形而上学的二元論を樹立しようと試みた。われわれは一方では、完全なる愛の支配する不変の世界を信じることができる。そこでは何もおこらない。創造すらおこらないのである。なぜならば変化というのは二つの状態——変化の前と変化の後の状態——を意味するからで、これは何れも完全とはいい得ないからである。この世には分離もなければ困ったこともない。また疑惑・怒り・競争・驚異ということもあり得ない。幼児の安定感への欲求と、理解されたい欲求を邪魔するものは何もないというのである。母の腕に抱かれた乳児はたぶん、クリスチャン・サイエンスがその存在を認めている実在の世界なるものに似た世界を味わっているにちがいない。クリスチャン・サイエンスがいかなる変化に対しても反対することは周知のところである。

やがては死ぬ人間の世界は本来、非実在である。しかもそこには悪しき欲望・危険な競争相手・嫉妬・憎悪・残酷・罪・永遠に続く生存競争という恐怖と障害がある。それゆえひとりひとりが自力的にならなければならず、また人の気に入られる能力や人を動かす能力をもたなければやっていけない。彼は偶然的事故・苦難・他者の不正行為、とりわけ自力に対する不安などにさらされている。しかしクリスチャン・サイエンスではこういう世界を払拭できるのである。ただしそれは本人の心がけしだいである。またクリスチャン・サイエンスでは、愛と安定感という想像の世界に逃げ込むこともできる。その方法というのは、自分のきらいな現実は何でもこれを否定し、自分の好きな幻想、自分の好きな想像物語で自分のまわりをかためるということである。しかしこれは早発性痴呆にかかった人が、めいめい自分でやっているのと全く同じことで、その動機はクリスチャン・サイエンスの人たちと同じである。すなわち安定感を得たい、いたわられたいという欲求を、想像の世界で味わっているのである。クリスチャン・サイエンスの帰依者の生き方と分裂病者の生き方とは、その起源も同じ、その幻想過程も同じ、錯乱状態という結果も同じ、というふうにみえるが、もしそうではないとしたら一体どうそれを説明するのか？

答は簡単明瞭である。先ずクリスチャン・サイエンスは外界からの避難場所を求める。その避難場所が空想の中でひとたび確保されるや、彼は嬉々としてその幻想的世界とたわむれる。それが本当の世界ではないことを認めずにである。これは子どもによくあるゴッコ遊びと同じであり、またヒステリー患者によくある状態でもある。第二に彼は仲間づき合いを支持と指導の源泉にしているが、それは結局仲間づき合いが、前述のような幻想への逃げ込みを促進し、彼を葛藤・当惑・不安から救ってくれるからである。またこれが人間関係を維持する助けにもなっているからである。その結果彼は、避難場所のなれの果――不潔・退化・発狂――まで落ち込まないですんでいるのである。

治療教団の挑戦

さて、次の事実を考えたい。同種療法は「医師と患者」のことがらであるが、クリスチャン・サイエンスには「神と仲間（複数の患者）」という観念がある。そうだとすれば、この二つの治療法には非常に重要な類似性がある。すなわち両方とも心理学的には、親と子のリレーションを再現しているということである。両方とも親愛の情にあふれた保護的な人間関係の必要性を暗黙のうちに強調していることになる。ただ両者のちがいは、助言・忠告の背景にある神秘性・妄想性のちがいである。ただし両方とも、患者との間に心地よい安心感と愛情を感じるリレーションをつくることによって、患者の主観的な落ち込み状態を何とかしようとする点は同じである。このようにして失われた安定感を回復し、孤独と孤立感を除去するのである。孤立感というのは神経症的な罪障感と幼児的無力感に起因するところが大である。心理学的にいえば、患者の心の中の幼児的なごりの部分が母の腕の中につれもどされ、そこで愛を再確認して慰められているといった感じである。

客観的な苦悩、それは本来がまんできるものであるが、それが何であるにせよ、一度心地よい状況におかれるとその問題提起性と現実性は消失する。そして肉体的抵抗力の増大すらおこってくる。少なくとも、不安・恐怖のためにおこる内分泌の混乱に体力が消耗されなくなる。患者は平静をとりもどす。これは大した進歩である。患者の中の幼児の心が助けを求めて泣き、今やそれが慰められたのである。

多くの人間がまだ幼児的依存性を卒業していない。ただそれをかくしているだけである。病気・災難・不安・激務・白眼視などのストレス状況におかれると部分的退行をおこして、保護されたいという幼児的願望がおこり、自分だけ面倒をみてほしい、自分は好かれているのだというような確証がほしくなる。こういう人間にとって肉体病というのは、まず世話されるために注意を喚起するのに便利である。そして第二に、肉体的苦痛は実際にこの人たちに危険をもたらし活力を消失させる。そしてだんだんその人たちを幼児化させ、ついには病身にしてしまう。この患者たちはしたがって「悪い」患者であり、彼らにはなおろうとする意志がない。「病気になりたい欲求」をかくしている。

こういう患者たちは病気をなおすことが先決であるばかりでなく、健康に伴う重荷と責任をとるように説得しなければならない。私にいわせれば、極度に技術志向的で完全な客観主義を求めている現代医学が失敗しているのは、正にこの後者（訳注：健康に伴う重荷と責任をとる）の治療である。医師の側にこういう失敗があるからこそ、神秘主義者や神経症者が自己流の治療法をつくるのである。われわれが小馬鹿にし、無視している欲求を誰かがみたしてくれているとすれば、われわれが反対してもそれは理にかなわない。

患者はいたわってほしいなどという欲求をもつべきではないと、われわれは事実いっている。そして患者がそういう欲求をもつのを暗黙のうちにとがめている。もし患者の問題が器質的疾患であれば、その器質的要因にわれわれは注意を集中する。この注意の集中が奏効して――アドラー流にいうならば――患者が自分は他者にとって重要な存在であると感じたい欲求をもたなくなる時点まで、器質的疾患に注意をむけ続けるのである。しかし患者というものは疾患の肉体的原因が治癒されても病気を捨てられないものである。その結果、今度はその病気が装いを変えてつかみどころのないかたちで再現してくる。患者を専門医にまわし外科手術を求めても、なおかつわれわれはじれったいが、それはその患者の中に思い込み的要素や甘えの要素を直観的に感じるからである。したがってその症状が詐欺（仮病）ではないかとすら――まちがえて――思うこともあり得る。その患者は頭が弱いのだと感じたくなることもたしかにある。そこで知らぬ間に、しごきの治療をする。たとえば同情も我慢もしてやらない。そして叱ったりおどしたりする。「もしこんな自分勝手な仮病をやめないんだったら、君とはもう縁を切る」といったりする。われわれにはやさしさの情へのタブーがあるので、患者の訴えを拒否したり、患者がもっているわれわれと同じような幼児的衝動を抑圧したりする。

さて、ここで問うてみたい。心地よい愛情体験を求めてこのように退行している場合に、前述のようなあつかい方は実際一番よい方法といえるのだろうか。そうではないと私は思う。子どもが真剣に泣き叫んでいるときにそれを解明するのは、子どもの安定感を一番そこなうことになる。その結果反射的に、もっと泣くようになる。それゆえ同情を求める気持を拒否すると、本来治癒するはずであった無意識的な仮病欲求をかえって増大させることになる。仮病ということばはたしかに患者が何か物的利益を求めているというニュアンスがある。しかしそうではない。彼らが求めているのは物的利益ではなく、親の愛である。親の愛を与えないと、その親の愛への欲求が激化し、症状も悪化する。すでにどこかで私が指摘したように、一目でわかるような要領のわるい悪をする人間は、ちょうど幼児がなおしてほしいためにわざと怪我をする心理と全く同じである。この場合、強制的に何かさせることは治療法あるいは矯正法としてはむだである。これはだいたい通説になっている。しかし、おとなの神経症者（彼は前例に似て病気になるのが目標である）の場合は、この無益な強制法を用いてはいないか？　たとえばこんなふうにである。「あなたには何も悪いところがありません」といって患者を恥ずかしがらせる方法である。患者をなおそうとするならば、むしろ想像を働かせて次のようなことばをつけ加えるのがよいと思う。「これは結局ほかの人があなたのことを心にとめなくなるからじゃないでしょうか」と。病気の目的は関心と同情を引くためである。病気の根底にある欲求は、嫌悪や軽蔑を暗黙のうちに示されたら満足するようなものではない。むしろそれによって病気への欲求は高まってくる。この安定感への欲求が病気へかりたてる原動力である。患者が症状の意味や症状の作為性を自分の内心で気づいたときに初めて、患者の心を傷つけずに患者の協力を得る働きかけができるのである。でないと医師は、たぶん病気の原因となった悪い、好意のない親の焼きなおし版にすぎないことになる。

前述の論点はヒステリー治療法として有名な、かのウイアー・ミッチェル療法（Weir-Mitchell treatment）の歴史をみればよくわかる。この方法では乳児向きの環境でその患者を実際にとり囲むのである。食べ物も質量ともによく、静かで暗くしてあるので、休息が妨げられない。二十四時間看護である。ただし会話は医師の毎日の回診時以外はしてはならない。このウイアー・ミッチェル療法の効果を追試できた人は今までのところひとりもいない。なぜか？　この種の施設をつくるだけの財政的余裕がないからだというふうに私は本で読んだ。これでは全く話にならない。ウイアー・ミッチェル療法の効果があがらなかったのは結局、ウイアー・ミッチェル療法（訳注：以下W・M療法と略す）の運用法を誤認していたからだと私は思う。今日の物質主義的観点からわれわれは、患者の治癒というものを物的処置（例：食べさせすぎ）に対する肉体的反応という風に解する。しかし「食べさせすぎ」そのものがヒステリーをなおすのではない。食物を与えるということは子どもにとっては愛のしるしである。それゆえ、たっぷり食べさせることにはたまたま心理的効果があるのである。W・M療法の成功は心理的要因に左右されることを認める限り、われわれとしてはおとなとしての関心と快楽を患者からとりあげることによって、患者に何かを強制したからだと考えたくなる。しかし私はこれとは反対に考えることもできそうに思う。W・M療法は患者の無意識的な赤ん坊的部分が限りない甘え（したがって再確認）を味わえるようにしてやる方法ではないか、と。つまり暖かい保育的環境を回復することである。おとなにとってこういう方法は賛成できないという意見があっても、それは深い根拠があるわけでもなく、重視すべきほどの意見でもない。強制的におとなの気持を捨てさせることによって、おとなとしての欲求・願望が強化されてくるのは事実である。患者の病気を真面目にとりあげたがゆえに、W・M療法は患者の信頼感をかちとれたのだし、「本当にこれが(病気)あなたの求めているものですか」という問を（ことばは使わなくてもきわめて効果的に）患者になげかけることができたのである。関心と興味をむけることによって、擬人的にいえば、患者の乳児我（Baby-Self）が満足したので、患者は母の膝からおりて再び自分で遊べるようになったのである。もっとも成人我（Adult-Selt）は「いや、そんなことはない」と心底から答えるかもしれない。病気への欲求がある場合は、同種療法やクリスチャン・サイエンスのような親切心にあふれた心理療法的方法で対するのがよい。ただし親切心といっても退行的、幼児的願望にのみ親切心を出すのである。この段階でひとたび信頼感が得られると、世話されたい欲求も緩和され、ごく自然で魅力あるおとなの生活がとりもどされるのである。

病理的甘えとノーマルな甘え

病気の共通因子は親の愛に準ずるものを求める退行的心理であると私はいいたい。つまり幼児的な自信のなさを表現しているわけである。したがって患者を拒否する、馬鹿にする、無視するなどは何れもこの不安を増強し、病気になりたい気持を高めるだけである。病気になりたいこの欲求をいろんな方法で阻止できるかもしれないが、退行的（幼児的あるいは逃避的）傾向を一切阻止するのは、努力しても望みがない。心理的依存性というのはどんな種類のものであれ、誰にでもある性格特性である。たとえそれが人気を博したいとか、力を得たいというかたちのものであってもである。この依存性が人に世話されたいという幼児的形態をとる場合が問題なので、そのときは同情心をもって親類や治療者が接してやらねばならない。同種療法のしているように、作為的症状を真面目に心をこめてうけとめてやることが、患者の求めている激励を与えることになるのである。孤立感（神経症的孤独感）はクリスチャン・サイエンス的妄想や、親愛の情にあふれた助言、あるいは恵まれた環境を与えることなどで緩和するかもしれない。しかし孤立感がいやされるのは、患者が自分の状態を洞察し、かつおとなの生活に伴う義務や特権をうけ入れたときである。ただしこの洞察は批判的な訓戒を与えれば出てくるものではなく、心を開いた親密な話し合いを通して出てくるものである。自己洞察にむかって患者をはげまさなければならない。また、ほかの人間との仲間関係についても同時に気づくように仕向けなければならない。これは事実である。

「治療教団」の普及と成功は結局、愛への欲求が広く誰にでもあることを示唆していると私は思う。この愛への欲求はわれわれの心理的離乳方法の帰結であり、やさしさのタブーとも関連している。神経症的疾患にみられる愛への欲求と、神経症的ではあるが健全性のある人にみられる愛の否認とは、いわば同じもので、ただ母に愛を拒否された場合の反応の仕方が正反対だということである。愛を拒否する母とは、自分自身が愛に飢えているために、幼児と気持を通いあわせることができず、したがって幼児との間にやさしさのある関係を時に応じて徐々に樹立できない母のことである。あるいは自分の愛の感情を抑圧したために、赤ん坊の正当な要求に応じ得ず、その結果時期早尚な拒否をぶっきら棒にしてしまう母のことである。何れにせよ病気への欲求は子どもが母を求めて泣くかわりのものである。つまり病気になりたい欲求の中には、愛への欲求の強大さを示したい気持がうかがわれるし、肉体的欲求とは別物であることを示したい気持もあると思われる。結局、もし病気に心因的要素がひそむとすれば、その重さと発生率はどちらかといえば富者よりも貧者の方が少ない。

第11章　精神病理学

基本的観点

現代心理学発生の地は精神病理学である。心というものを実体ある生きものとして概念化できたのも、この精神病理学の分野がまず最初であった。したがって今でも絶えず発展・修正・分裂を続けているこの精神病理学の観点が、心理学に重大な影響を与えることになるのである。しかしこの精神病理現象を心理学的に解明する前に、そしてまたこの精神病理現象を異常な生育歴に対する反応の仕方がまちがったためのものであると考えるよりも前に、まずわれわれのしなければならぬことがある。それはあらゆる精神疾患は、ただ脳障害に起因するだけだという今でも支配的な誤認を何とかすることである。もし精神疾患が脳障害に起因するものならば、精神疾患を単なる不適応現象（心因性）とだけ解するのもおかしな話である。さて、ここから以下の文は雑誌『補導』（Probation）の編集者の快諾を得て、当誌の論文の一部を転載したものである。

脳障害を伴わない精神疾患

科学的医学の進歩のおかげで、行動障害は肉体的疾患が原因でおこりうることがわかってきた。しかし不幸なことに、医師たちはこの考えを過度に信奉しすぎたきらいがある。つまり彼らは〈すべての〉病理的行動は栄養不足・飲酒過度・外傷・脳の発育異常・脳と関連した神経系統の異常などに起因するのだと、短絡的な結論を出したのである。
精神異常に関するこのような肉体主義的観点は、シャルコーの時代まで医学界では大勢を占めていた。シャルコーは、当時ヒステリーと称されていた病気は観念（ideas）がもとでおこるらしいといい出したのである。間もなくわかったことは、この病気は医師の気持一つで症状をつくることも、消すことも、変えることもできるということであった。またときには患者の都合にあわせて、そうすることもできるということであった。こういう事実が出てくると、この病気の真の原因は何らかの脳障害であると信ずることができなくなった。たとえば戦争神経症としての盲目では、あるときには目がみえないが次の瞬間には目がみえるということである。また患者が、今から麻痺するよと暗示をかけられると麻痺状態になるというのも例の一つである。このような症状が脳細胞の障害に起因しているとは考えられないのである。

したがってわかったことは、脳の障害がなくても心すなわち脳の機能が何らかのかたちで狂うことがあり得るということである。そこで「機能性精神障害」ということばが導入されたのである。ただし最初のうちはこのことばは、われわれの理解の不十分さをごまかすのに役立つことばとして用いられた感がある。おかしな理論だが、心すなわち脳の機能が病気だとすれば、それにつれて脳そのものも狂っているにちがいないという考えがある。この考えは今でもある。心の動きの一つ一つ、あるいは心の特徴の一つ一つには、それに対応する脳の機能過程があるという考えは、もちろん科学者に広く受け入れられてはいる。それゆえに、病気が一つあればそれに対応してもう一つほかにも病気があるという雑な議論が成り立つのである。

しかしこの議論は、病気ということばのもつ二つの意味をめぐっての遊戯にすぎない。器質的疾患に対比させて行為疾患とか行為病とでも呼びたいところである。しかしこれは類似的対比にはならない。欺瞞的類似といった方がよい。

心あるいは行為にはいずれも特殊性があるので、それに応じた脳過程があるはずである。たとえば、思考と活動が結合した「英語を話す」という形態と、「フランス語を話す」という形態とはその背後にある脳過程がちがう。英語を話すか、フランス語を話すかは脳の素質・脳の栄養の工合・脳の損傷の工合・脳の中毒その他何であれ脳の状態に左右されるものではない。そんなことをいう人はまずいない。したがってはっきりしていることはこうである。脳それ自身は病気でなくても多様性を帯びている。それゆえに心も脳の病気がなくても多様性を帯びている、と。さて、ここでおこってくる問は、われわれが精神疾患と呼んでいる状態の中には、生育歴に左右されている部分があるかないかである。たとえばことば遣いさえ生育歴に左右されている。われわれが精神疾患と称している行為障害の中には、過去の経験に由来しているものがあるかもしれない。その可能性をわれわれは無視することはできない。しかもその過去の経験というのは、患者が脳に何らかの損傷を受けない状態で味わった体験のことである。こういう推論に立つ限り、生理学的に健全な脳にも精神疾患はおこり得るということになる。

子どもに盗みを教えたとしよう。さて、盗みは悪いか、悪くないか。少なくとも盗みは異常な行為である。子どもにおばけをこわがるように教え込むこともできる。しかしおばけはいない。いや少なくともたいていの人にはおばけの経験はない。したがってその子どもはおばけを想像するだけである。つまり経験に反することを信じ、後年子どもが教わる本当のこと、理にかなったこととは反対のことを信ずるのである。子どもはおばけの存在を信じなくても、おばけを恐れるのである。すなわち、これはわれわれが精神的症状と称するものに近づきつつあるのである。ここでは子どもの信じていることと感じていることとの間に、一貫性が欠如している。その時の子どもの脳の偏僻は子どもの経験によって決定的に左右される。脳の健康を損うような伝染病やその他の原因があるわけではない。

ある種の育児法は子どもの無気力や他者に対する批判的、非同情的態度を育成することになるかもしれない。あるいは恥ずかしがり、神経質、引込み思案、孤立などを招くかもしれない。またそういう子どもはものに興味を失って教養の乏しい人間になるかもしれぬ。防御機制として疑い深い、おこりっぽい、憎悪の人になるかもしれない。

この状態が増大してくるとこうなる。疑い深いために孤立する。そのために精神活動が貧困になる。この悪循環をくり返すことになる。ときおりおこる小さいけれども現実的には心にこたえる冷遇・不運・依怙贔屓《えこひいき》が、今や青年期に達したこの人間に、人生は敵意と軽蔑に満ちたものであるという人生観をいだかせるようになる。そこでこの青年は自分が想像したに過ぎぬこの敵意と軽蔑に敵対行為をとるようになる。しかもどんなささいな、どんな偶発的な不遇・不幸に対しても、これを最高度に悪意に解し、憎悪をもって反応する。そして自分の不幸を一切人のせいにするのである。

平たくいうと、結局今ここでわれわれが論じているのは、性格のゆがみのことである。性格のゆがみは満開して精神障害になることもあり得る。性格のゆがみは患者の脳が病気や栄養不良とかにならなくてもおこり得るものである。これもはっきりしている。つまり性格のゆがみは、社会性の正常な成長過程がたまたま失敗するとおこるものである。換言すれば、性格のゆがみとは本来、当人とその仲間との間の人間関係の障害に由来したものにすぎない。仲間との人間関係の障害は、脳の損傷をもたらすほどではないが、日常生活それも当人の意に反するような日常生活が原因でおこるものである。

脳が影響をうけていることはたしかだ。それは人からうけた軽蔑の記憶や、それまでもち続けた猜疑心が心の中にうっ積した結果、それがどういうふうにしてか想像はつかないが、とにかく脳に焼きついてしまうというかたちで脳も影響をうけるのである。しかし話のポイントは何か伝染病とかその他脳の病気のために脳に焼きついたのではないことである。たまたま周囲との関係が異常だったために、すなわち経験が異常だったために、そうなってしまったのである。

このような外傷的記憶がどのようにして脳に蓄積されるようになったのか、想像のしようもないと私は先ほどいった。心理学者とすればどうしてそうなったのか想像したり考えたりする必要はない。仮にそこに何か発見してもわれわれとすれば大して希望はもたない。死の瞬間、記憶の糸は自己分解して脳から払拭される。それゆえ死者の脳を研究しても、たとえそれが目くそ鼻くそを笑う類のものであっても、生前の脳の内容を知る手がかりにはならない。したがって記憶の生理学は封印した本のようにいつまでたっても人間の知識にはならないように思われる。しかし運よく精神病理学者は、脳細胞の研究というような期待のもてないことをしないでも、精神疾患の理解を深め得ると考えている。ただしそれは記憶の糸が何らかのかたちで精神障害にもある、という純粋に形而上学的な議論に立っての話である。精神病理学は一方では患者の行動や感情を解明しつつ、他方では患者の生育歴を調べる。そして患者の現在のありのままの行動や感情を生育歴の面から解釈する。そして解釈する際には生育歴がどのように脳の中にしまわれていたかについては考慮しない。英語を話す人間は英語を話す人間の中で育てられたというのはたやすい。しかし泥棒は泥棒の中で育てられたということになると、そう簡単にはいえない。ヒステリー患者はヒステリー患者の中で育てられたかというと全くそうはいえない。大まかにいってたしかにこういうことはあり得ないことだ。しかし育児の際にはそれとはわからないある要因があって、それが患者に後年ひどく影響を残すことがだんだんわかりはじめてきた。そして患者の行動に病的特徴を残すこともわかってきた。換言すれば、患者の精神障害はある特殊な異常性をもった育児体験に由来すると説明ができるようになってきた。

心因性精神疾患の存在が仮定できそうなので、その特徴を生み出す条件を吟味しなければならない。というのは心因性精神疾患のどの部分が愛の欠乏や愛の渇望に原因しているかを発見するためである。精神異常というものが発達過程や社会化というストレスにどう結びついているか。愛と憎しみの特質・目標・起源に、精神異常の顕現形態の研究はどんなメスを入れるか。

精神障害の最も決定的な、そして重要な症状とは次のようなものである。

(a)　〈他者への興味の喪失〉　あるいはそれが変形して恥ずかしがり・引込み思案・猜疑心・反感。

(b)　〈もの・出来事・趣味・教養に対する興味の喪失〉

(a)と(b)は密接な相互関連性がある。両方ともわれわれが「痴呆」(dementia) と称しているものを生み出す。もう少し軽度だと無感動・無感情となる。

(c)　〈自己卑下〉　慢性の憂うつ状態（恥ずかしがり、罪障感などの劣等感）

(d)　〈自己の過大評価〉　一般的にいって興奮状態にいるか、得意然としている（有頂天・支配的・から威張り）。

(e)　〈とり越し苦労〉　肉体的機能に関することが多い（例：ヒポコンデリー）。

(f)　〈絶望感・悲観〉　関心事すべてが憂うつ。(a)(b)(c)に通じるものがある。

(g) 〈怒り〉 無意識的のこともあるし、実際にあらわに表現することもある。他者への猜疑心（たぶん、妄想的なもの）あるいは攻撃性となって表出することが多い。

(h) 〈退行性〉 依存性その他幼児的特徴への逆もどり。

器質的症状と心因性症状の相異

以上の症状はすべて（よくみると(e)ですら）患者の対人関係つまり社会的環境との関係に、何らかの関連性をもっていることがわかる。以上の症状は独居動物には見当らない。というのはこれらの症状は、社会的な親愛感が損なわれていることにほかならないからである。社会性の障害のほかにも各自の知・行・情の機能に影響を与える症状がたくさんある。すでに明らかにしたように、これらの症状の原因は、(a)病気、欠陥、栄養不良、脳中毒か、でなければ(b)心理的葛藤（心因性葛藤）、すなわち相容れない二つの欲求（そのうちの一つはたいてい社会的なもの、すなわち超自我である）が互いに表出を競い合うかの何れかである。前者（すなわち器質性症状）は識別しやすいのがふつうである。というのは器質性症状の場合には、幻想、混乱（精神錯乱）、記憶喪失、やがては支離滅裂にいたるような注意力の欠損、さらには無感動・無感覚にいたるほどの興味の喪失など、機能の破滅あるいは機能の故障が発見されるから見分けやすいのである。そしてこの場合は症状に意味もなければ、症状と環境とのかかわり合いもない。あるいは患者の人生や目的にも関係がない。一時的にせよ最終的にせよこれらの症状は、心の崩壊の現われである。われわれはこのような症状には関心がない。しかし、もう一つの心因性症状の場合は、症状発生にそれ相応の理由があり、患者の人生とも関係があり（たぶん、無意識的に）、社会的目的にもつながりがある。たとえば誤認（例：体の感覚）・記憶障害・注意散漫（注意集中力欠如）・憂うつ状態・躁状態・強迫行為・強迫観念などがそれである。心因性症状の場合は心が分解して混沌・無政府状態・鈍麻になることはない。そうではなくて、明確な理想や目的がいくつかあってそれが互いに葛藤をおこしている。その現われが心因性症状だといえる。そこにはある建設的な目標と、かくされた目標達成の方法がある。それを発見するのが精神病理学の任務である。

前述の症状は相互に無限の組合わせがあるから、そっくり同じケースが二つあることはまずない。精神疾患はある個性の表現形態であり、患者のユニークな生育歴の表現である。間もなく私が指摘するように、精神疾患はいずれにせよ社会・文化的環境への一つの反応様式である。それゆえまず第一に、精神疾患と性格異常とは度合いの相異でしかない。また精神的健全性と精神疾患とは境界線がはっきりしていない。もっとも下記のような境界線がぼつぼつ出てきた。

各個人の社会的感情・関心・気質などがあまり個性的になりすぎると、他者との調和的な心理的協力ができなくなる。そうなると深い変化がおこる。それも突発的におこることがある。この社会的危機をわれわれは「疎外」と呼んでいる。あたかも対象との均衡がこわれて新しい均衡状態をとりなおそうとするようなものである。さらに類推すれば、仮に対象がまっすぐに立っている円筒だとした場合、もしそれがひっくり返ったとすると均衡を失って、容易にころげ出すであろう。ちょうどそれと同じように、一つの心は他の心と絶えず密接に相互に関連しあって、初めて存在している。それゆえ人間関係の障害は、ころげ出した円筒と同じで、関係者一同を悪循環的にとり替えることになりがちである。他者との接触が失われると、修正・補償・防御・反抗など二次的症状がたくさん出てくる。そして患者の悩みは比較的最近になって突然はっきりしてきたような幻想を第三者にもたせてしまう。ところが実際は、遠い過去の人間関係（愛と関心）の欠陥が生み出した感情が、多くの障害や苦悩の原因なのである。社会性の喪失はすべて、社会的現実に相容れない反応をおこすことになる。それがかえって自分自身にはね返ってくる。その結果、反抗する。すると反発され誤解される。こうして悪循環をくり返すようになる。そうなると患者は自分の考えにはさほど疎外感はもたないが、他者から感情的に追放されるために疎外感を味わうようになる。たとえ無意識的にせよ孤立したいと思う患者はいたためしがない。無理に孤立させられているのである。

精神障害は基本的には社会的感情と心理適応の異常にすぎない。このことをわれわれは知らねばならない。社会的感情や心的適応の異常とは、それが社会の許容度を越えるか、患者の許容度を越えるかすることである。精神異常が近年増大しているといわれているが、それは今日の社会・経済機構の苛酷な要求と非寛容性が増大していることの指標にすぎない。国民の精神的安定感が低下したわけではない。精神力低下あるいは神経衰弱といわれるものは、幼少期からずっと続いてきた社会的緊張感が絶頂に達したものにすぎない。神経衰弱のあとに続いておこる再適応、あるいは不適応という二次的結果はふつう病気そのものよりも目立ちやすい。精神疾患を語るには比喩的にしかできないが、肉体器官が細菌感染した場合と精神疾患とは、その特質や原因に共通性がない。

精神疾患の研究方法

いわゆる精神疾患は社会性発達の失敗か、ゆがみであるから、論理的にいえば、本来教師か牧師の守備範囲に入るべきである。しかし種々の条件を詳しく吟味して組み合わせたり、特に脳障害からくる症状と心理・社会的障害からくる症状との識別ができなかったために、精神疾患の研究と治療は医師の手にゆだねられることになった。われわれの物質主義的教育と偏見のために、心理学的医学の出現をほとんど一世紀も遅らせてしまった。しかし一方では精神異常に関する医学的概念は多くの偏見を排し、主体としての患者を研究する道を開いた。われわれの研究法のあやまりは今でも科学的研究法にある。科学的研究法とは、伝統的な理論や方法を比較的配慮せず、善悪的倫理観にも関心をもたず、ちょうど教会がかつて無視してかえりみなかった方法を用いて、異常行動を研究することであった。

しかし、避難場所にかくれたままで社会化に失敗した人間の研究は、一世紀を経ても、ただ症状群の分類的記述の域を出なかった。また精神疾患の無限の多様性（前述したように明確化しにくい病気だということにもなる）を認識したていどであった。すべての「気違い」の解明法を発見する手がかりをつかむには、軽度の障害者（例：ヒステリー、神経衰弱）を研究することである。しかしそこで得られた精神病理学的理論を、それより重症の精神障害に適用するのははなはだ心もとない話である。それは重症患者は比較的なおりにくいというだけでなく、前述したように精神「病」との間にはっきりした境界線がないからである。状態が猩紅熱・胃潰瘍・盲腸炎などであれば、それぞれに共通した原因を発見するために、比較可能なケースをまとめて研究材料に供することができる。しかし精神疾患の場合はこんなにうまく病気ごとにわけられない。精神疾患は研究すればするほど、相互につながりあっていることがはっきりしてくる。過去のある偉大な精神科医は、精神疾患はただ一つしかないといい切った。これは、無限に資料をあつめているうちに、従来の分類法では間に合わなくなった自然科学者の絶望感に似ている。しかしこれは半面の真理でもある。すべての精神疾患は相互に関連しあっている。それは社会的適応不振に対する反応の仕方がちがうだけだからである。代表的な精神疾患では症例と症例の間の相異は微々たるものである。したがって症例が連続性を帯びてつながっているので、すべての精神疾患は相互に連結し合っているといえる。

ところがある症状は偶然性が原因とは考えられないほどの頻度数で、他の症状と一緒に症状群をなして生起する傾向がある。これは一般的にみとめられているところである。これら典型的な状況が一定の頻度と一貫性をもっておこるので、それを核概念として用いることができる。類似例を用いればこの中心問題がもっとはっきりする。すなわち、多くの銃身を一つの標的に向けて位置を固定し、何回となく射撃するとする。ねらいは標的の表面に万遍となく弾をあてることである。標的は弾痕で一杯になるであろうが、規則正しくはならない。しかし標的全体に弾が万遍なく散らばっているというよりは、中心点にやや弾痕が集中しているであろう。この核ともいうべき集中弾痕から標的の中心点を推量できるであろう。同じように典型的な疾病形態あるいは精神医学の核概念から、精神疾患の原因を推論し識別することができるかもしれない。

精神疾患の核概念

ここで核概念を簡単に列挙し、その特徴を挙げたい。ただし、概念相互の相異と関連性は後でもっと詳細に検討せねばならぬ。このことは中間概念についても同じである。

(a) ＜早発性痴呆（Dementia Precox）または精神分裂病（Schizophrenia）＞ これの基本的特徴は、人への興味がなくなり、幻想の世界に転ずることである。したがって結局、社会化の欠如と趣味・教養や文化的水準の欠如が現われる。知的なものはこの場合あまり関心はないが、これをわれわれは痴呆と称している。すなわちそこにあるのは常識の喪失・感情の喪失・興味の喪失・人生目標の喪失などである。その結果、注意散漫・無関心・思考と言語の愚にもつかない混同がおこる。この患者にとっては気になるものは一つもない。思考と行動の一貫性がない（注意散漫）。

(b) ＜憂うつ症（Melancholia）＞ これの本質は、生きるよろこびがなくなり、人生の価値が感じられなくなる、そういう憂うつ状態のことである。重症になると罪障感の妄想にとりつかれ、自分は値打ちのない人間だという思いが高まってくる。これはよくあることである。憂うつ状態が転じて、短期あるいは長期の陽気な状態になることがよくあるので、躁状態はその反対のうつ状態につながっている。これを躁うつ病（感情の輪という意味）と名づけている。

(c)　＜妄想症または誇大妄想狂（Paranoia or Systematized Delusional Insanity）＞　これは論理的、知的能力と共にパーソナリティの発現力が残っているのが特徴である。この患者は極度に自分本位の人生観をもち、それに応じて次のような妄想を発達させる。(a)自分は偉大であり重要人物であり、有能であり、魅力的である。(b)他人は嫉妬深くてずるく、自分の権利を剥奪しようとする。(c)自分と異性との間に理想的な愛の関係が存在する。

脳障害者と老衰患者を除けば、精神病院の入院患者の大部分は、前記三つの状態の人たちで占められている。また自分を完全に疎外はしていないので、精神病院にきていない無数の不幸な人たちも、以上三つの状態の人たちで占められている。この人たちは次に分類する人たち（神経症）と区別するために「精神病」と呼ばれている。もっとも、両者の相異はあいまいで若干便宜的な感がある。

(d)　＜強迫神経症（Obsessional Neurosis）＞　これは多くのケースを総括している。すなわち、思考の強迫・言語表現の強迫（軽度のものはよくあることで、比較的害にはならぬ）、恐怖の強迫（恐怖症phobias）、その他不快感をもよおす観念の強迫などすべてを含んでいる。この状態は患者をはなはだしく妨害し不便にする。患者の意志を麻痺状態にさえする。

(e)　＜ヒステリー（Hysteria）＞　これは社会的環境をゆさぶるほどの影響力をもつ病気である。基本的には自己誇示的、見え坊的である。これは患者の無意識的な願望・嫌悪・不安（困難か不快をのがれたいというところからくる）・葛藤の妥協などの表現か、然らずんば抑圧観念の表出かの何れかである。ヒステリーはあまりにも多様性に富んでいるので（分裂病よりもっと多様性がある)、ここで簡単に述べるわけにはいかない。しかしヒステリーがもし病気でないとすれば、その一般的特徴は無能力が顕著な点である。それゆえにヒステリーは依存性を生み、人間の関心を集めようとする。

(f) 〈不安神経症 (Anxiety Neurosis)〉 これはヒステリーとは非常に対照的である。もっとも不安とヒステリーの中間形態がある。不安神経症そのものは特にこれといったものを恐れているわけではない(これは恐怖症との相異である。ただし両者には明瞭な識別があるわけではない)。患者は自分が何を恐れているのか知らない。患者は漠然とした不安・頼りなさ、またときとしてじっとしておれない気持をもつ。そのとき恐怖の肉体症状が非常に顕著に出る(この分類は最もありふれた、そして最もつかみやすい症状群をその内容としており、性的不安や非行は除外している)。

伝統的分類法の補足説明

以上は普通よくある典型的な精神障害を記述し分類したもので、これは広く受け入れられている。大まかに重症の順に並べてあるのも便利な点である。重症とは病気が患者の性格あるいは社会性をおかしているという意味である。分裂病の場合は患者の性格や社会性は全く喪失し、患者は「くだらない、下等な錯乱状態」になっている。そして全く社会的環境から孤立している。憂うつ症の場合でも同じように孤立感が極端となり、患者は反応できなくなる。自分ではその孤立感に気づいており、感情の限りをつくしてそれを悔んでいるのだが。この病気には完全な休止期間がある。したがって社会性が分裂病のように完全に喪失したとか、妄想症のようにゆがんでいるとは想像できないのである。妄想症は社会の敵になりやすい——すなわち、反社会性・不信・極端な利己主義・から威張り(仲間よりずっとえらい格好をする)、被害妄想(人を皆敵にしてしまう）のためである。

分裂病、躁うつ病、妄想症の三つとは対照的な、いわゆる神経症者は、入院して統制下におかれなければならないほどおかされてはいない。たとえば強迫症者は自分の観念を知っておりそれを嘆いている。ヒステリー患者は温厚で（意識的には）、人の助けを求めているのが普通である。ただしその苦悩は精神的なものではなく、肉体的なものだと信じていることが多い。不安神経症者は強迫症者や恐怖症者と同じように、自分の病気の「バカらしさ」を認識している。われわれは彼のことを、その苦悩を別にして、正常な社会人仲間と感じている。彼のパーソナリティはずっともとのままであるとわれわれはいいたい。

以上の分類はたしかに気の利いた利用価値のあるものだと思う。そして精神分析者は、これらの相異なる病気は何れも、リビドーがある発達段階に定着したために生じていることを示すもっともらしい理論をもっている。しかし私はここで要請したいことがある。それは以上の分類を、症状群相互の違いよりもむしろ相互の類似性を強調して、再調整してほしいことである。これは今われわれが試みつつある観点からすると、非常に重要なことのように思われる。再分類をする専門的な理由を、十分ここで論ずることはできないが、少なくとも二点だけは素人の読者にもわかってもらえるであろう。まず第一は、憂うつ症者は間隔をおいて社会的、文化的能力の最高段階にまで達することである。もしわれわれが、この患者は幼児的なレベルに定着していると考えるならば、彼が社会的、文化的最高段階にまで達するということは全く理解できないことである。第二に、ヒステリー患者は温厚で知性的ではあるが、憂うつ症者に比べるとあまり協力的ではなく、良心的でもない。しかし憂うつ症者は精神病理学のこの「伝統的な」分類にしたがえば、ヒステリー患者のはるか下位に位置づけられている。

精神疾患に意図があることは（疾病利得）、まずヒステリー（フロイドのいう）をみればわかる。その意図があまりあらわすぎるので、仮病と勘違いされることがある。疾病の意図あるいは疾病による利得には、患者の性格やおかれている状況によって、無限の多様性があることはいうまでもない。しかし概していえば、疾病は患者を苦境・不快・責任などから解放してくれる。つまり疾病のおかげで患者は、安定感・自由・依存的であった幼少期の安楽などをとりもどすのである。疾病は幼少期に剥奪されたもの、すなわち関心・同情・保護を患者に与えもどしてくれる。

一方、憂うつ症ほど心を重くする病気はない。憂うつ症の特徴は完全なフラストレーション・深い絶望感・他者からの孤立（孤独）、その結果としての関心の喪失——最高の倦怠感——である。一時的に陽気なときでもその中に不安がある。ちょうど子どもが数分間あそびに逃避するのと多くの面で似ている。憂うつ症者は、大言壮語する尊大な妄想症者とは似ても似つかない。憂うつ症者が、最終的には精神錯乱に陥り、抑制や義務感から解放されて幼児的な自己満足にひたるということはまずありそうにはない。しかし分類によれば憂うつ症は分裂病と妄想症の中間に位置している。

もし憂うつ症を分類リストから削除して、ヒステリーをその代わりに入れると、分類が著しく変化する。つまりこの新しい分類表の最初の三つの症状群がまず圧倒的に示しているのは幼児的目標である（つまり精神病質人格あるいは社会的不適応者）。分裂病者も苦悶のあげく幼少期にもどる。ヒステリー患者は幼少期にもどるかわりに自分の病気を受け入れる。一方、妄想症者は普通子どもが親のものだと思っている無限の権力と無責任な特権を手に入れる。以上を全体的にみればこれらの症状群は、種々さまざまな幼児的願望の表現であり、幼児的願望が拒否されたためにおこる反抗（反社会的）

の現われであるといえる。

さて先ほど削除した憂うつ症を含むもう一つの分類群をみると、そこには一貫した同質性がうかがわれる。すなわち、幼児的願望や社会的欲求不満に対する反抗のかわりに、主たる症状として自己欲求不満がみうけられる。憂うつ症・強迫神経症・不安神経症をひとまとめにして考えると、この三つの病気の主要特徴は、憂うつ・不快・活動や能力の停滞状態・葛藤である。次の表は各症状群の一般特性（すなわち同質性）を粗描し、両症状群の一般的相異を明らかにするものである。

二つの症状群の比較

精神疾患に関する二つの仮説的グループの特徴を、特に疾患の意図および要求不満の症状について、考察し比較したいと思う。

初期の分裂病や妄想症には欲求不満が多いのは事実であるが、第二のグループすなわち欲求不満の症状群に属する患者は、分裂病や妄想症よりももっと不幸だと思う。その代わりもっと洞察力もあり、治癒傾向も高いと思う。第二のグループは第一のグループよりも性格の成熟度が高く、意図をもった精神疾患(第一のグループ)よりも、ものへの関心がもっと発達していることである。第二のグループは自殺というかたちで自分をこの世から除外する。しかし第一のグループとちがい、社会生活との接触を絶って悦に入ることはない。したがって精神錯乱・病気・猜疑心・から威張りの世界に漂うことがない。自殺の大部分、自然治癒の大部分はこの第二の症状群である。欲求不満の症状群が三つあるが、それら相互の類似点は数多く、かつ、きわ立っているだけでなく、心の一番重要な機能——すなわち、感情・関心・社会的態度——の何れにも関係している（この症状群にはセックスはさほどからんではいない。ただし、うつ状態のため一般的にいってセックスは抑制されている）。

（第1のグループ） 願望・意図を秘めた症状群	（第2のグループ） 自己欲求不満に基づく症状群
子どもの羨望する3つ(乃至4つ)の役割に該当。しかし多様性に富む。	禁止、不安、罪障感、憂うつ。
自己満足あり。批判的あるいは効果的洞察力に欠ける。 病気の存在を否定しつつも、その病気を楽しむ風あり。	憂うつ、禁止、不安あり。ゆえにうつうつとして楽しまず。もっともらしい疾病利得なし。疾病利得の存在を認めつつもこれを悩む。
痴呆の傾向あり。病弱にして疎外感あり。社会性を放棄す。 慢性の心理的未成熟または退化あり。	社会性の発達とその持続あり。自然治癒の傾向あり。 性格の成熟度あり。痴呆傾向なし。
治癒率低し。	治癒率高し。
自殺少なし。	自殺多し。
人への関心にゆがみあり。 ものへの関心（文化的興味）発達不全。	正常な感情転移の形成たやすし。 正常な文化的教養高し。 心の交流あり。
突飛な行動、非協力的行動、反社会的行動の何れかあり。	罪障感つよく、超良心的。
性的関心に安定性なし。	性的関心正常。但し抑制あり。
表面的にのみ協力的。但し抑制なし。	協力的。但しよくみると抑制的。

（訳者付記）

精神分裂病・妄想症・ヒステリー・躁病	憂うつ症・不安神経症・強迫神経症

この分類法をここで臨床的に細かく検討することはできない。しかし、どちらかといえば大胆に二分法を用いたので、ある重要な事実がクローズアップしてきた。前述したように、精神疾患の分類のむつかしさは、一つの症状群と他の症状群との間に連続性があるので、この両者の中間形態が数多くあるということである。こういうわけであるから、診断はきわめて気まぐれ的になり、診断の不一致も日常茶飯事となる。各症例には連続的多様性がある。しかも一つの同じ症例が変貌することすらある。しかしこの事実こそが、ここで私が提起した二分法の分類（意図症状群と欲求不満症状群）の妥当性を証明する証拠資料のように思われる。診断を困難ならしめている各症状同士の連続性というのは、私の提案した分類法だと、隣合せの病気同士の間にあるわけである。それゆえ、欲求不満グループの各症状は一つ一つが、その対抗グループたる意図グループの片われのようなものである。もし躁病を意図グループ（あるいは願望グループといってもよい）の第四位においたならば、それの対抗メンバーたる憂うつ症との関係が出てくることはいうまでもない。したがって、私の分類法は核概念でできあがっているというよりは、一連の流れであるといった方がよい。

二つの核概念の間にある最も顕著な連続性は、精神分裂病と妄想症の連続性である。相互関連性の強いこの二つの疾病は、多くの点で社会的態度の型をはっきり示している。すなわち精神分裂病は自己満足的、幼児的幻想に退行し、妄想症は底なしの野望と激しい攻撃性をもってこの現実世界を歩む。しかし旧分類法ではこの二つの疾病の間に憂うつ症をおいている。憂うつ症は分裂病と妄想症がなじみの深いほどには、その何れともあまりなじみがない。旧分類法では、ヒステリーは分裂病や妄想症とはずっとかけ離れたものとして扱われている。たしかにその通りで、ヒステリーは別のカテゴリー（つまり神経症）に入れられている。それゆえヒステリーは精神病ではない。しかし、ヒステリーと分裂病を仲介するものとして、中間にいくつかの疾病群がある。ただし実際は診断が非常にむつかしい。ヒステリーと妄想症の中間に色情狂がくる。色情狂はヒステリーにも妄想症にも何れにも分類できる。中間的疾患ということになると、ヒステリーは分裂病と妄想症の陣営に属するが、憂うつ症はさに非ずである。

欲求不満グループの同質性も同じように、中間的疾患というかたちで実証できる。それはこうである。憂うつ症には症状が一つある。情緒遅滞である。これは強迫神経症に通じるものである。（旧分類法では憂うつ症は強迫神経症からは大きくかけ離れていた。）憂うつ症はほかにも不安という症状がある。極端な例では「揺れのはげしい憂うつ症」となって現われる。これは多くの点で不安神経症の状態と同じである。ところが不安神経症は強迫神経症と密接な関係をもっている。恐怖症がちょうど両者の中間状態である。

願望症状群（訳注：前出、意図グループあるいは意図症状群と同じ）と欲求不満症状群の中間に病的状態が介在するのはいうまでもない。たとえば不安ヒステリーがそうである。さらに強迫神経症は妄想症や初期の早発性痴呆（緊張病）と密接な関係がある。だからといってこれは今ここで私が提案している分類法の妥当性を否定しているわけではない。むしろこのことは、強迫神経症と分裂病を大きく区別した旧分類法に強く反対することになる。願望症状群と欲求不満症状群の間に連続性中間症状群が介在することは認めるが、これは同じ症状群の中での各症状相互の関連性ほどには顕著ではない。群と群との関連性は、中間症状群を通してではなく、同じ一つの事例におこる変化・変貌をみればわかる。たとえば躁うつ期の事例がそうであるし、緊張病が激しく強迫的に生起したあとで痴呆状態に陥る事例もそうである。

精神神経的障害の典型的諸形態の臨床的相互関連性を空間的接近度で表わした図

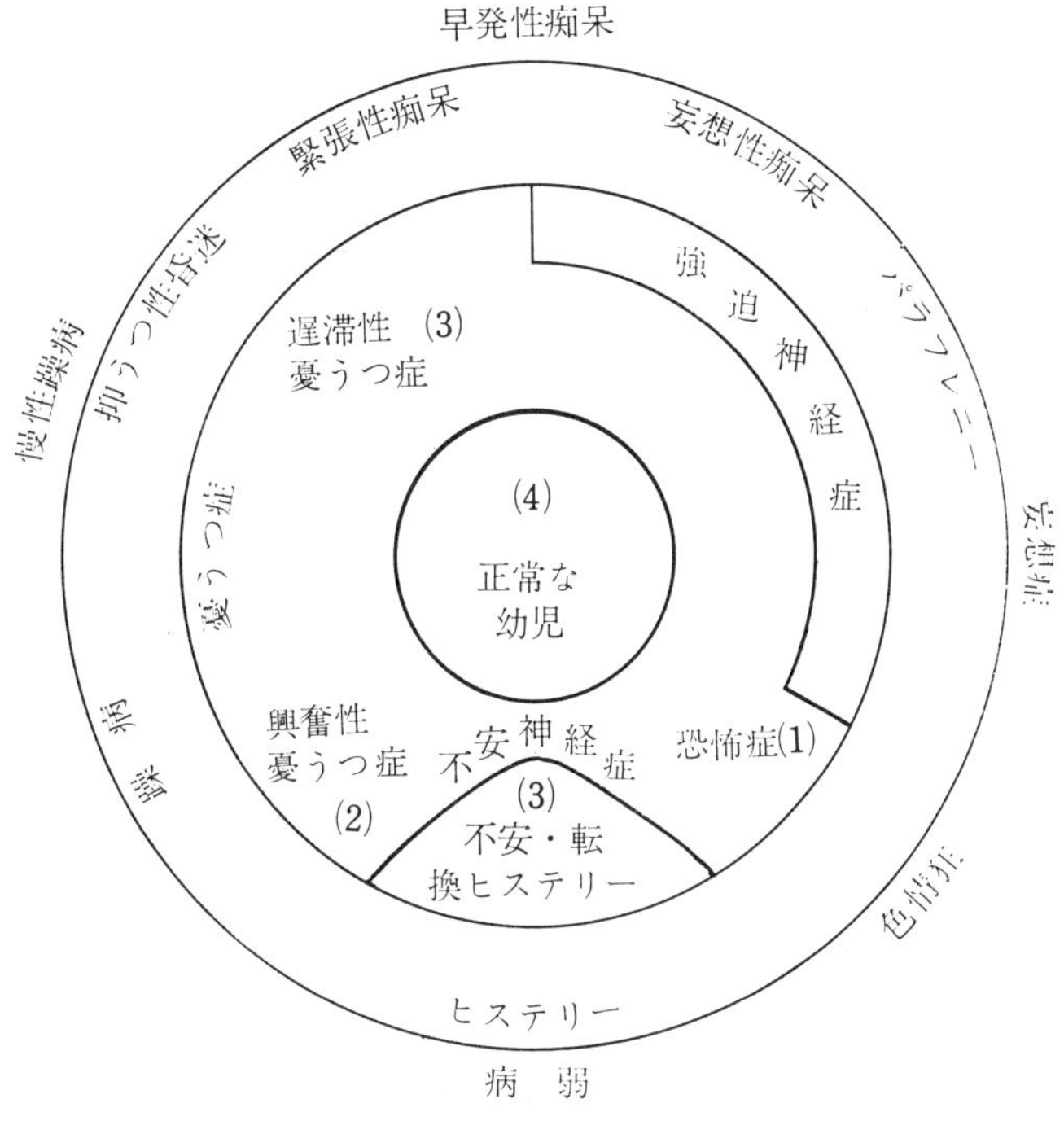

(1)　恐怖症
(2)　興奮性憂うつ症
(3)　遅滞，禁止，思考停止，拒絶，強迫。
　　症状群というよりむしろ症状。
(4)　正常な幼児

前述の症状群および中間症状群を便宜上、二次元の図で示した（前頁参照）。

中心点は出発点である正常な幼児期を示している。図では現わしていないが、正常発達はこの紙面の上に直立した直線を想像してほしい。内円は正常発達に一番近いことを示している。正常とはこの場合、精神病理的目標が阻止されているか、正常な生活・興味・社会関係への求心力が精神病的な分派・逸脱を阻止しているかのどちらかである。外円は社会的疎外の極端な場合を示している。

時計の針と同じ方向にみていこう。まず外円の、時計でいえば十二時に相当するところに早発性痴呆があり、三時のところには妄想症がある。この二つの中間に内円の妄想性痴呆とパラフレニー（訳注：分裂病性の妄想がありつつも情動障害・意志障害のないもの）がある。内円の対岸にはこれと同質性をもった強迫神経症をひとまとめにして配置した。外円をさらに動くと六時のところにヒステリー性病弱がある。そして内円の対岸には不安神経症がある。強迫神経症と不安神経症（内円）の中間に恐怖症をおいた。また外円の妄想症とヒステリーの中間に色情狂をおいた。円と円の中間の六時のところにある不安ヒステリーには明確を期するために番号をふってある。外円を九時の方にさらに目を転じると、感情表出傾向と感情浅薄化傾向を経て躁病にいたる。これは内円の対岸にある憂うつ症とは対照的相異がある。外円の終点に慢性躁病（この概念は今は使われていない）があり、これを経て早発性痴呆にもどる。前述したように憂うつ症と強迫神経症は思考の禁止または思考の停止の大きいところが共通している。この図はあまり専門的ではないが、それでも表の左側は共通の傾向をもっている。つまり、ものへの関心が表面的で、真剣さに欠け、軽薄だという点である（ヒステリーはお高くとまっており、躁状態は観念の逃避か関心の逃避であり、早発性痴呆は感情の退化か無感動という工合である）。親愛関係（関心の交流）の面がこれらには十分発達していない。

この図や私が提案した分類法は、詳論になると必ずしも科学的に妥当性があるとはいえない。しかし次の二つの目的はみたしていると思う。(a)精神疾患の混乱像を一つの観点にまとめあげる手がかりをつくる。(b)これら精神疾患の臨床像の分化が患者の社会性にどのくらい由来しているかを示す。以上二つである。論をすすめる前に、精神障害という事実についての主要な解釈を一瞥しておきたい。これまで述べてきた見解をそれらの解釈も支持しているかどうかを確認するためである。その解釈とは、愛の剥奪・禁止・社会性（愛）の歪曲が病的心理の原因でもあり結果でもあるという解釈である。

主要な精神病理論

前述の症状群に対する非フロイド派の解釈については、ここでは簡単にふれるにとどめておく。マイヤーズは精神疾患の特徴は大体において不適応だと考えた（すなわち社会的環境および生活一般への不適応）。私はこの考えを受け入れはするが次の二点に不満である。(a)病的心理に基づくさまざまの症状形態への説明が十分つっ込まれていないこと。(b)不適応を単に適応が不適切だとか適応への失敗だと暗にいっていること、すなわち不適応を単によくないものと考えているだけである。さまざまの精神病的進展経過をみると、たしかにそこには適応への積極的努力があるかもしれないが、その方向がまちがっている。決して成長力や社会的関心が欠如しているわけではない。

精神疾患に関するアドラー派の解釈は一考に値する。ただし、細部に渉ると若干我田引水の感がある。たとえばウエクスバーグは精神病を単に神経症の重症なものとみている。精神病と神経症の識別は、便宜的あるいは人為的なものであることはすでに述べたとおりである。たしかに外見上の類似性に関する限り、ヒステリー、不安神経症、強迫神経症を単に早発性痴呆、憂うつ症、妄想症の初期のもの、あるいは軽度のものとはいえない。すべての症状群には相互に特質のちがいがある。これは一笑に付するわけにはいかないことである。その相異の起源をわれわれは知らねばならない。それには実際上および理論上の理由がある。たとえば疾病の予後の相異、治療法の適用性の相異、発病時の年齢の相異が最も大事である。マイヤーズ同様、アドラーの精神病理論はこのことについてはほとんどふれていない。帰納的に正確な知識を得ようとする風がそこにはないように思われる。臨床の場合でもごく一般的かつ便宜的な概念（しかもそれは曖昧でさえある）で満足している風が窺われる。それゆえ、さらに推論的に研究をすすめていくために必要な基盤にはならないのは明らかである。

種々の精神疾患の相互関係についてのフロイド派の考えは徐々に高まってきた。ごく初期は新しく発見された抑圧過程（連想を断つ過程）という概念が精神病理の説明を支配していた。それゆえ、精神分析が発達していくうちに精神病——早発性痴呆、憂うつ症、妄想症——の原因が解明できるという希望的観測がもたれるようになった。しかしこれは実現しなかった。次の段階になると、リビドー発達論が研究され、多様な形態をもつ精神障害はそれぞれ、ある特定のリビドー発達段階に、ある一定量のリビドーが定着していることの現われであることを明示しようとした。ある一連の病気は発達が重要な段階で停滞しているためだというのである。それゆえそれぞれの病気の症状は、抑圧したものを象徴的に満足させようとする幼児的願望のなごりが変形して突如現われたものだと考えた。しかしこのリビドー定着という概念は、多様性を帯びたリビドー纒綿（投入）論や破壊本能論のためにぼやけてしまい複雑化してしまった。そして結局、リビドー定着という概念は、根源的ナーシシズムやマゾヒズム（衝動・欲求が自己に向けられている状態）から対象愛や憎悪にいたるまでを含むようになった。しかもそこには目標を阻止されたための変形も加わっている。たとえばやさしさとか関心の昇華がそれである。

この比較的複雑な概念が妥当かどうかまだ検証されてはいないありさまである。そこにもってきて今度はフロイド心理学の第三形態ともいうべきものが精神病の問題に適用されるようになった（自我心理学のことである。これは抑圧理論やリビドー理論との関係づけがむつかしい）。しかしこれも二点において結果は不満足である。

まず第一の問題点。非常に面倒な仮説を慎重に吟味することの必要性は認識されてきた。ナーシシズムは「摂取」の産物だという考えを精神分析者はとり入れるようになった。また、抑圧は生まれたときから自動的に行なわれるものであり（すなわち、欲求不満や恐怖など環境に強制されるものではなく）、どんなに理想的なあつかい方をしてもやはり自動的におこる可能性がある。こういう考えを分析者は導入するようになった。そうなると精神分析者たちは遠い昔の民族の歴史の中に問題の起源を求めねばならないし、昔の古い不完全な理論に今でも支えを求めねばならないのである。昔の古い不完全な理論とは精神病理の遺伝説である。この理論の誤りは理論構成のさいのそもそもの発想法の誤りに起因していると私は思う。すなわち社会的意図の存在を否定し、すべての衝動や欲求は純粋に利己的で、「緊張緩和」志向的であるとみなした点である。そこには衝動や欲求に反応を求める機能があるとの見方がなかった。この見解はやがて破壊本能が本来独自のものとして存在するという誤謬を、フロイドにおかさせることになる。破壊本能とは飢餓感のように個体内部から出てくる憎悪であり、外部的な刺激や意図とは関係ないというのである。この発想からすべての誤謬が生じている。精神疾患の本来的意図性をフロイドは理解しそこなったが（フロイドは社会的意図を認識しなかったがゆえに）、フロイドはだんだん社会的要因を、超自我とか理想我というかたちで、いやいやながらもこっそりと再考せざるを得なくなったのである。しかし太古的原型としての超自我を相当変形させ、それを社会的要因としてとり入れたのはよいとしても、それだけでは精神病発生の社会適応論（素朴ではあるが）を精神分析にとり入れたというには不十分である。

第二の問題点。同じ理由から（すなわち人間性にひそむ社会的要因を容認したがらないこと）、リビドー定着・対象選択・リビドー纏綿などの現象は、社会的適応の必要性に比べれば、二義的なものかもしれないというふうには精神分析はいまだかつて考えたことがない（社会的適応の必要性とは、愛と分離不安の強制による適応の意）。事実をみればこのとおりだということがよくわかるし、精神病のリビドー理論は本末顚倒であることもよくわかる。リビドー理論では疾患の連続性（分裂病から妄想症にいたるまで）の説明ができない。リビドー理論がしなければならないことは、それぞれの段階にリビドーが定着してそれぞれの疾患をおこす場合、その定着の多様性を公式化することである。（もちろん、精神分析の臨床上の特質からして――つまりそれぞれの事例に費す時間の量――代表性に富む重症の精神障害者（社会的疎外の大きい人たち）のサンプルに分析者が幅広く接することはむつかしいということを知らねばならぬ。

フロイド派の精神病理論への批判をもって結論にかえようと今ここでしているのではない。ただこういうことを知っておかねばならないといいたいのである。すなわちフロイド派の精神病理論は矛盾にみちており、かつ、不明確であること、また、追加に追加を重ねたやっかいな抽象的な仮説をたくさん用いて、薄っぺらなメッキを施していること、これである。さらにまた、フロイド派の精神病理論は変転極まりないのである。（児童精神分析者の用いるもっと社会的な研究法や治療法の影響を大いに受けて）フロイド派の精神病理論は社会的要因の重要さをだんだん認識する傾向にある。このことはフロイド派の分離不安・理想我・超自我という概念になって現われている。

私のみるところでは、精神分析による精神病の社会理論的アプローチはうまくいかなかった。というのは中途半端だからである（第13章参照）。精神疾患に関するアドラーのもっと社会的な概念も期待はずれに終わった。まず第一に、この学派は帰納的科学的関心が弱いこと、また表層的一般的公式論に満足したことが原因である（この公式もアドラー派は真理であり「うまくやった」と思っている。このことは知っておくべきである）。第二に、アドラーの失敗した原因は、人間相互の競争を基本的なものとしてうけとめた点である。マイヤーズはすでに私が述べたように、精神衛生や精神疾患は社会的適応と関係があることを認めつつも、不適応の根底にひそむ肯定的、積極的意図を認めなかったのである（アドラーはこれを認めた）。したがってマイヤーズは不適応を単に成長・発達への衝動の弱さに起因するとのみ考えた。

新病理論の要約的提起

以上の見解は何れも精神病理というものを、社会性の障害として認識していることはまちがいない。私の考える社会性からすると、精神病理というものは、欲求不満・歪曲・家庭生活への最初の適応の際の愛の反応、などに由来するのである。そこで私はこういいたい。精神病というのは子どもが家庭で安定した地位を得ようと努力した痕跡であり結果である、と。家庭生活では不安のときもあれば、嫉妬のときもある。これは子どもの生活にはつきものである。記憶の定かでない時代から、子どもは人の関心を集めてよろこんでいる。しかしこの関心も一つ一つ子どもからとりあげられてしまう。それもおとなの楽しみ（早熟）が禁じられるというだけではない。子どものよろこびと安定感が奪われるのである。子どもはそこで不安定感を味わうことになる――たぶん、孤独感を味わうであろう。そして子どもは自意識が芽生え、自己批判がおこる。裏切られた怒りと不安が抑制されて罪障感になる。自分自身に不満をもち、自分の役割に満足しないところから理想主義に走るようになる。他者に対して自己の優越性を示そうと力む（アドラー）。ただし、これは自分を安心してまかせられる他者がいないと子どもが感じる限りの話である。子どもは現在の自分より少しでもましな人間になりたいと思う。そして子どもがどういう人間になりたいかは、当人が他者とどういう経験をもったかに左右され、また他者の権力や特権を当人がどう認識するかにかかっている。子どもの理想主義は環境が唯一の源泉である。すなわち子どもの大志・野望というものは、その環境にいる傑出した人物（あるいは子どもが羨望の的にしている人物）と競争したり、模倣したりして形成されるのである。もしそうだとすれば、精神障害というのは愛の関係を向上させようとする太古的で愚かな努力（おとなの世界では）だといわねばならない。したがって心理療法の根本は、患者の愛の欲求を助け、この欲求が達成しやすいように軌道にのせてやる試みであるということになる。心理療法は外からとり入れた科学というよりは、内から出てくる直観的芸術である。それゆえになおった理由がわかれば病気の特質も明らかになるかもしれないと期待するのは、あながち逆説的ともいえないのである。

第12章　心理療法

心理療法の方法というのは、論理的にいって、今あつかっている病気の特性や治療過程の様相をどう見るかによってきまるべきものである。

心理療法に必要な多様性

心の「病気」に関する知識が増大するにつれ、心理的疾病とは、単なることばであって、ほんとうは愛の生活のゆがみや不満足からきているということが、だんだん明らかになってきているのである（たとえば、無気力、無感動を伴う社会不適応など）。

戦争神経症の経験からいえることは、ヒステリー性の転換症状や不安は、多かれ少なかれ環境的外傷あるいはショックによるものだということである。

これらの外傷的な恐ろしい記憶は、抑圧されて、いわば心の中でカプセル状態になっているのだと当時は想像されたのである。だから医者の任務は、心理的異物（コンプレックス）にまつわる感情の発見と解放くらいのものであった。

そのような考え方は、患者の無意識への医者の認識力を重視することになる。象徴の解釈、あるいは（催眠や薬によって）特にある反応を患者の心の中に誘導すること、あるいは単語の連想法で防衛機制をゆるがしたり、その裏をかいたりすること、こんな方法のいずれかを用いて熟練した医者は治療過程を無限に促進する。無意識重視の立場からすればこういう望みをもつことが、論理的に奨励されることになる。しかしそのような希望は幻影であることがわかってきた。精神病理学の進歩からわかったことは、戦時中の精神病は今、平和時にわれわれが会う、特別な意味のある環境におかれた精神病とはちがうということである。戦時中における外傷的要因とは、死や負傷に対する多くの恐れであり、日常生活における恐れと不満でもあったと考えられる。平和時における「外傷」とは、幼児期の不安と怒りである。しかしその性質や発生起源は完全に抑圧されているのである。以上二つのタイプのよく似た神経症は、どちらも防衛と逃避の機能を果しているが、平和時の神経症は生涯にわたる人生への完全な不適応をきたす。ところがその人生たるやそれまではずっと患者の生活における重要な防衛機制や補償作用を果していたのである。社会的な分離不安が（それは精神病や文化の進展の主因となるものであるが）ヒステリックな病人をベッドにひきとめもするのである。この強力な疾病発生論は（すなわち分離不安――それは精神分析の病理学においてさえ、性的外傷説にとってかわるほどのものであるが）、戦争神経症をとりあつかうには、おおいに味方となりうるが、平和時におけるそれの場合は敵となるのである。戦争神経症の場合は、分離不安は、疾病にさしたる関係のない肉体死への恐れを征服するたしになる。平和時の神経症に対する心理療法の任務は、幼児期の分離不安に対する永年の防御を放棄させて、愛と関心に基づいたおとなの友愛関係を代理形成させることである。

さて、私は何か独善的な主張を述べているようであるが、いろいろな心理療法で今はもう消えているものも、現存しているものも含めて、理論的に調べてみると精神病は愛の生活の障害であるという見方を支持する傾向があり、かつそれが通説になる傾向がある。考察に価する心理療法理論が九つも十もある。そしてこれらのほとんどが，ある一面の真理を語っている。心理療法理論の流行のあとを調べると，すべての心理療法が達成しようと試みた心理療法過程の本質が発見されるであろう。

「洞察の促進」「記憶の食いちがいの除去」「再統合」などの諸概念が，もし構成的な意味，あるいは知的な意味で用いられているのならば，このような治療過程に対する静的で知的な考え方を，まず捨て去らねばならない。心理療法であつかうのは概念でもなければ，概念の論理的構成でもない。むしろ，よろこばしくない感情の表出，あるいはそういう感情を禁止した結果としての興味消失，ひきこもり，現実のかわりに幻想的満足にひたる無力感，などをあつかうのである。

私は，精神病が二つに分類されるということを示唆した。けれども，一つは病的な願望や考え（すなわち，社会的に適当でない）を表現する類のものであり，他の一つは，（不安と憎しみが結果としてもたらされるような）フラストレーションに由来するものである。したがって再統合とは，不安の垣根をとり除くことより他になく，またそうしないかぎり心理療法の本質を十分に表現できないのである。

精神分析療法への批判

初期の精神分析的な治療機制論，すなわち，カタルシスや浄化作用の概念は，戦争神経症のとりあつかいにおいて主流となるものとして，すでに紹介したが，いってみれば，無意識的な外傷体験の記憶や幻想を発見し，抑圧された恐れによってとじこめられているコンプレックスの感情を放出するということであった。この精神疾患とその「治療」についての機械論的な概念と何らかの意味で似通った考えを，われわれはもっている，つまり患者の耐性を強くし，悪い性的な衝動――かつては，無意識の主な内容として考えられていた――への抑制力を弱めなければならないと考えているのである。神経症者は道徳的に過度に敏感であると考えられた。

それゆえ、広い心の分析者と接触して過敏性を弱めるか、あるいは多くのあまり感心しない世俗作家のとらえるように必要なだけ、自分を堕落させることだと考えていた。そのような心理療法理論は、意識的、あるいは無意識的に、精神分析を反体制に活用しようとする反骨精神の持主には人気があったが、決してまじめな分析者によって発展したのではない。これはいうまでもないことである。

しかしながら、この考え方には、厳密に検討するに価する真理がある。患者の耐性のなさが減少することを、次の二つのいずれかで解釈できるように思われる。まず第一にカタルシスをさせるために、治療者が患者に支持的な適当なことばをかけることがある。「これらの悪い考えや願望は、決して悪いことではない。セックスは子どもにとってのみ悪いのである。だからおとなは、子どもにはかくすのである。今は、あなたは成長したのであって、これらのことを願望することは許されるのである。」われわれは、このタイプの療法を「イニシエーション」(initiation 通過儀式)と呼ぶ。一方、治療者の態度を次のようなことばで現わすこともある。「もし、あなたがセックスが悪いのだというなら、あなた(患者)は悪い。しかし、その意味でなら、われわれすべてが悪いということになる。われわれは単に猫をかぶっているにすぎない、すなわち善というのは幻想にすぎない。」これは覚醒療法(Disillusionment Therapy)と呼べるかもしれない。しかし、実際には、ここで、われわれは患者とある種の友情を形成しているのである。この後者の分析的「堕落論」については、フロイドのメタ・サイコロジーや、あるいは、「幻想の未来」や、アインシュタインにあてた彼の最近の手紙「何のための戦争か?」など、社会学的、人類学的著作においても、示唆されているのである。われわれはそこに、再びエダー博士(Dr. Eder)の格言をみるのである。「われわれには、悪への宿命がある。われわれは、道徳を獲得してだんだんと愚かになり、不幸になっていく。そしてついには死ぬのである。」

後章で述べるように、フロイド派のこの悲観論と攻撃性は、フロイド自身の前エディプス期の分離不安と怒りに、その根源がある。彼の臨床体験と真に関係するものではないということである。これがフロイド派の精神一般論の非科学性と非科学的発展の原因になっている。またこれが精神分析の理論と実践がたがいに分離して、理論は治療法に影響を与えないばかりでなく、それを説明することすらできないという奇妙な事実を生み出しているのではないかと思えてくる（第14章参照）。

新しい心理療法の提唱

それゆえに、われわれが（すべての精神分析者とともに）排除したいのはこういう考えである。すなわち社会的制限やお題目主義や検閲主義や因襲的な偽善性を批判しさえすれば神経症がなおるという考え方である。また批判のかわりに皮肉や革命で神経症がなおるとも考えない。反逆者は自由でない。他の人を患者のレベルまで下げることは、患者のためによくない。それは患者に他の人への〈所属感〉や他の人との〈共存感〉を与えないからである。すなわち人生における「受容」や共通目的の感覚を失ったまま放置することになるからである。いいかえれば、彼を前と同じく、孤独で目的のないままにすることになるのである。堕落の最初の解釈でさえ（すなわち二本立の理想主義、一つはおとな用、一つは子ども用というような）、われわれにはなかなかついていけないところがある。しかしながら「啓蒙」や「通過儀式」は、「一時的な」効果はあり、この方法には（無意識にも）、速効的要素があるので、この治療理論と、それに伴う技術は広くアピールするのである。

明らかにそれは心理療法の他の二つの概念とも関連している。すなわち、「告白と免罪」の概念と「超自我の厳格さの緩和」の概念である。「啓蒙」「再教育」「説明」等の治療的限界を強く示唆する実例がある。数年前、私は三十七歳の婦人を、非常に神経質で引きこもりがちであり、興味喪失と人生への倦怠感で悩まされているということで、治療をした。家庭は、男性が視野にあるということで、彼女にとって耐えがたいものであった。そして同じ理由で彼女は宗教やすべての文化的興味も絶っていた。彼女は、男性の性器が強迫観念になり、自分の心はそのため自滅すると思っていた。彼女は誕生については聖書の理論を胸に秘めていた。すべての女性は、一つの罪のためにのろいを課せられていて、男性にふれたり、あるいは親交をもつだけでもたいへんな恥ずかしめを受け（それは結婚した女性でも）、受胎すると信じていた。彼女はエデンの園の物語を、神は裸のアダムとイブを不快に思われたのだという意味に解釈しており、それ以外の態度を立派な親がもっているはずはないと思っていた。よくあるキリストの肖像画に、「見よ、わたしはドアに立ち、ノックしている」というのがある。これをこの女性患者はこう解していた。〈キリストは十字架上で裸身を人に見られた以上、神によって天国にもどしてもらえなくなった〉と。五歳のとき彼女は半ズボンをはいた男の子たちをたいへんあわれに思い、彼らはきっとすごく恥じているにちがいないと思った。女性は男性よりすばらしいと、彼女は感じていたが、それにもましてキリストとその弟子たちが最もすばらしいと思っていた。なぜなら彼らは長い衣を着ていたからである。たしかにこのケースには、人生の意味への啓蒙や通過儀式、人生の美、あるいはもっと高次元の出産様式の意義などが、よく現われているはずである。そして、たしかにそういうケースであった。ただし、〈私が彼女と一緒にいる限り〉、あるいは〈毎日面接をしている限り〉、の話であった。いってみれば私個人の存在によって、彼女の見方が支えられていたのである。でなければ、孤独感や、非現実的な感覚や、死への憧れ、そして聖書的誕生理論（彼女は、その年齢までそう思っていた）は急速にもとにもどったであろう。この巨大な、淑女ぶった強迫的不安が消失したのは、その後二年間の分析を続けたあとであった。その強迫的不安の目的が明確になってきたとき、すなわち、（今は故人となった）母と和解して母を受容していることに気づき、欺瞞的な肉体的興味や肉体的満足をすべて放棄して、母の愛を取り返したとき初めて、この患者を悩ませ、苦しませていた自己存在の罪障感は消失したのである。この発見のおかげで、基本的分離不安、母への憎悪、そしてそれらの発散などを解明できたのである。このことがなされて初めて、真の和解が可能なのである。治療過程には時間がかかる。なぜなら不安を支えようとする抵抗を征服してゆかねばならないからである。フロイド学派は発散理論ばかりか解釈理論までも放棄して、感情発散そのものでなく感情発散の過程すなわち、＜抵抗の克服＞が、精神分析の本質である、と考えるかもしれない。しかも、この抵抗克服の過程は治療者の技術や知的洞察力にさほど左右されるものではない。むしろ患者自身が憎悪を表現し、その結果、人から憎悪の仕返しを受けるのを恐れて構える防御性を減少させる意欲と勇気があるかどうかにかかっている。この防御緩和への意欲あるいは信頼感ともいうべきものは、結局陽性感情転移あるいは愛の結果であって、もともとは母へのアンビバレントな愛着が治療者に対して演じられたものである。治療における愛の要素（感情転移）は、愛の対象（セラピストのこと）への反抗・批判精神を活発にする。そしてけんかをとことんしつくし、ちがいがはっきりするまで、愛の対象への告発は続くのである。治療とはフラストレーションの除去である。だからといって憎しみを愛によって克服するというわけではない。が、憎しみはその存在理由が他にないので、それは愛へと転換するのである。したがって要求不満解消療法は、昔の闘いを転移神経症に展開させて解消させるものと考えることができる。一方、説得・暗示・催眠のように、非解消型の治療法は、「過ぎたことは忘れよう」ということばに表現されるのである。この方法では愛の強化によって抑圧強化をはかろうとする。一方、欲求不満解消型の心理療法では、抑圧を必要とする葛藤を発見し、根絶することを目的としている。

初期の心理療法

数ある心理療法理論の中でも、告白と免罪は、罪と贖罪に関する宗教理論と相通じるものがあるために重要である。この治療理論は、暗黙のうちに、子ども（患者）が悪く、親（分析者）はよいという見方を受容している。彼らは子どもっぽい不服従に真の罪があるとする。子どもっぽい不服従とは、恩人に対するアンビバレンスと憎悪である。この子どもっぽい不服従という罪は、親たる分析者によって〈条件付で〉赦される。悪事は親の慈愛によってゆるされる。それゆえに、悪事はみすごされ、再びとりあげることはない。赦しというものは、条件付ばかりではない、それは恩人にきせる態度とみなされることとすらある。

この半ば常識化した神学的な意味での免罪が、もし効を奏するならば、二つの重要な結果をもたらす。親が罪を許し、「今はよい子だ」という。すると子どもは両親の赦しを得るために、（アンビバレンスを解消すべく）、「私が悪いのだ」というかわりに、「私が悪かったのだ」といえることなのである。価値のない人間でも他を愛してゆくことは可能だが、価値のない対象を愛してゆくことはできない。したがって「私が悪い」という方が、愛の対象にむかって怒りをもち続けるよりは、ましである。

このような免罪法の結果こうなる。あわれむべき罪人（親）を赦すという豊かな善行をつむことによって、親への愛を深める。それによって自ら救いを見出すのである。彼は母との原初的なラポートを回復し、それまで満たされなかった退行願望を満たすのである。彼の存在はもはや悪童（つまりよごれたナプキン）ではなく、乳を吸う小羊、母に受容されていると感じている無邪気な幼児なのである。

しかし、われわれはその子を、「いい子」のままにしておくことはできない。後年実際に子どもを世話するチャンスがある場合には特にそうである。告白・罰・免罪（それらはお互いに離れられない関係にある）という方法によって、治療者の時間の節約になるにもかかわらず、またこれら三つの方法を一網打尽に用うる場合の効用性があるにもかかわらず、われわれは心理療法のより高度な発展が、この線上にあるとはどうも考えられないのである。この結論にわれわれを導いた理由が二つある。(1)告白・免罪療法の効果があるとしても、それは患者の社会適応の質、および成熟度に必ず規制される。(2)われわれのとりあつかう患者は、いくら説得しても免罪を受容できないことが多いが、それは彼らの不安とそれから生じる攻撃性と罪意識の強さのためである。

これら初期の心理療法理論を要約すると、次のように整理することができる。

(1)　総体的にいって、これらの方法は、感情から逃避して知的、哲学的「解放」へ飛躍している。説明・洞察・記憶の回復・注意集中と気晴し等はその例である。悩みはなんらかの身体的不健康によるものだと確信させるありきたりのしかし一般的理論もそうである。これらの方法の利点は、患者理解という難事と、患者の苦悩への共感という心痛から治療者を救うことである。この方法は治療者のやさしさのタブーをそのままにしている。

(2)　もし治療者自身の安定感が、感情からの神経症的逃避に起因するものではなく、したがって患者からの感情的逃避への衝動がなければ、彼は、権威と保護者的愛で身づくろいした親の役割を患者に対して果すことがあり得る。そしてこの線に沿って一連の技法が展開される。すなわち、説得・勧告・暗示・「告白と免罪」などであり、これらはいずれも患者が正常な思考法や行動法をとるよう勇気づけたり支持したりするのを目的としている。このような方法は、病気を無視し、症状を抑圧し、患者を支持しようとする。しかし、これらの方法への批判がある。その批判の根拠は、罪や不安の深因の処理が非効果的であり、患者の成長を援助しないということである。

(3) フロイド的な方法は、最初から前記の二つに比してよりいっそう患者に興味や共感を示していた。また患者の何が、実際に悪かったのかということについての好奇心も強かった。初期の分析理論は「カタルシス」や「リビドーの解放」のほかに、無意識心理学的人生観や精神分析的社会哲学のゆえに、治療者は、患者の自由と歓喜へのあこがれには味方するものであり、社会環境の専制ぶりや、人生一般の残酷さには反対するものであった。私にはそうみえるのである。このようなアプローチの効果としていえることは、患者が反逆と苦悩に対して共感と親近感をもつことである。そしてもちろんこれはあるていど彼に自信を与えることにもなる。愛へのためらいと愛への渇望を共存させている患者にとって、肉体的満足以外の愛の存在を否定し続けることは、一つのなぐさめになるにちがいない。われわれはないものねだりはできないので、ここで再び分析者のやさしさのタブーが温存されることになる。

最近の心理療法

精神分析の最近の理論と技法には分析者と患者の人間的な関係や、愛の治療上の活用がみられる。たとえば子どもの遊戯療法では、遊び仲間との友好関係と、洞察・平静・知性・親の強さをもった親しい自由の感覚・安定感などとを結びつけている。精神分析の説明的な方法でさえ、後ほどわかるように、ふつう認められているよりもずっと多くの愛を表現しているのである。すなわち、飽きもせず、しんぼう強く、しかも称賛の念と洞察とさらに、感受性に富んだ反応をするという意味である。患者に心からの関心をいだくことである。それは治療の本質が母と乳児の愛情のような血縁関係にも似た関係を再構成することだからである（第2章参照）（そこではこの人生初期の親愛関係とフロイド学派のいうナーシシズムの概念とが相関関係にあることがわかる)。

治療者は、実際には、患者の情緒にばっちりと、情緒的に反応しないかもしれないが(第4章)、彼は理解と洞察のおかげで、自分もまた似たような経験で苦しんだことを、患者にいうことはできる。そのとき、そこに「共に苦しむ仲間意識」が成立するのである。フェレンチィ(Ferenczi)の積極的心理療法(Active-therapy)は、極端な受身的技法に反対する。バーバラ・ロウ(Barbara Low)はこの受身的技法を評して、「感情にまきこまれまいとする虚構」への分析者の危険な試みであると明言する。一方的な、打ってもひびかぬ愛の関係は、不安を惹起するから、治療的ではありえない。私は思うに、患者には分析者の洞察と共感的関心は、真の(すなわち親的な)愛を意味するように思える。そして治療者の受身性や冷淡さは、愛を必要としている患者をみじめな敗北感・自己弁護・抵抗・そして自己表現へとおしやるのではないかと思われる。この受身性と、冷淡さは、昔の不満、不安(子ども時代の社会的欲求の挫折感に結びついている怒り)の徹底的な調査の役にはたつ。私はさらにいいたい。抵抗の克服が治療的に効果があるのは、将来の満足感をあてにして心を開くからではなく、彼らをしばり、不安やうっ積を生み続ける怖れや社会的制約が除去されるからである。いってみれば∧回復の本質とは、社会との和解∨なのである。これは不安の効用であると私には思えるのである。

私は、フェレンチィの「医者の愛が患者を癒す」という理論がよくわかる。この場合の愛とは、無目的な性感のことではなく――感情のこもった反応のことなのである。治療とは、相手に対する関心の基盤である社会的自信の回復のことであり、性欲の主たる障害物である苦悩・不安の除去であるように思える。もし優しさや、愛がフロイドのいう禁じられた、目標を失った性欲ならば、愛はそれ自体、不安に満ちたものであろうし、また治療的機能を果すことができなくなるであろう。さらに私が指摘したように、治療における愛は、嫉妬心や近親相姦願望のように、社会的感情を刺激するものではないにしても、やはり治療における愛は、それ自体、厳格に禁止されているのである。そこで私は心理療法過程の本質とは、まず患者が現に会っている分析者個人の中にある社会的環境との間に、自由な感情の交流関係を樹立することにあると結論づけるのである。このようにして分析者は、母子関係における不安のない人間関係の輪を患者が広げていくその出発点をつくるべく、母親の原初的役割を再演するのである——いってみれば、感情を禁止したり、拒否したりする必要のない関係なのである。これは、意識的な自己制御を意味しない。そしてそこでは、関心をもった反応が、自由に行なわれるのである。これは、親愛関係の基礎である。すなわち、心理療法の役割とは、患者が、社会の成員であるとの意識を回復することであり、他の人たちとの間に、感情・興味を交流しあうことであり、患者が人の同意を得られるという自信をもって、自己表現できるような親和感をつくることであり、また他者の表現に対し、共感的に反応できる自分自身を感じるような親和感をつくることである。私がいう自己表現とは、フロイドのしばしばいうところの排出行為でもなければ、緊張解除でもないのである。反応がよびおこされ、それが正しく理解されたときにのみ、自己表現は、完成したと私は思うのである。もちろん患者は、彼の潜在能力の程度によって、感情表現による親愛関係から、興味と言語による親愛関係に移るよう導かなければなるまい。患者を成長させるためには、何らかの反応を心理療法中で彼に与えなければならない。さもないと、治癒どころか不安が惹起する。実際にこういうことが、ときどきおこるのである。

もしも私が心理療法の過程について述べた前記のことが正しいのなら、われわれは、それらに対し共通因子を認めることができる——すなわち〈患者との親愛関係の基盤の探求〉ということである。

感情からの逃避をするセラピストでさえ（第一のグループ）患者とともに、彼の神経症的な防衛をわかち合おうとつとめている。そして患者も治療者も耐えることのできないほどの「感情」におちいることなく、むしろ相互に関心をもちあった仲間意識を確立している。第二のグループは、親と子のような安定的でかつ、権威的ラポール形成を目指している。心理療法の第三の型は、共謀者意識あるいは同病者同士の相棒意識の形を考える。これは後年の技法志向的な精神分析グループが理論的には愛の存在を否定しながら、一方では愛の表現を半ば誇示しているのと軌を一にしている。この第三の型が、本書の立脚点を進歩的にとらえている。しかし問題は心理療法過程の社会的側面が、もっと認され、もっと発展され、もっと研究されないのはなぜかということである。

心理療法における愛の阻害要因

まず最初にわれわれは愛の関係をいつわり、まげている非心理学的要因について認めなければならない。たとえば治療者は面接料金で、生計をたてなければならない経済状態におかれている。これは究極的には、患者と分析者の経済的協力とみなせるであろうけれども、〈最初のうちは〉気持がくいちがい、愛を売るようにも思える。労働者は「賃金に価する」かもしれないが、この考えは「愛の労働」にはあてはまらない。

さらに患者は彼自身の友だち関係や人間関係を実際問題として捨て去ることはできない。また、治療者のもっている友達関係や人間関係を患者が自分のものにすることもできない。一方分析者は分析者で、おとなの患者に対しても、両親のいる子どもの患者に対しても、親の機能を十分に果たせるとは思えない。患者自身のためにも、可能なかぎり、治療を短縮する必要がある。それは「心理的乳離れ」への欲求は、親子の原初的な人間関係よりも心理療法的関係の方がより強いからである。治療関係は分離の意図をもって成りたつのである。

われわれの制御を越えたこれらすべての情況は、治療者と患者の自然な愛情関係に水をさすことになる。しかも、(患者の無意識的欲求にもかかわらず) ふたりの当事者が「サービスと報酬」という純粋に技術的な関係として、その愛情関係をみなす傾向がある。こうなると、サイコセラピストは、生き方の相談者とはなっても、治療家 (Healer) にはなりにくいのである。

第二に、治療者自身われわれの文化の所産である。それゆえに偏見や禁止 (精神分析がもともとそれをあつかっていたが) を治療者は身につけているばかりでなく、彼自身の愛の要求・不安・憎悪をやさしさのタブーというかたちで防衛するのである。たとえばこうである。患者が自分の母にもの足りなかった感情、そして患者と同じように治療者自身も自分の母にもの足りなかった感情、それを患者が治療者に感情転移すると、治療者は防衛機制を用いて、「感情的中立性」という虚構を維持しようとする。あるいは最高に受身的、最高に客観的な技法を用いて感情から身を引こうとする。すなわち、防衛維持のための逃避をする。治療者は、人生の哀感のわかる人であるごとく、同情を決して示したりはしない。つまりこうなったのは、私にいわせれば、愛が心理療法における有効な要因であるということを、認識あるいは容認しないからである。温情のない心理療法が結局、真実性からほど遠いさまざまの治療形態を生む結果になっている。心理療法の技法を切望した結果生まれたのは結局、しごく簡単な治療的人間関係であったが、温情のない心理療法はその代用品ですまそうとする。患者を治療的に自家薬籠中のものにしようとするすべての理論的試みが払拭されつつあることは、児童分析者の例をみればよくわかる。受身的技法では、患者対分析者の間におこるべき交流が分析者の側にのみおこっている。それは忍耐・興味・耐性といったかたちで現われるが、そこには同情というような情緒反応が含まれていないのは明らかである。さらに患者自身の愛の記憶は、いろいろな身体的表現や身体的願望という面から検討・考察・分析される。また分析者と心のつながりをもちたいという渇望は否定され、（身体的要求や渇望の満足も同じように）また性感覚的な願望や満足にのみ注意をむけさせられる。過去の不安、怒り、悲しみの現出は、身体的な快楽の欠如に由来するか、然らずんば破壊欲求の作用に由来する。破壊欲求（原初的、独立的、本能的である）は、自ら生起するものである。すなわち、無視、冷遇、愛の欠如などの外在的刺激とは無関係に生起するものである。不安や攻撃性は人とのつながりをもちたい欲求や自己表現の欲求が阻止されたときにおこるらしいという説は、認められはじめているが、これへの懐疑論もあきらかである。分析者に対する患者の優しい感情はつまるところ、「単なる感情転移」として、割引きされて、ふるいおとされてしまった。あたかも、母と子どもの原初的な愛の関係以外のすべての愛の関係は、感情転移であり、その点において本ものではない、といっているようである。このようにして分析者は、自分自身を愛の関係から脱出させることに成功した。しかし分析者は愛の関係があったからこそこのようなよい治療ができたのである。彼は自分で気づかずに、治療を成功させた愛の作用を否定し、割引きしいいわけする。単なる「テクニック」の時代は今や去った。

精神分析の全体的な発達は、臨床面での愛の活用という無意識的目的によって支配されてきたかに思えるが、一方理論上では愛の活動は一切否認しているのである。精神分析技法の発達・分析技法の機械性の強調・患者の記憶や想像への分析者の興味や心的遊戯は、患者にとっては第二義的であり、関心事ではないことへの無知、これらすべてがある一つのひとりよがりの愛の関係（それは本来不可能である）を発展させる無意識的努力になって現われているように思える。この努力が失敗したことは、理論的にも、臨床的にも社会的要因を徐々に暗黙裡に導入しているのをみればはっきりする。

「抵抗の克服」は、分析者と患者の信頼感の成長といいなおしてもよいであろう。ふたりの関係は、信頼感があれば、抑圧された不安や憤りからおこる非難があっても、こわれない。したがって信頼感があれば抑圧（および抑圧に由来する敵意、情緒不安定、その他の悪い結果）は不必要になる。*

* この観点からは抑圧された心的外傷経験の記憶回復は、回復のサインであって、回復の原因ではない。回復とは、和解なのである。

信頼感に基づいた愛の関係の下では、神経症の本質が表現されたり、再体験される（転移神経症）。そして不安や憎悪をおこすようなできごとは、実際には何もなかったことを患者は発見するのである。それは、あたかも分析者が患者からみて疑う余地のないような誠実さをこめて、こういっているかのようである、「あなたは私が悪い親だと思っている。わたしは好きこのんで悪い親になっているのではない。なぜあなたがそう思うのか、わたしに教えて下さい。そうしてわたしにもう一度チャンスを与えて下さい」と。分析者の言をかりていえば、このようにして、われわれは、「不安を克服し「愛によって憎しみをのり越える」のである。ことばをかえていえば、超自我の厳格さを緩和させるのである。

最近の心理療法の教え方は、治療者の責任を強調している。それはたしかに精神分析訓練の目的なのである。分析者の理想的な態度とは第9章で指摘したようにキリストの態度に近いのである。すなわち、冷淡でないおちつきと、心の乱されることのない共感性、これこそまさに子が親に求めるものである。

フェレンチィが心理療法の核にした問題を、ある精神分析の教師たちのように曲解したり、抽象化してごまかしたりしたことはあったが、それにもかかわらず、われわれはこう結論したい。すなわち、心理療法の歴史は、愛の実態とその重要性を、かつてよりいっそう明確に示している。そしてその愛の特質と起源を本書で解明しようと思うのである。

第13章　フロイド理論の病理性
――精神分析の無意識的動機についての研究――

この章で私が述べようとしていることは、精神分析〈理論〉の発展を促したものと、精神分析〈療法〉の発展をうながしたものとは、全く異なった主張に立っているということである。

分析理論と分析療法の分離

事実、精神分析理論は無意識的な憎しみや不安の表現を強調しているが、一方、精神分析療法の方は、様々な禁止・抑圧にまけない愛の表現への努力を強調している。それが私の印象である。精神分析の理論と療法は主観的には、あるいは精神的にはお互いに補足しあうものであるが、客観的には、「純粋」科学と「応用」科学といった形での相互補足性は存在していない。この相互補足性の欠如のために、精神分析における理論的発達が技法上の進歩に反映されてこなかったのだと私は考える。この相互補足性の欠如こそが「治癒」の理由を理論的に説明することすらできないという驚くべき事実の原因ともなっているのである。

こうした問題を立証するために、二つの面から議論を進めようと思う。

(A)　まず、理論のもつ誤謬や欠陥にはすべて、「ある一つの共通した普遍的傾向がある」ことを示したいと思う。理論的誤りを撤回しなければならない場合、知識豊かな意見の中に承認できない点がある場合、理論が過度なくらい入念に構築されていて、自己矛盾をおこしている場合、証拠資料の間に不一致あるいは矛盾がある場合、すべての事実が解釈と合致しない場合、こういった場合の精神分析理論の失敗はすべて、愛の存在を否定し、母親の社会的意義を軽視したことによるのである。人類学と同じように生物学においても、フロイド派の解釈者は、ある意図をもって、好き勝手に証拠の選択をし、ある場合には不誠実にも証拠をゆがめてしまっている。これはあきらかに、感情的意味づけによる偏向である。

(B)　本章で示したいことは、治療法および「治療理論」の発展は厳密な意味での非性的な愛を暗に用い、その愛を認識する方向をめざしてきたということである。子どもの遊戯分析や、精神病者に対するもっと個人的な人間関係は愛情欲求への実際的、直観的認識に基づくものである。このことは次に示すフェレンチィのことばの中にはっきりといい表わされている。「医者の愛が患者を癒す」と。分析者の側の不安や、怒りに満ちた愛情の抑制については、全面的にはその理論化はなされていない。しかしながら、これらの愛情の抑制は、超受身的な分析法というかたちで表現されている。この方法の成功を分析者はよろこんでいるけれども、それが成功する理由は、それが不安（禁止された「愛情」であって、禁止された「性」ではない）を誘発するからである。患者が従順で依存的な子どもの役割をとっている限り、患者が愛を求めたり、愛を捧げたりするとき、治療者は控え目な寛容さを示すが、それが受身的技法の表現である。過去にさかのぼる分析法は幼児期についての不平、不満を消去することを目的にして、その解明のために、この不安にみちた親愛関係を用いるのである。したがって、より深い抑圧を維持することになる純粋な愛情—権威の関係を用いる催眠技法の場合とは逆である。

フロイド学派の誤りを「もっとも」明瞭に示すものは、フロイド自身の告白の中にみられる。一九二九年にフロイドは『文明とその不満』を書いた。その中で母親に対する幼児的感情の回復についてのある叙述をみると、「私自身に関して言うならば、この種の『自他一体的な』感情をどうしても発見できないのである。」、つづいて、二十一—二十一頁で「このようにして、多くの人々が『自他一体的な』感情をもっていることをわれわれが進んで承認し、しかも、その感情の根拠を自我感情の早期的段階の一つに求めようとすると、続いておこってくる疑問は、この『自他一体的な』感情を宗教的欲求の源泉とみなすべきだとする主張にはどんな根拠があるかということである。」

愛の感情の軽視

「私はこの主張には強い説得力があるとは思えないのである。たしかに、感情がエネルギーの源泉たりうるのは、その感情自体がある強い欲求の表現である場合に限られるのである。宗教的欲求の起源としては、幼児期の寄辺ない状態と、その状態によって呼びさまされた〈父親〉への憧憬以外には考えられないように思われる。ことに、この感情は、たんなる幼児期の生活からの継続であるばかりではなく、圧倒的に強大な運命にたいする不安によってたえず維持されているわけだから、なおさらそうである。私は幼年時代の欲求で、〈父親の保護〉にたいする欲求ほど強いものをほかに知らない。」「こういうわけで、自他一体的な感情は〈無制限なナーシシズムの復活を目指している〉かもしれないが、（すなわち、自己愛であり、母への愛でもなく、母への欲求でもない！）その自他一体的な感情はもはや第一義的な重要度をもちえないのである。宗教的な態度の起源は幼児のもつ（父親がいないためにおこる）〈寄辺がない〉という感情にまで、明確に辿ることができる。〈その背後には、もっと別のものが潜んでいるかもしれないが、しかし、その点については、さしあたり今のところヴェールに包まれている。」（挿入句、及び〈〉の部分は全て著者の印したものである。）

フロイドは以上のような推測をしたが、母親に対する欲求が宗教的感情をおこさせる可能性が大いにあることを全く考慮せず、簡単に片づけてしまっている。フロイドは子どものもつ唯一の欲求対象として父親の重要性をあげている。ところが、子どものもつ愛情とは――父親に対する愛情でさえ――基本的には利己的なものであって、自分の安全を守るための欲求であるとフロイドは考えている。

しかしながら、フロイドは自分以外の人々が「自他一体的」な感情などをもっていることを否定できないでいる。しかし科学的研究の対象としては不十分だと考えている（八―九頁）。またフロイドは重要な告白をしている。すなわち、彼は宗教の起源をヴェールに包んだままにして、彼自身はこれらの感情についての解釈をしえないでいるのである。それから三年後のフロイドの「女性の性感」という論文の中にも同じようなフロイドの気質的限界と彼の見解の限界とを見い出すのである。

「人生初期の母への愛着と結びついているものはいずれも、精神分析する場合、私にとっては大変とらえにくいものであり、過去のうすぐらい、ぼんやりとした中に見失いがちであり、復活させるのが大変むずかしいものである。だから私には、〈ある特別に厳格な抑圧〉をこれらがうけているように思われるのである。

私は、女性の分析をしていたとき、彼女等は、私が今、述べている、この初期の母への愛着の段階から逃避しようとして、父定着にしがみつくことができたことに気づいた。そのことから、先に述べたような印象をうけたのである。女性の分析者――たとえば、ジャンヌ・ランプルドゥ・グローやヘレーネ・ドイッチュら――は、この事実をわれわれよりは、よりたやすく、鮮明に理解することができていたことは事実のようである。なぜならば分析者である彼女達があつかっている患者との間におこる転移状況では、母親代理に適した存在であるという有利さをもっていたからである。」（〈〉著者。）「私にとっては大変とらえにくい」とか、「女性の分析者はよりたやすく、鮮明に理解することができるのに」というところに注目しよう。

フロイドは、患者が父親転移にしがみつくのは患者の側の欠点であるとしているが、フロイドの初期の理論では父親というものをかなり無視していたし、初期の母定着も相当に軽視していたのである。治療場面での父親的役割にこだわっていたのはフロイド自身ではなかったのだろうか。また「特別に厳格な抑圧」の犠牲者は彼自身ではなかっただろうか。

これらは結局、(1)フロイドの生涯で、「自他一体的な」感情を経験すること、(2)フロイド理論の中で母親や愛情の占める重要性を認めること、これらのいずれもができなかったほどのフロイドの性格的な無能さの原因は前述の「特別に厳格な抑圧」であると私は思う。とにかく、われわれはフロイドの治療法の誤りを認めるものであり、彼の日常経験における鈍感さを認めるものである。治療法だけでなく、彼の理論にも、以上の二つの傾向と同じ欠点を見い出すことができる。治療上の失敗と、理論の失敗は関連したものであり、フロイド自身の性格の現われであって、同時発生的な偶然の一致ではないと考えられる。これは確かにすっきりした一つの仮説である。

エディプス感情の過大評価

ところで、フロイドの後期の論文には、理論的な見落し（手落ち）に関する告白がある。前期の論文では「父親の保護」に対する欲求を幼児期における欲求の中でもっとも強いものと考えていたが、後期の論文ではたいして注目すべきものとして語られてはいない。フロイドの理論では、「幼ない女児は父親の方をより好むはずであるが、その幼ない女児においてさえ、父親への愛着よりも母親に対しての激しく情熱的な排他的愛着の段階が先行している」ということが今や明らかになっている。さらにまた「母への愛着のみられる期間は非常に短かいと考えられていた」。しかし、今では五歳位まで続く、ときには一生続く場合もあるとされる。「実際、この段階では、幼女にとっては、父親はわずらわしい競争相手ていどのものでしかない。たとえ父親に向けられる敵意があっても、男児が父親に向ける敵意程強いものではない。」この場合、性的魅力というものは嫉妬を和らげるにすぎない。しかし、これは性的嫉妬であろうか。いやちがう。これはたしかに、愛による嫉妬であるといわれるべきである。これは性と対立するもので、子どもが人見知りできるようになる時期から始まるものである。遅まきながら、われわれはここで母親の重要性を認識し、愛は性とは無関係であり、むしろ性に対し、対抗力をもっていることを認めるのである。こう考えることによってまず出てくる結果は次のようなものである。すなわち、「エディプス・コンプレックスが神経症の土台となっているという意見の普遍性を撤回せねばならないということである。しかし、もしこうした修正を取り入れることに気がすすまないならば、誰もがそうしなければならないというわけではない。というのも、エディプス・コンプレックスの内容を拡大して、〈両親〉との関係まで含んだものにすることができるからである（〈〉著者）。あるいは女性が正常で陽性のエディプス状況に達することができるのは陰性コンプレックスによって支配される第一段階を支配したときであるというわれわれの新しい発見を正当に評価することができるからである」。

しかし、なぜ、すでに承認されているにもかかわらず、誤りを修正することに気がすすまないのだろうか。独創的な命題をほとんど無意味なものにしてまで（エディプス概念を無際限に拡大することによって）、誤りをあいまいにしてしまうのか。また、抽象的な仮説をつぎつぎと積み重ねるといったやり方で、その誤りをなぜ維持しようとするのだろうか？　私がそれに答えよう。分析者として、なぜ自分自身に対して、最初からの見落しの理由は何であったのか、問い直しをしないのか（すなわち、自分が偏見をもっていたのかどうかなどを）。科学者として、系統だった修正ができるようにその理論全体の綿密な検討をなぜしないのだろうか。

フロイドがこうしたことのいずれに対しても気がすすまなかった、その理由は「まことに厳格な抑圧」の結果、フロイドが世の母親というものに対して悪意をもっているためであり、愛情というものに盲目になっていたからである。このフロイドの母憎悪と愛への盲目は結局反対者たちの多くがもっていた性への盲目や憎悪と大同小異だと考えられる。エディプス王の話は、もともとは、社会生活と文化を説明するものとして用いられたのであるが、精神病理の領域に採用されるにいたり、よりあいまいで複雑なものとされた。そのため、社会生活や文化の領域で、この概念の不適切さを修正することはむつかしい。

性的嫉妬は文化的所産

フロイドの理論は彼の個人的な偏見の表現であるという結論を示唆する証拠は、その他民族学の中にもたくさん見い出される。これを簡単にまとめてみると以下のようである。

(1) 人間の母定着というものはフロイドにとっては過去のうすぐらい影の中にとり残されてしまっている。それと同様に、古代の太母信仰も、彼にとっては不可解であると同時に近づきがたい神秘であった。太母信仰は文化を研究する考古学や宗教心理学にとってはおそらくは大問題であったのにフロイドはむとんちゃくに、そして偏見をもった意見をほんの数行示すだけで片付けてしまっている（集団心理学、付記）。

(2) 神話においては聖職者の去勢を太母神のためとしているが、フロイド派の人々は父親の求めに応じてなされたことであると解釈している。

(3) 人間をいけにえとして捧げることについても、元来は同胞間（カイン）の嫉妬の問題と滋養・栄養（大地）の母を慰撫することと関係づけられていたが、フロイド派の人々は、（性的に）ねたみ深い父親を儀式的に殺害することとして、あるいは近親相姦に傾いた息子のつぐないと身代りの犠牲（父親をなだめるための）として考えた（Money Kyrle : 'The Meaning of Sacrifice'）。女性をいけにえとすることについては、念入りに無視するか、さもなければ証拠もなしに、父親殺しの代償であると主張している。ここでもまた、前述したような意味での父親や性の問題に関連した妄念にとりつかれているのだ。

(4) フロイドは性的嫉妬は人間にとって普遍的なものであると述べている。ある程度、性的嫉妬は人間の構成要素となっているということはできる。ただし、性的嫉妬の強さ、あり方は文化によって多種多様である。フロイドが多大の関心を向けた嫉妬は反男女平等論的なものである。そしてこれはフロイド特有の考え方に基づいている。すなわち、ペニス羨望である。このペニス羨望はある特殊な文化が作りあげたものであるということをわれわれは文化人類学から知ることができる。

また観点をかえれば、嫉妬の基本的なものは男性が女性のもつ生殖能力や哺乳能力に対していだくものであるということができる。このことも文化人類学は教えてくれる。ペニス羨望は家父長的文化やその文化的性格と密接に結びついている。しかし家父長的文化は決して男性の先天的優位性を表現するものではない。フロイドの父親崇拝はエディプス神話そのものの根本的な事実を、彼がここでもまた見落していることを表わしている。すなわち、最初の攻撃は妬み深い父親ライオス自身から来たことをフロイドは見落している。（神託はライオスの「幼児」自我であった）この神話を全般的に研究すればわかることは、父親が幼児（娘も息子も同じ）に対していだく退行的な嫉妬が、父親の性的な特権に対して息子がもつ早熟な嫉妬以上に強いということである。嫉妬の中でも一番重要なものは、（カインやシンデレラの場合のように）年長の兄弟が示す嫉妬であることをフロイドは神話から知っていてもよかった。これはフロイドがごく軽くしか触れていない問題であるが、おそらく神話は母親を性的なものとは別の評価をしているからであり、人類を教化する原動力として母親を把えているからである。そして子どもたちに対する父親の嫉妬から子どもを守るためにクロノスに小鎌をもたせて武装させた。フロイドはこうしたことを何も理解することができない。なぜだろうか？

(5) トーテム儀式についてのローハイム（Röheim）の解釈ほど、目にあまるほどにひどく、意図的で、自己矛盾したゆがんだ資料の解釈をみたことがない。アランダ族はこう考えている。

男性の女性への嫉妬

(a) 男は子どもを産むことができる。
(b) 割礼したペニスは膣と呼ぶ。
(c) その膣から儀式的に出血させる。
(d) その儀式から女を厳しく排除する。
(e) （ローハイムは記していないが）月経についてはほとんど何のタブーもない。

アランダ族の男たちは父親と息子を去勢不安と同性愛という共通した絆で結合させるためにこうした儀式を行なうのであるとローハイムは述べている。ここでいう同性愛の起源は、嫉妬深い父親の妻に対して抱く、近親相姦願望を息子が放棄することに基づいている。

たしかに、(a)は単純な願望的空想であり、(b)の割礼などはできうる限りの行為や行動を通して女性になろうとする望みを達成させるものである。(c)は女性の月経機能を特にまねたものであり(e)の月経についてのタブーがないということと結びついている。月経に関しての恐怖は基本的には羨望であるかもしれない――いわゆるすっぱいぶどうである。すなわち、負けおしみかもしれない――男が月経機能と子どもを産む機能をうまく自分達に付与することによってこの羨望を和らげている場合には、もちろんこうした月経恐怖というものは必要がなくなるのである。(d)についてであるが、この儀式から女性を排除することを近親相姦不安の結果とするべきではない。微力で嫉妬深いこの模倣に向けられるあざけりに対する直観的な用心深さの現われであると考えていいかもしれない。またこれは男の尊厳や権威を危険にさらすことへの用心深さであるかもしれない。少なくともいくつかの解釈が成りたつと思うが、いまだそれが提起されたことはない。

理性の過大評価

(6)　男性の性的嫉妬を中心にして社会生活を考えるフロイドは、愛を社会生活の要素として認めようとはしなかった。そしてこのフロイドは少なくとも四つの相互に相容れない仮説を著作のあちこちに提示することを余儀なくされた感がある。

これらの仮説の一つは、理性と洞察が前社会的動物（言語や概念的思考の欠けているもの）にもあるということである。さらに良心の責めや信仰・自制心といった類の道徳感情がこの社会化されていない存在の中にもみることができるというものである。フロイドが彼と同時代の人々についてはこの類の性質の存在を否定していることと思いあわせると全くおかしなことである。

性的要素の過大評価

(7)　分析者は動物行動の諸事実と比較することによって自分の社会理論を補充検討しようとする結果、男性の性的嫉妬の克服がその族の社会化における問題の要点であると思えるような事実を選択するものである。すなわち父親と性の問題に注意を集中させ、愛とか母親の問題を除外してしまうのである。さらに個人のもつ攻撃性やわがままを克服することがその個人の発達あるいは社会化の要点であると考えられてしまう。社会は常に、強迫性の産物であるとされ、絶対に相互的吸引力の産物とされることはない。『文明とその不満』（一〇四頁）の中で、動物社会には文化間の闘争がないが、その理由について説明を与えることが全くできないとフロイドは告白している。しかし、ここでもまたフロイドは確信をもって、昆虫社会でさえ、「個体に対する制限」を基礎にしており、それは「何千世紀」にもわたる闘争の結果こうなったのであるというのである。昆虫行動の事実は、全ての養育行為にもともと内在している社会化へ向う一般的傾向と、闘争も制限もない昆虫社会の進化を明示している。動物の社会性についての多くの事例をみるとその社会は両親と子どもの養育的関係が性的排他性の問題に妨げられることなしに連続的に発展したものであることがはっきりしている。有意義とみなせるような嫉妬の大部分は、たとえ（女王蜂のように）生殖的関係のようにみえるものであっても、そこに養育的要素があるのである。

父権制文化の過大評価

(8)　最後にフロイド派の母権制文化・宗教に関する取り扱い方が偏向していることを批判したい。母権制の文化・宗教は父権制の文化・宗教よりもより平和で安定したものであるといういくつかの証拠があるにもかかわらず、フロイド学派ではこの母権制文化や母権制宗教を二次的で劣ったものであり、一時的なものであるとしている。フロイドの前提は父権制は社会形態として、基本的でかつ自然なものであり、もっとも優れた形態であるとしている。母権制は家父長制の拡大普及のために消えていくものだという暗黙の前提があるのである。フロイドは人間とは闘う動物であるという考えを強くもっている。そしてフロイド個人はそのことを遺憾に思っている。しかし、男による女の征服であろうと、異邦人によるユダヤ人の征服であろうと（その逆もまたそうである)、征服ということを彼が優越性の証拠として受け入れていることは明白である(『なぜ戦うのか』二一七頁参照)。

死の本能論批　判

『快楽原則を超えて』で提出された死の本能概念こそが歴史的にも、またその他の観点からみても、フロイド派の理論と実践の分離点となっている。ローハイムは死の本能を「無意識心理学の柱石」と呼び、ブリーレイ博士(Brierley)はこれを精神分析理論の発達史における中心問題または転換点であると考えている。

なお情緒的観点からみると死の本能は憎しみの最高の表現である。そして死の本能はこの憎しみの感情をいやが上にも高め、ついにはそれが人生の唯一で根本的な目標のようになってしまう。——たとえば飢えのように外的な刺激を必要とせず、憎しみそれ自身が目的になってしまう。それゆえ、この死の本能という概念は客観的実証がなければ、フロイドの愛の否定論と同様、主観的嫌悪感の表現にすぎないことを示すものになってしまう。死の本能論は私が述べるように、無意識的憤怒の表現であるだけでなく、この理論の裏づけに用いられた実証的資料を解釈するのに、愛の存在から目をそむけさせるようにしか解釈できなくするものである。したがってこの理論は科学的に正当とはいえない。よってこの理論は二重の意味で正道からはずれた誤ったものといえるだろう。

(1)　批判の第一点はこの死の本能論誕生の経緯についてである——フロイドのそれまでの研究方法は非常に経験的なものであったのに反して、死の本能論はそれから急激に分離してでてきたのである。フロイド自身、彼がしばしば「過度の推論」をすることについて弁明している。しかし、その二、三年後にフロイドはその本能論が自分自身に対して強い威力をもっているのでこれ以外には考えようがなくなったといっている。これ以上に、無意識的衝動の妄想的表現の発生と発展の特質をよく示してくれる記述がありえようか。

(2)　私は論理的、生物学的、心理学的そして哲学的に証拠しらべをしようというのではない。こうした議論についてはすでに述べたようにブラッカー博士（Blacker）がその著書で要を得た批判をしている。ここでは、ただ一つの反対理由をあげるにとどめたい。死の本能の概念は原子的なもの（有機体分子ではなく）に、記憶や好みや目的などを帰属させ、原子が有機体の構成として参加したり、その中に留まることには反対している。原子にこの反社会的傾向を与える一方で、この理論に従えば次のように想像せざるを得ない。すなわち、原子の一つ一つのもつ反対傾向が一つのまとまりとなってその種に特有な死に方を求めるかたちで表現されるのではないかということである。生とは、有機体に死への意志があるにもかかわらず、外界から有機体に強制されてくるものと思われる。進化の事実に直面してフロイドがこのような考えをとったということは彼の個人的、私的な動機が優位に作用した証拠であると私は考える。

(3)　私自身がもっていたフロイドへのむしろ盲目的ともいえる愛着を打ち切らせたものは死の本能論である。また精神分析学派の多くの内部意見の相異がひきおこされたのもこの理論に関してであった。しかし注目すべきことは彼らが死の本能論にまつわる諸問題を回避したことである。それもその理論を撤回するというかたちではなくて、その理論の全体をぼかしてしまったり、補足的な仮説をつみ重ねることによって問題を回避したのである。これらのやり方は何れも感情の所産たる信念を維持するために、しばしば使われる手である。私は死の本能は分解作用と同義だと聞いたことがある。とすればそこには積極的な意味は特にない。有機的絆から、原子が自らを解放しようとする目的的な試み、あるいは無機物になりたい原子の傾向、これを死の本能は意味しているのである。同化作用と分解作用は新陳代謝の抽象的な面にすぎない。（ただし、そこに量的な不均衡はあるかもしれないが）同化作用対分解作用と愛という肯定的、独立的、原初的、本能対憎悪の間には不思議に思えるほどの類似性がある。すなわち愛も憎悪もバラバラの原子が相互に引きつけ合ったり、拒否しあったりすることの結果ではなく、個体が一つの統合体として存在するときの表現法であるといえる。しかるに精神分析者の中には〈この問題に関しては〉フロイドに従うことを拒否する人がいる。このような意見の分裂はあきらかに理論的客観性に基づくというよりは感情的なものによると思われるのである。

(4)　さらにわれわれには研究上無用なこの死の本能なる理論の起源を疑う根拠がある。この理論によって（大変手の込んだ仮説をかりて）サディズムとマゾヒズムの現象は説明がつくとされているが、しかしこの説明が不満足なことはすでにみとめられている。

原初的ナーシシズムは外的対象に対して、自己防衛のために、死の願望を投影する。それは死の本能が〈解決をさがしもとめる〉というよりもむしろ死を求めることになるのである。たとえば何かを意欲するよりも、むしろ怒りをもつというぐあいである。性愛的衝動と死の本能が結びついて性愛的衝動を促進するとやがてそれがサディズムとなる。したがって愛憎を同時に感じるようなアンビバレントな愛の対象を防衛しようとして自分の攻撃的―破壊的衝動を自分自身に向け、そこで二次的マゾヒズムをつくるのである。さらに反復―強迫現象も理論化されねばならない。

しかし、この大変手のこんだ理論には何ら臨床的適用性・効用性もないのである。だが、私が死の本能論の妥当性について批判したところ、メラニー・クラインは「それがどうしたのですか」と答えたのである。もし理論の真実性に実証性があるかどうかは問題ではないということになると、その理論は純粋の空想と非常に深い類似性をもつことになる。

死の本能への反論を要約してみると、死の本能は空想的思索からおこったものであり、本質的に不合理なものである。そして、せんじつめれば結局、無意味な抽象に帰するのである。それ以外にはただ激しい意見の相異を生み出すものでしかない。また、山のように多くの厄介な仮説の助けを借りて、解釈、説明してみたところで何の得るところもないのである。

フロイド的愛情起源論批判

さて、われわれはフロイド派の愛の概念の検討をしよう。この愛の概念も死の本能論と同じく悲観的で反抗的な心的態度の表現ではないかどうかを検討しよう。

(1) フロイドは愛の起源が性であると強固に主張し、また全ての（昇華された）興味も究極的には性的な起源をもつと主張している。『集団心理』（一一六頁）にフロイドは養育的絆から性的愛情への「簡単なる移行」というものについて述べている。そしてさらに後のパラグラフで「優しくかつ嫉妬深い感情と性的な意図の完全なる〈融合〉」について述べている（〈〉著者）。これは養育的衝動と性的衝動の根源的独立性を意味しているようにみえる。しかし次のページではフロイドは子どものもつ最初の愛の典型はエディプス・コンプレックスと統合されたものであるといっている。しかしながらわれわれの批判する、このフロイドの汎性欲主義の基盤たる性的志向を彼自身、後になってから間違いであると気づいている。

ともかくフロイドは続けていっている。抑圧のもとでは「取り残されたものは純粋なやさしさの感情として現われるのであり、もはや性的なものとしてではない」と、また「これに勇気を得て、次のようにいうことができる。われわれがもしやさしい感情に出くわすならば、必ず、それは『官能的な』対象への定着に由来していると』。次のページではやさしさが性的なものに由来していることについてさらにはっきりといっている。その証拠とは次のような事柄である。

(a)　幼児が、愛する対象にたいしてもつ性愛的行動。

(b)　分析の中で喚起される記憶は究極的には性愛的表現を伴うという傾向。

確かに愛というものが、何らかの身体的手段をもって表現されることは否定できないことである。そしてこれらの手段のうちでもっともはっきりとしており、容易に記述され、(おとなの場合には)本質的に関心をひきつけるものは性行為である。フロイドによれば(愛情と性の)関連はいずれにせよ密接なものであり、その移行は容易になされるものである。だからといって性こそが愛の唯一の起源だという証拠はない——私が先に述べたようにフロイドの態度の変化は彼が汎性欲説を形成したときの立場のあやまりを認めたことを意味している。

決定的な実証性はまだない。いや理論そのものさえ明確ではない。それにもかかわらず、フロイドは固執する。自分の実証性には無頓着に、フロイドは頑固に、〈相変らず同一方向に〉進み続ける。

(2)　フロイドは乳児が自分以外のものなら何でも愛するということを否定している。したがって母親との結びつきを過小評価している。この考えは分析者の世界では重要な論点となっている。フロイドは『集団心理学と自我分析』の脚注(五四頁)に母親の愛をナーシシズムや性的興味の結果であると記している。実にフロイドの人生哲学の全ては、一行に要約できる、「ああ、私は誰のことにも関心をもつことはないのだ」と。このような人生態度は必然的に悲観的態度と攻撃的態度に結びつくものである。事実われわれはフロイドの著作のいずれにもこれを見い出すのである。フロイドは独立的な「本能」という地位を愛には与えようとはせず、憎悪にそれを与えようとした。またフロイドの悲観主義は死を人生の目標として受け入れるばかりか、『幻想の未来』や戦争についての彼の手紙によると、死は「避けえないものであって、かつ生物学的には有用なもの」であるとしている。

(3)　衝動というものは満たされると何らかのはけ口を探し求める必要がないという、疑う余地のない前提から出発するフロイドの昇華理論の中にも、証拠の意図的曲解が見い出される。性は現代ヨーロッパ文化において満足されていない、それゆえ性はエネルギーの源となるであろうという（果してそうであろうか）。たいていの文化は、隠されているとはいえ、性的なものをもっていることは確かである。たとえば芸術や宗教にみられる性的象徴性は議論の余地がない。それゆえ、全ての事柄は性の代償なのであるという（果してそうであろうか）。さらに未開人は性的に「自由」である（現在では間違いであることがわかっている）、それゆえ（どうしてそれゆえなのか）彼らの文化は原始的なのだといわれる。子どもの社会的、文化的発達は性が最も厳しく禁止されているその期間がもっとも著しい。こうしたことから、性と文化との間にある補足的関係が証明されることはあきらかだといわれる——ごく一般的には、一方が盛になれば他方は衰えるといわれる。

しかし、この性と文化の相互補足性は必ずしもフロイドが独断的に主張しているようなものと考える必要はない。（たとえば、性と文化が独立した起源をもつと考えることもできよう。すなわち同一性の関係としてでなく対立の関係として考えることもできるのだ）またこの補足性を機能的なものと考えることもできる（たとえば性と文化が共に統合機能を果すものであって、分離不安を克服するものとなっているという考えである。私はこう考えてやってきた。もちろん、その先鞭はアドラーがずっと前からつけている）。重要な問題はフロイドがあいかわらず、ひとりの人間が他の人間に対してもつ、非性的であると同時に社会的でもあるような関心（たとえば愛）を、はじめから考慮に入れていないことである。

文化の起源について、フロイドは性の象徴的満足として文化があるという考えをもっている。たとえば大地にくわを入れることは母親との近親相姦であるという工合にである。現今の資料からすると、農業は〈女性〉によって始められたらしいが、もしそうなら次のようなことになる。大地を耕すとはペニス羨望を経て、母親との同性愛的交わりをすることであると。精神分析の諸概念は柔軟性をもっており、全てのものを「期待される型」に還元させる弾力性のある定規のようなものである。期待するものへ還元してしまうことは資料を公平に扱わないことである。こうしたフロイドの諸前提の本質は、フロイド理論のもっている〈病的〉な部分の一般的な傾向を研究することによって明らかにされるだろう。

フロイド的研究

方法批判

もちろん、こうした批判は〈潜在〉的な内容に言及する精神分析からおこるのだといわれるであろう。しかし批判は〈顕在的〉な内容に基づいており、体系的になるのも不自然ではない。しかし、この問題は事実に基づいて判断し、また精神分析の内的一貫性に基づいて判断すべきことである。これがここで私のしようとしていることである。私の指摘したいことはすなわち、フロイドは顕在的内容を潜在的内容の単なる覆いとして取り上げて、顕在内容を軽視する傾向があることである。しかしそんなことはとうていなされるべきではない。というのも、にせの関心は本物の関心をかくしおおせるものではないからであり、無意味が有意味をかくすことはむつかしいことだからである。それはあたかも、妥当な存在理由をもたぬケンタウロス（訳注：人間の頭・胴・腕をもち、馬の体と脚をもった半人半馬の怪物・ギリシア神話）のような非現実的な人物に変装して、警察の目からのがれようとする指名手配中の犯人のようなものであり、またそれ以上にむつかしいのだ。顕在的な心的内容はそれはそれで本物であり、明らかに人生における主要な要素となっている。それを単に抑圧されたものの変装だとして無視するのはまったくばかげている。

(4)　文化―文明を性的活動の代償であると考えない場合でも、フロイドはなお文化・文明のおこりを物質的満足を求める欲望の中に見い出すのである。おそらく、フロイドの善意の存在の完全な否定論は『幻想の未来』に示されている（一〇―一三頁）。すなわち、全ての文明は、純粋に唯物的な目的のために、少数者が多数の人間を利己的に強制することの上につくりあげられたものであると考えられている。それゆえ「文化とは権力手段と強制手段とをうまく手に入れた少数の人間が嫌がる多数の人間に無理に押しつけたものであるという印象をうける」ことになるのである。「強制や本能抑圧などを放棄し、ひとが天然物資の入手と、入手した物資の享受に専心できるようにするならば、それこそ黄金時代というものであろう。」しかしながら、このような唯物的パラダイスは決して実現されうるものではないとフロイドは絶望的にいっている。「あらゆる文化は強制と本能抑圧とを基礎と〈せざるを得ない〉ように思われる。」（〈〉著者）「全ての人間は破壊的である。」だから、この反社会的傾向はいかなる社会においても優勢だとされることになる。

「最初のうちこそ、文化で一番大切なのは生活を支えるために、自然を征服することであると考えられた。」（それではなぜ、文化は豊饒なる気候と土地に、あんなにも早くから順調に発達してきたのだろうか？）フロイドにとっては政治的な問題が次のように三つある。

(1)　「人類に無理やり押しつけられている本能の犠牲という負担」をいかにして少なくするかということ。

(2)　これらのどうしても避けえない犠牲については「人類を納得させる」ということ。

(3)　「これらの犠牲の補償を人類に与えること。」

「文化維持のためには強制的な労働を欠くことができないのと同様に、少数者が大衆を支配することも欠くことができない。」指導者たちは「自分たちの権威を自由に行使できる手段をもつことによって大衆からの独立を保つべきである」。フロイドは自分のことを新思想家とみなしていたので、おそらく彼はマシンガンや毒ガス、爆撃計画などのことを考えていたのだろう。「ヒットラー万歳」を叫ぶような人々がひきあいに出す予言者のひとりとしてフロイドのことを考えたくなってしまう。フロイドは「文化体制維持のためにはある程度の強制が絶対に必要である」と考えている。そしてユートピアに関しては「これらの理想的な意図を実現させるためにはどれほど多くの強制が行なわれなければならないかを考えただけでもぞっとしてくる」といっている（一四頁）。

フロイドの社会理論はすべて、『集団心理と自我分析』と『文明とその不満』で提示された線にそっている。人が人に対して持つただ一つの欲求は、(a)物的な奉仕であり、(b)それも目標を禁止された性的欲求を介したものである。ばくぜんとではあるがフロイドは同一化に関して、これによって人は他者の幸福を空想の中で享受するのだといっている。しかし、これは人間にそなわっている共感性と愛の事実をうまくいい抜ける手段にすぎないと思われる。集団心理、すなわち人間を相互に結びつける社会的絆はフロイドにとっては、スーパーマンである家長への共通の恐れであり、屈服である。このスーパーマン的家長の性的嫉妬は、性的愛のための他のいかなるはけ口をも人々に与えることを拒否するのである。家長だけが完全であり、自然である。そして彼だけが強制によってゆがめられることがないのである。

フロイドの哲学はその立脚点に関する限りはたしかに一貫性がある。フロイドの逃げ口上、矛盾、資料の曲解、こうした全てはこの偏見を普遍的に適用しようとしたことからおこったのである。フロイドはときどきやさしさをそれ自身一つの力であるとみなしたり、あるいは失愛恐怖と同義に解している。しかし結局は次に示すような彼の立脚点へ忠実にもどっていく。

それは、(1)父親のために母親を無視する、(2)親子のやさしさの情を否定する。そして性を普遍化する、(3)人間の社会化を強制と恐怖による性的嫉妬の克服の結果にすぎないものとみなす、(4)憎悪を自然発生的な根深い欲望とみなし、全ての動機を利己的なものとみなす、(5)全ての文化的興味を性的満足の代償と考え、それ以外の興味は全て、物質的、功利的なものと考える。

彼の意見は主観的には一貫性があるが客観的にはそうではない。すなわちフロイドの見解は経験的研究に根ざした結論ではなく、彼の気質の表現なのである。それはフロイドの個人的な「思考の枠組」であって、その中で彼は自分の形而上学を構築したのであり、フロイドはこの形而上学を「メタサイコロジー（心理学を超えた理論）」と呼んでいる。

恐怖と抑圧

さて、われわれはフロイド学派の恐怖と抑圧の概念について考えねばならない。まず不安の理論から始めよう。というのは、この問題に関して、長い間確信されていた意見が撤回されたことによって、フロイド的発想の全てが懐疑的にされたからである。不安とはリビドーが、性的はけ口を奪われて、変換されたものにすぎないと長い間、確信されていた。しかし今ではこの考えはすてられている。といっても、不安のメカニズムはいまだ未解決の問題ではある。分離不安は前エディプス期にさかのぼって考えられるようになった。これは出産の過程において、子どもが経験した器質的な苦しみに求められるようになった。父親が関係しない状況に言及していることは大変、重要なことである。こうした理論構成はフロイドの功績ではない。出産外傷の考えは（私の知るかぎりでは）ランクから始まったものである。しかしフロイドのいう外傷とはいつも去勢のことであった。確かにフロイドは出産にともなう苦しみ (parturition-distress) という考えを見い出し、妥当だと考えている。しかし、これは利己的であり、唯物的であり、愛の存在を含まないものである。「母親からの分離」に関して(『禁止と症状と不安』、六二頁)、フロイドの述べていることは、「もし、乳幼児が母親をながめたがるとすれば、それは母親が全ての要求をすぐに満たしてくれる人であることを乳幼児は経験的に知っているからにすぎない」ということである。このフロイドの考え方は身体的欲求に満足を与えるということとは別種の、人と交わることへの渇望というものの存在可能性をはっきりと否定するものである。フロイドによれば、幼児は母親の価値を「自分自身に対する有用性」として学びとるのである。幼児は生まれながらに他者の存在を求める直接的な欲求とか孤独の恐ろしさをもっているわけではないし、またそれらを本能的に発達させるものでない(明らかに、多くの動物や鳥が発達初期から、こうした仕方で自己保存本能をもっているのであるが)。フロイドにとっては全ての恐怖はまずは不満足の状態が原因で心の中に惹起され、さらにそれに気づくことによって二次的に惹きおこされる。そこから類推して幼児または子どもの心の中に出産外傷の記憶がよびさまされ、「自己保存への衝動」が組織されるのである。この自己保存の傾向の起源こそが人間を他の動物と――哺乳動物からさえも――はっきり区別するものである。フロイドはこの自分の理論が反対されるだろうということを知っていたが、この反対を生物学と心理学の両者の限界を超えるものとして簡単に片づけている(前出、五八頁)。ただし、こうした領域への向うみずな侵入に、フロイドほど罪障感をいだかぬものはなかったのである。

たしかに、これは不自然で、特別な意図をもった理論化である。身体的な欲求の対象として人を愛することは認めても、それ以外の人を愛する自然な気持の存在を初めから、決して認めようとはしていない。フロイドはそうした問題に出会うと、急いで去勢恐怖の考え方に立ち返っていくのである。去勢恐怖によってのみ道徳感も育つし、人にしつけられる際の孤立化の恐れも去勢恐怖によって助長されるとフロイドは考えた。「去勢恐怖はそれが親の要請という個人的色彩が消えるにつれて、ますます決定的なものとなる。去勢恐怖は成長して、やがて良心のとがめや社会的制裁への恐れとなる。群れからの排斥という分離の形式はすでに社会的原型を形成している超自我の後期の発達段階にのみあてはまるのであり、親の要請を摂取するにつれてでき上ってくる超自我の核にはあてはまらないのである。」平易なことばでいえば、子どもは親を愛するのではなく、必要と満足のために親に依存しているのである。したがってこの目的のために親とのよい関係を維持することが子どもにとっての重要な関心事だとされる。親が子どもの養育的世話をしてやるとか、してやらないとか、身体的な罰を与えるとかいっておどかしたりするかぎり、親の快や不快が子どもの恐怖や幸福感をひきおこすのである。ところで、全く自明のことであるが、母と子のお互いにいだき合うような関係が失われたあとでは、それだけなおさら精神的なよい関係（興味、愛情）が必要であり、つちかわれねばならない。しかしフロイドはこうした人生における独自の現実としての愛に対し、どれだけ極端に、またかたくなに、否定のための否定をくりかえしたことだろうか。

恐怖の問題を離れる前に指摘しておきたいことはフロイド学派の抑圧概念はいまだ不十分なために次のような問題があるということである。すなわち、抑圧は、精神をおびやかす抑圧された感情が強烈だというそれだけの理由で自然におこってくるものであり、その感情の表出をさまたげる社会的状況とは無関係に発生するのだと考えられてきたことである。これは人間の幼児はどんな環境に生まれてこようと常に不適応なものとして生まれてくるという意味であり、それゆえ、生まれたときにはすでに葛藤状態におかれているということである。それゆえ、この葛藤を解決する唯一の方法は抑圧することだということになる。人間が自立的に生きられるような成熟を得るためには、依存的な幼児性をやがて放棄せねばならない。こういう人生の二面性が発達途上の緊張―苦悩というものを不可避にしているという、こうした見解に私は同意する。しかし、こうした緊張―苦悩は、あの仮説的な、また自然発生的、自己適応的（環境への適応からは区別された）抑圧というものよりも、あとから発達の過程においておこるものである。何らかの種が、無用な特性、それどころか、自己矛盾的特性すらもって、生まれうるということを信じるためには、よほど多くの証拠が必要だろう。フロイド理論がこうしたことを要請せざるを得なくなったという事実そのものが私には、理論自体の不適切さを示すものと思われる。

概観すれば、フロイドは人生の何ものにも肯定的、積極的な動機を見い出すことはなかったといえる。フロイドによれば人生とは死への意志に反して、まわりから強迫的にすすまされているものだということになる。生物学や人類学や心理学における複雑さや精巧さは、衝動それ自身の中にある葛藤とか不均衡に起因するものなのである。フロイドにとって人類とは必ず個人個人へとバラバラにされてゆくものなのであり、その各個人は自分自身の目的のみを追求するものなのである。他者との結びつきの最後の手段たる性的結合さえ単に本能の緊張を低下させるものでしかなく、無気力と崩壊への単なる一段階と考えられている。フロイドにとって「表現」とは排泄にすぎない。そこでは他の人に自分のことをわからせたり、他の人の反応を理解したりということなど考えられていないのである。

かくして全ての社会的活動は防衛―反応であり、代償的満足であり、罪のつぐないであり、代償的攻撃だということになる。罪とは自己喪失の懸念であり、悲しみはそれが現実化したものである。憐憫の情は本来考えられぬものであり、愛は虚構である。

すでに他の個所で私は愛の概念を厳密に生物―心理学的立場からいい表わそうとした。しかしその議論をここで要約するには長すぎる。私が指摘したいことは、こうした事柄に関するフロイドの態度の一貫性は事実との不一致をつきつけられてもゆらぐことはなかったということである。フロイドの想像が自由であり、事実との接触が非体系的であるところではいつも、彼の悲観的な人生哲学が放縦をきわめている。しかしながら、彼が人間性と密接にかかわりあっているときには――臨床的分析において追求され、あらわにされる人間の暗黒面や潜在的な内容に関する場合でさえ――フロイドは彼自身の全く別の面をみせている。すなわち、実際の治療ではフロイドは理論を捨てているのである。生理学的精神医学者が患者や反対論者と議論するようなときには、脳病理が思考を決定するといった理論をいちはやく捨てるのと同様にフロイドもさっさとその理論を捨てたのである。

性に対するフロイド学派の態度

ローハイムは彼の著書『未開文化の型』の結びで、「人間の性行為はまさに原型的なものであり、性交における姿勢からその人の全精神的態度を推測することができよう」と述べている。性交時の姿勢から性に対する態度と女性に対する社会的態度が推測されるという限りでは、たしかにそのとおりである。他の個所ですでに明らかにしたように、女性の社会的地位・家庭内での位置・文化的なことやその他のことに関する興味・交友関係の幅、こうしたことは全て、女性においては、自分の子どもたちや男児（女児とは区別して）に対する情緒的な関係のもち方に影響をおよぼすのである。特にこれらの要因は子どもに対していつまでも子どもであって欲しいという女性の欲求に影響を与える。またそれゆえ、心理的離乳や前エディプス的（退行的）願望の抑圧や、エディプス願望の抑圧などを行なう女性の意志や権力にも影響を与えるのである。青年期における養育や教育はその世代独特の様相を決定するような感情的態度をつくりかえていく。またその感情的態度は、ある種の悪意とやさしさの周期的反応の連鎖の中で、外的な影響（たとえば経済などの問題）にも左右されながらつくりかえられるのである。しかし、こうしたことをローハイムはいいたかったわけではない。『未開文化の型』の他の個所でローハイムは大変とくいになって「生物学的な男性性」をわれわれの動物的な祖先からの「継承物」として論じている（五六頁）。性交は女性の去勢であり、「女性を服従の中にたたきこむこと」であり、「暴行」である――またそれは純粋に精液の＜排泄＞（緊張の緩和）であり、決して＜応答＞を呼びおこすことを目標とするような感情の＜表出＞なのではない。

それでもローハイムは「愛情の混和物」について語るとき、彼の信念は動揺している。そして、「男根的武器は愛ではない」（二二一頁）という驚くべき発見をしている。また彼は暗に、女性は男性よりも「愛の詩情」を必要としており、また女性は「男根サディズム」は男性ほどには用がないものだということを認めている。

ここでもまた、フロイドの著作におけるのと同じ理論的主張が見い出されるのである。すなわち、性欲やその派生的なものとは別個に愛というものがあるわけではないというのである。またわれわれはローハイムの研究にも、フロイドの場合と同様、事実の扱い方に（抽象的理論の扱い方ではなく）不正確さを見い出すのである。そして愛とやさしさの情については、理論の上ではその独立した存在を否定しながら、ときにはそれに言及することによって自分の記述を補っていくというフロイドと同じ傾向が見い出されるのである。たしかに、そこには、性欲のもつ攻撃的な面・利己的な面・官能的な面についての過剰に感情的な固執がある。そして、そこには、肉体的欲求以外の欲求は一切軽視する傾向がうかがわれるのである。男女の性欲の体質的（生物的）差異についての仮説もまた、初めからうむをいわせぬものがある。この仮説はフロイドと同じように反親愛感情や反男女同権論という偏見から発しているものなのである。

第14章　愛による治療としての精神分析療法

理論と臨床の分離

以下に示すのは私のもう一つの論点である。すなわち、精神分析の臨床活動はフロイド理論の源泉には全くなっていなかった。また精神分析の臨床が精神分析の理論のおかげをこうむっているところは何もない。ただことばの上でだけ臨床は理論に関係づけられているにすぎなかった。精神分析の分派がますますふえてきたので、臨床家の要求に応えるために媒介的な理論が生まれてきた。ところが臨床界でも同じような分派・かたよりが出てきた。たとえば、超受身的技法の出現がそれである。また、治癒の理由を説明する理論の中にも多様性が出てきた。これはあくまで無意識心理学を暗黙のうちに全部捨てるようなことをしないための動きである。ただしすでに一部にはフロイド心理学を去りつつある臨床分析者もいる。

無意識心理学の基本概念に迷妄的な要素があるならば、われわれは臨床活動のうちでも正しくそれをみきわめねばならない。もしわれわれがこうした作業を行なえば、大まかではあるが、次のような驚くべき結論に達することと思う。つまり、フロイド理論は「憎しみ」——愛の否定——に基礎をおいている。それゆえ、当然それは心を癒すべき心理療法には不適切である、と。そうであればこそ、フロイド理論は毒にも薬にもならないようなやり方でしか使用されないのである。フロイド派の臨床家との議論を通して、死の本能論は「闘おうとしないにわとり」であることが私には何度もわかった。逆にいえば、フロイド理論はその固有の領域での観察によっては何ら理論を補強することができない。また、その研究を方向づけることも、技術に影響を及ぼすこともできなければ、治癒の理由を説明することとさえできない。理論と臨床は発生的にも機能的にも完全に分離している。ただし臨床が勝手に発展して、理論を変転しやすい不統一のものにしたということはある。

ごく初期のフロイド学派の心に関する概念はすでに二つの理論の萌芽を含んでいる。(1)検閲によって分離された意識・無意識についての理論、(2)口唇期・肛門期・男根期におけるリビドー機構の理論である。この理論は自己愛が対象愛に置き換えられる際の諸変化にもふれるものである。

意識・無意識理論の方は神経症理論と治療理論に非常に重要な役割を果たし、リビドー理論の方は精神病の精神分析的理論の発展に対して大きな意義をもっている。意味深いのは、二つの理論の論理的な関係が決して打ち立てられなかったということであり、他方、抵抗と抑圧の二面をそなえた検閲の概念もまた不十分なまま、残されているということである。われわれが、精神分析の直面している問題の途方もない困難さや、これら初期の資料の不正確さというものを考えてみるならば、これはたしかに、そうなるべくしてなったといえる。それゆえここで異なる観点を導入しなければならない。＜理論の首尾一貫性というものは、おうおうにして、諸事実の軽視を証明するにほかならないものである＞。

しかしながら、われわれの哲学的努力は諸事実についての首尾一貫した明確な説明の達成へと方向づけられねばならない。それゆえ、われわれは「死の願望」や「攻撃本能」をフロイドが人間性にとって基本的なものと考えながら、その後の彼の「臨床」心理学の動きがペシミズム（彼の社会理論の場合のように）の方向へではなく、「社会的」感情の重要さの再認、すなわちオプティミズムの方へ向けられているのを見い出して、非常に驚くのである。論文発表の日付に従って、理論の変容を判断することはもちろん非常にむこうみずなことである。しかしこの機会に私は以下のことを書き留めておきたい。

(1)　死—攻撃本能についての考えは、一九二〇年に発表されている（『快楽原則を超えて』、これは「自由連想」における自己矛盾のような、すべて内面的な現象をとり扱っており、それゆえ、新しい展開の出発点であるように思われる）。

(2)　理想我の観念——われわれがそうでありたいと思うもの——は最初一九二一年に発表された（『集団心理と自我分析』）。理想我が他者の承認とか嫌悪によって条件づけられることをフロイドがすでに認めていることは明らかである。

(3)　一九二三年には『自我とイド』が発表されている。ここでは社会的な要請が「超自我」として、はっきり現われてくる——最初は両親（摂取された「イマゴー」（訳注：愛する人を理想化した概念で、幼時に形成されて成人になってもそのまま保存されているもの））に同一化され、続いて非人格化される。しかしながら、これを初期の精神分析理論でいう「検閲」と同一視することはできない。

われわれはここに、フロイド理論の中で患者のとり扱いに関する部分と、分析の資料に関する部分が著しく進歩しているのをみることができる。すなわち、(1)まず、完全に、非社会的で利己的なペシミズムの形而上学からぬけ出して(2)利己的ではあるが社会志向的な意欲という概念を経て、(3)社会的な承認と社会への帰順という概念へと前進しているのである。これがアドラーの影響によるものかどうかは他の人の決定にまかせておこう。アドラーの考え方は最初から社会的なものに重きをおいていた（たとえば、〈他者に対する〉劣等性と〈他者を支配する権力〉によるその代償）。

重要な点はフロイドがその理論において、人間は根本的に反―社会的であると宣言した瞬間から、彼が心理学の中に社会的な要因を導入しなければならなかったということである。すなわち、まず理想我、続いて超自我という形で、社会的要因を精神内界の「法廷」として受け入れねばならなかったのである。検閲の問題がかつてそうであったように、今では超自我の機構の問題が興味深いものとなっている。心理的障害はイド衝動の爆発からばかりでなく、超自我の「厳しさ」からも生じてくる。自我はあたかも上の石と下の石の間にはさまれているような存在である。ここでわれわれは、個人の心的内部の要請とか機構という面から、原型的な社会的状況にかかわっているのである。心はまず、両親のイマゴーを、それに続いて社会的な環境を「摂取」し、その理想我を形成する。現実我もある程度まで、それに応じて形成される。しかし、これは、子どもは両親の性質や願望を自分の考えとし、それによって「良心」と理想主義と抽象的な倫理的、審美的規準を発展させるということの別の言いかえにすぎない。ただし、この「摂取」の根拠はいまだ曖昧である（というのも「愛」が認められていないからである）。「摂取」は「同一化」に基づいているといってみてもあまりすっきりしない。意識がまさに始まろうとするときに、自己と母親との間に区別がなく、したがって超自我の萌芽はすでにそのとき存在していたということをこの同一化ということばが意味しているのでないかぎり、この摂取という機制をより明確にすることにはならないのである。しかしながら、この考えは脇においておこう。いったい、そもそも幼児はなぜ同一化や、摂取を行なうのであろうか？　それは明らかに、ただ愛のためにである。性的、官能的愛のためであろうか。意識のまさに現われんとするときに？　フロイドはこの点に関しても、いつもと同様、強情である。重要な点は次のことにある。臨床心理学的概念を発達させていくうちに、フロイドは精神発達の本質である社会性を考えるようになり、また他から独立した個の無意味さに注意を向けていくようになったということであり、彼の抽象的な定式化はほとんど常識のことばに直しうるということである。ただし、彼の場合、常識とちがうところは、優しさそのものの存在をうけ入れてはいないことである。また重要な点は、人間心理学は実際にはいつも個人を扱わずに、その人と他者との関係を扱っているということである。フロイド自身、「われわれはあまりにもかたくなに抽象をしすぎる」ことを認めていた（『症状と抑圧と不安』3章）。しかし、彼の心理的短絡傾向はまさに、愛からの逃避、愛を科学的概念としてうけ入れることの拒否、愛を人生の現実的要因として認めることの拒否のうちにあるのではないだろうか。

精神分析療法にひそむ社会的要因

フロイド学派の臨床理論は社会的発達や、社会的行動のより明確な認識へと向う傾向をもっているが、このことは彼らの分析技術の発達の歴史をみればはっきりわかるのである。精神分析の技術は、事柄に直接あたって、その場で治療法を考え直していくやり方から発達したものである。

初期の治療理論はカタルシス理論であるといえるだろう。すなわち、閉じ込められた情動的コンプレックスの排出である。これはいわば、前分析的理論であって、『快楽原則を超えて』の要約の中ではフロイドによって述べられていない。にもかかわらず、この考えは心的機能の「経済原則」あるいは「緊張緩和の原則」として、この著作（『快楽原則を超えて』）にも現われているように、相変わらず、フロイドをとらえているのである。いうまでもなく、これは利己主義を基本的なものとする治療理論である。この概念に従うと、禁止が社会的に確立され、そして承認されているかぎり、治癒はただ個人の規範からの堕落によって達成されるということになる（二二六—二二九頁参照）。

治療法についての最初で、最も特徴的な分析理論は「解釈」であろう。ここでは無意識内容の発見は意識の力と統御を拡大するものであると考えられている。ここで、再びわれわれは患者を自己充足的な精神的実体と考える理論と関わっていることになる。すなわち患者というものを本来はいかなる社会的交渉からも独立して存在しうるとみなし、また患者の均衡も不均衡も彼自身の内部の問題とみなし、他者との関係の中でとらえようとはしない。しかしながら、治癒の本質が抵抗の除去にあるといわれるときには、心についてもっと社会的な概念が含まれてくることになる。というのも抑圧が幼児期における社会的な要請の機能として現われてくるのに対し、抵抗は〈治療者に対して〉の反抗であり、治療者の「批判」に対する憤りとか、疑惑として現われてくるからである。過去の愛や憎しみが目の前のひとりの人間、治療者を通して、実際に再構成されることによってのみ、治癒が行なわれるということがわかったとき、社会的要因に関して、より深い認識が生じたのである。「転移神経症」に関するこの理論は少なくとも暗黙のうちに次のことを認めている。すなわち、患者が他者に対していだく愛・憎しみ・不安など、人間関係にかかわってこないような問題は何もないということである。

この理論と関係のある、リビドー論や、転移神経症とナーシシズムとの区別、この二つは次のことを説明してくれるように思われた。即ち、心理療法的技術を用いても何故、早発性痴呆・憂うつ症・妄想症などの精神病がうまくなおせないかを説明してくれるように思われた。というのも、こうした病気にかかると、治癒に必要な、特に健康状態であるために必要な愛の転移を形成することがむつかしいからである。こうした観点から、われわれはもはや精神を単なる「緊張緩和装置」とみなすことはできないし、その基本的欲求を感覚的満足の追求や単なる自己表現の追求とみなすことはできない。大事なことは、満足や表現は何れも、一部の単純な肉体的欲望を除いては、愛の関係の中でおこるはずだということである。そうでない場合、性的満足でさえ、精神的満足としては半分の力しかもたないのである。またマスターベーションはその非社会的、自閉的性格のために、罪意識を伴うのである。健康とは束縛からの自由度によって決定されるものではないのである。内的な禁止は幼児期における患者の愛の体験状況を表現しているのである。束縛の除去とは何よりも、不平や憤りをもたらす、人生初期の社会的無理解を取り除くことなのである。

不安や憎しみの克服は、不安を感じたり、憎んだりする理由が何もないと確信できるようになって初めて現われるものである。陰性感情転移を分析するには、他者が基本的には愛情深いものであること、他者もまた彼（患者）の愛情を必要としているのだということを明らかにすることである。それによって初めて、感情転移の根源を分析できるのである。自分自身の中に自信を見い出し、他者に対する信頼を見い出すとき、彼はそこから、知的または美的な精神的交流、仲間同士の会話が発展していくことに関心をもつようになる。そして、そうなればもう、その患者は「大丈夫」なのである。患者が幼児期に失った彼自身と社会的環境との間の親愛関係が再び回復されたのである。というのも忘却されていたいさかいが解明され、赦されたからである。もはや赦さ〈ねばならない〉ものは何もない。いずれの側（患者と他者）にも愛の欠如はないというところまで徹底的に検討されたからである。

しかし、これは治療についてのまさに非フロイド的解釈である。少なくとも私は、フロイドが彼の『精神分析入門』二十七章で認めているよりも、ずっと進んだ説明をしているのである。私の説明は自我の厳しさを和げたり、イドの衝動に対する耐性を獲得するといった抽象的な考えと一致するものではない。私の解釈は「医者の愛が患者を癒す」というフェレンチィの意見と大変よく一致している。そして、治るということは患者が彼の社会的環境と和解することであるということを主張することによって、フェレンチィのことばを完全なものにすることになる。治療者の役割はその技術にあるのではない。ましてや完全な親という神のような役割を果すことにあるのではない。治療者の役割はむしろ、一切の憎しみ・不安・不信が向けられてくるのを受けて立つ献身的な犠牲者の役割なのである。したがって治療者はひき裂かれた魂がその社会に再統合されるための媒介者であり触媒なのである。

フロイド学派の治療理論は治療過程を解釈するのに社会的側面を重視する傾向がある。もし、これが単に私の誇張でないならば、臨床における無意識的心理とフロイド心理学における恣意的な理論構成の際の心理とは別物扱いした方がいいと思われる。具体的に人々と接触することがフロイド自身の冷笑的な見方を克服し、親らしい愛を呼びおこすのである。とりわけ、依存的で無力な患者たちが、内心の秘密をもちながら、治療者を信頼して、感情をあらわにし、子どもらしい役割をとる対人関係においては特にそうである。しかしながら、無意識心理を恣意にまかせて空想するときにはフロイド自身の幼児的な激怒や絶望がさまざまな形をとって、現われてくる。たとえば、女性解放反対論、愛の性への従属、攻撃性や憎しみなどの普遍性の主張（完全なる社会的ペシミズム）という形で現われている。死の願望論には、フロイド自身の裏切られた望みがひそかにではあるが現われている。欲せられた死（解体）とは心的な死（解体）であり、母親と自己をへだてている境界の消失以外の何ものでもないからである。（フロイド個人の死の恐怖はあきらかにこのことと関係している。）フロイド理論は、裏切られて母親に復讐を誓う一人の子どもの労作である。彼の実践は世界全体に自分のやり方を教えこもうとする野心的な親のようなものである。フロイドの研究活動は、「弟子たち」の批判や訂正は受け入れはするけれども、仲がよかったわけではなく、協力的だったとすれば概して過去の人たちとであった。こうしたところに、フロイドの途方もない独創性と競争心が露わになっている（これらのことはどこまで女性との感情的な和解に由来しているのだろうか。この和解は女性の協力性に根拠をもつものであるのだが）。

それゆえ、フロイドの理論と実践の間には明白に、興味や態度や前提の体系的な差異があると私はいいたい。そして、これが異常なほどの機能的分裂の真の理由なのである。フロイド理論の誤りは非性的愛の否定に由来していることにわれわれは気づくのである。そればかりか、精神分析の臨床効果はこの非性的愛の活用に起因していることにも気づくのである。もしそうならば理論と実践の分離ということの問題は真剣に考察すべきものである。

治療における愛の意義

今や、精神分析的臨床活動から生み出された概念の方が、思弁によって、物理学や生物学から引き出されたフロイド理論よりも、はるかに適切に、人間の社会性というものを（暗黙のうちにであっても）深く認識していることがわかった。その後の治療理論は人間生活とその幸福に占める社会的要因の意義にだんだんと重点を置くようになってきた。暗黙にではあれ、臨床的場面では愛を心にまちがいなく存在する要素として認知する方向に着実な進展がなされてきた。とはいえ、相変わらず超自我摂取論が幅をきかせている。社会的願望・社会的感情を代表するのは愛ではなくて超自我だというのである。しかも愛とはちがって超自我は心の構造の一部をなすとされている。その上、超自我は利己的満足感と利己的安定感のみを求めて形成されたものと考えられている。それはそれとして、今やわれわれは精神分析の技法が、個人を生存競争に立ち向かう独立単位とみるフロイド理論とどれだけかけはなれたものであるかを考察しなければならない。それがまた本章のねらいでもある。

根元までさかのぼる分析技法の他に、公式的に「認められた」技法は一つしかない。根元までさかのぼる分析は多くの理由で子どもには適用できないとされている。しかし私が明らかにしようとしているように、それらは本当の理由ではない。周知のように、おとなの分析においてさえ、フェレンチィはもっと「能動的」な技法を唱えている。また他方ポール・フェーデルン（Paul Federn）が最近認めているように、精神病者はその不安のゆえに心理療法家からより大きな優しさを示してもらうことを必要としている。フェーデルンは食べ物を与えることさえ認めていた。この点に関しては異論の余地はない。つまり、子どもとの遊戯療法の場合と同様、おとなの治療においても、治療者の愛は少なくとも患者の不安を鎮めることによって、治療の重要な役割を果すことができる。これに対して、極度に受身的な技法というものは、プリンツホーン（Prinzhorn）がいっているように、技術ではあっても「社会的経験をわかち合う」ことにはなっていないといえるかもしれない。しかし、われわれはその場合でも愛がひそかに介在しているのではないか、吟味する必要がある。すなわち、治療者の愛が内密にか無意識的にか与えられているのではないか。少なくとも患者によって想像されていて、そこで、治療に大きな役を果しているのではないかということである。いいかえれば、そこでもフェレンチィの意見は正当なのではないかということである。もしそうだとすれば、われわれは、愛の存在を否定する理論の提唱者によってあみ出された治療法でありながら、逆説的にも、その実践場面での効果は愛に依存しているということの重大な意義を考えてほしいと思う。

極度に「受身的」な治療法においてさえ、患者の愛情欲求はさまざまな遠まわりなやり方で応えられている。全ての分析療法に共通な特徴は何であろうか？　私はその共通性を以下のように特徴づけようと思う。すなわち、分析者の側での冷静さ、完璧なまでの忍耐力、無尽蔵の根気よさ、患者の精神的過程に対する途絶えることのない関心である。これらは患者の幼児期的な不安に対して強い安心を与える。次には記憶のよさと打てば響く敏感な心である。これによって患者は治療者と一体であると感じ、治療者から尊重されていると感じる。そしてとりわけ、的確な洞察力である。この洞察力は患者に治療者への信頼感を与えるだけでなく彼に次のことを確信させる。すなわち、患者の心の中にあるもので分析者にとって無縁なものは何もないということ、また患者の心の中にあるもので分析者がこれまで学んできた他の患者たちにとって無縁なものは何もないということである。「悪（evil）」についても分析者が理解するということは、彼もまた「悪（bad）」かったのだということの暗黙の承認なのである。実際、理解されることによって、患者は自分が他の誰とも本質的なちがいはなかったのだということを実感するようになる。たとえ、感情的共感（対抗感情転移）が厳しく阻止されたとしても、この「理解という共同作業」は当の患者にとっては、私の用語法での「愛」の真実性を確信させるものなのである。理解という共同作業は治療者と患者の間に、患者が最高度の信頼をおくことのできる一つの関係を確立するのである。この新しく見い出された信頼のもとでこそ、分析の真の仕事、すなわち、「さまざまな苦情、不平の原因の探求」が始められるのである。そのとき初めて、患者は自分自身の反社会的衝動や退行や攻撃的態度にあえて直面し、これを認めるようになるのである。彼は幼児期以来の母親の愛情に対する欲求とそれが受け入れられなかったことに対する抗議を表明する。そうするなかで、この抗議が原因となっている社会的分離不安が実際には全く不必要のものであることを発見ずる。というのも、彼は実際に愛されているからであり、愛を求めるがゆえの彼の抗議は丁重に受け入れられているからである。彼がひそかに怨恨をもっているからといって、彼が理想化された両親から実際に孤立させられ、自分の存在が見捨てられても当然ということにはならないと気づくのである。彼のひそかにもっている怨恨は彼の自暴自棄を正当化してくれるものではないということがわかるのである。こうなると、不平不満のもっと深い層、すなわち幼児期的な不安が攻撃や憎しみ、絶望などの衝動という形をとって現われてくる。これらの怒りの衝動は、しかしながら、やはり愛の欠如に対する抗議以外の何ものでもない。とはいえ一種の非難なのであり、それ自身、罪意識(素朴な意味での)にまでなっており、そこから不安が生じてくる。

両親に対する根本的な恨み、それはアンビバレントな感情であるが、患者にとっては、どうしても隠し、放棄し、抑圧せねばならないものである。これは普通、患者が治療を求めてやってくるずっと以前になしとげられている。ただ、陽性感情転移がおこり、治療者—両親への信頼感が高いレベルに達したときはじめて、こうしたいわば親不孝な激怒が抵抗を克服して患者にあらわになりうるのである。というのも、これら親不孝な激怒を単にことばで表現することを子どもは親に対するひどい侮辱であり、中傷であると思うからであり、したがって激しい復讐心をぶっつけることによって「神意」をたしかめているのである(この抗議的敵意が「腕白さ」の基盤であり、私が「抗議的非行」と呼んでいるものの基盤である)。患者が治療者—両親の不当さや不親切さに対して無言の非難と攻撃を加えていくにつれて、そしてこれらの抗議が共感的に理解され、受け入れられ、ゆるされることがわかっていくにつれて、患者の疑惑や怒り(陰性感情転移)は少しずつ追い払われていくのである。ついには患者が愛とは無条件なものであることを確信し不安が消滅してゆくにつれて怨恨も和らげられていくのである。患者は治療者との親愛関係を通して、安定を得るのである。というのは治療者が、理想的な親が有している特質をそなえているからである。すなわち、道徳的弱さの伴わない寛容性、自己の孤立化に無関心なわけではない平静さ、懲罰的形式主義とは異なる威厳、これが理想的な親の特質である。こうなると患者は今度は幼児期的段階から親的段階へ、そしてついには仲間意識の段階へと社会的発達を求め、遂げていくようになる。子どもの役割を思い切って放棄するまでは、社会的な適応は子どもにとっては負担の重い、予測しがたい、複雑な、そして孤独なものに見える。しかし、もはや、こうした子どもの役割に付随する特権は必要ではない。その特権を要求していたのは不安や恨みだったからである。

以上が「愛によって憎しみを克服し」「不安を克服する」ことによる治療の具体的様相である。私には、患者の心の中に想定された、たとえばエゴと超自我というような抽象的、かつ仮説的な衝動や諸機構同士の間でおこる葛藤の調整という面から定式化するよりも、発達の初段階における社会的な和解として治療を考える方がずっとわかりやすいのである。

もちろん、私はこれを幼児的不安からの回復の十全な説明と考えているわけではないし、同じことになるが自然的成熟過程の十全な説明と考えているわけでもない。私はここで精神病やその治療についての私の見解を述べようとは思わない。ただ、フロイド学派の理論化と実践との間には体系的な分離があることだけを指摘しておきたい。理論家フロイドは愛を否定することに全ての努力を傾けた。いうまでもなく、理論は気質的歪みから自由であるべきであり、それ以上に、単なる否定主義から自由であるべきであろう。実践家フロイドはたえず愛を表現している。ただし受身的技法におけるように、不安な「ひっこみ思案」によって、この愛の表現が控え目なものにされているのはたしかである。いったい、理論を実践や経験から孤立させ、さらには、孤立させるばかりか実践や経験に対立させることにさえなってしまっているこの理論と臨床の分離を説明するものは何であろうか。

これに関しては、〈精神分析的研究〉が大変簡単な解答を与えてくれるように思われる。すなわち、患者は子どもである。もし彼らが苦しんでいるならば、それはわれわれのあわれみを呼びおこす。もし彼らが卒直で従順ならば、われわれの親的衝動が呼びおこされる。ところでわれわれにとってもかつて母親が占めていた役割は社会的環境や人類によってとってかわられる。もし、われわれが無理やり、この関係から引き離されるならば苦痛が生じ、母親や優しさに対する抑圧された憧れが生じるだろう。そして、「世界」の方は憎しみに満ちたものになるだろう。またわれわれを裏切ったあこがれの対象の存在を、われわれは否定するようになるであろう。私がいうところの、このペシミズムはやさしさのタブーを作りあげ、個人によって、また文化によってさまざまである感情を「一般的」に禁止することにもなる。このペシミズムは普遍性を求めて、さまざまな種族のさまざまの文化や習慣のうちに表現され、もっと顕著には人生と人生の目的に関するさまざまの倫理的、哲学的、宗教的な考え方のうちに、多様な表現を見い出していくのである。このペシミズムが見せかけの存在論を提示しようとするときには科学の中にまでその表現を求めていくのである。もちろん、ガリレオがその研究において「固まりと運動」という事実の「第一次的」性質に着目して研究したように、われわれが経験の中でも特にとりつきやすい点に集中して研究を進めるのは妥当な方法である。しかしながら、心理学の場合、基本的な様相をこのように前もって選択することは非常に危険なことである。クリスチャン・サイエンスの人々は悪(憎しみ)は「死すべき人間」のもつ仮空の幻影にすぎず、さらに死すべき人間の方も実は存在しないと主張する。私はフロイドが愛を無視してかかる点は、これらクリスチャン・サイエンスの人々と基本的には同類であると考えるのである。クリスチャン・サイエンスの人々は、単に未来における神との合体を宣言するだけでなく、かつて神からの「分離」がおこったことさえ否定し、さらには分離がおこることさえありえないという。彼らは、自分自身を愛の放射物であり、神の一種の手足のようなものとみなしているのである。彼らは創造を否定し、子どもと同じように、いかなる変化も可能ではないと考える。そして興味深いことだが彼らは父なる神、母なる神として、神に語りかける。たしかに、このエディプス感情にとらわれない退行は、自然に根源的な幼児期を回復することによって、多くの不安を癒やす。ちょうど、これと対照的に、フロイドは不安な年長児みたいなものである。彼は母親からの分離に苦しみ、やがて受け入れはしたが、黙認したのではなかった。ここから、彼の死への恐れが――死滅の空想（死の本能、すなわち母への復帰）によって解毒されてはいるが――出てくる。またそこから、性と性的嫉妬およびエディプス・コンプレックスに対する過大評価が生まれる。そして、これらのものがフロイドにとっては、全ての愛とその葛藤の説明原理になるのである。フロイドが心のなかの肯定的要素を排除して、罪と憎しみの問題に没頭したのはここに始まる。またフロイドのペシミズムもここに生まれるのである。父親の役割に関するフロイドの妄想的な理想像が生まれる。それはほとんど神聖ともいうべきものであった。しかし、それは親のもつやさしさよりも正義と権力と特権が強調されている理想像であった。最後に、子どもっぽいあの憎しみの賛歌もまたここから生まれてくるのである。彼の憤怒が、患者や同僚たちとの接触によって、（彼らはフロイドに親的な権威を付与してくれる）和らげられないときには、あの独断的なフロイドの無意識心理学となって現われてくるのである。

行動主義者たちは、フロイドの死—攻撃本能理論よりもずっと整然と、母親への復帰と復讐という表裏・二面的なあるいはアンビバレントな無意識感情の説明をしている。行動主義者たちもまた（母親の）愛を否定し、知識とは別物である感情を一切否定している。しかも、彼らは認識しつつある自己の存在をも無意識的に否定している。しかし、もし自己——客観的世界から区別されるものとして——が存在しないならば、それが「分離されて」いることなどありえない。したがって彼らもまた宇宙との一体感、分離不安からの解放というクリスチャン・サイエンスの観念を共有しているのである。

結　語

一連の仮説を世に問うことの妥当性は、現代心理学が新知識を必要としていることにその根拠がある。そしてその新知識はこれまで、心理学のすべての分野でしかるべく検証されてきた。しかし、本書でもその検討をしたというつもりはない。本書は単に予備的見解を示したにすぎない。つまり展望をしたにすぎぬ。そこから出てきた結論はこうなる。もし本書で提起した仮説が妥当ならば、精神分析理論は再構成され、補足されるであろう、と。その仮説が妥当かどうかは次のようなことが根拠になる。

(1) 問題解決に役立つかどうか。そしてその問題とは生物的、心理的、病理的、社会的諸問題のことであるが、これらの問題は今まで精神分析的解釈を拒否してきたのである。

(2) あらゆる種類の心理現象に適用できるか。しかも研究を深めていく上のガイドラインになり得るかどうか。

(3) 内的、論理的一貫性があるか。(序論でも私がいったように) 内的、論理的一貫性とは、それぞれ独立的に行なわれた帰納的研究を総合したところから出てきたものであり、私が自分勝手に無意識的推論をした結果ではない。

本書で提起した諸理論を前述の三つの条件一つ一つから吟味すると、たしかに精神分析よりすぐれていることは明らかである。しかもわれわれの場合、フロイド心理学やらフロイド社会学のように、仮説を過度にいじりまわすこともないし、事実を選択して単純化しすぎることもない。

以上、本書で述べた予備的見解から出てくる最も顕著な結論は、次のようになると私は思う。

(1) 人間と動物の相異点と類似点が非常にはっきりしており、心理や文化が生まれるさいの原因や機制が非常に明確にとらえられている。

(2) 「愛」と「興味」の特質・起源・機能について新しい理論が提起されている。また人間の成長を妨げ、社会的調和を台なしにする嫉妬心やその他の葛藤についての理解が広くなった。

(3) 幼児心理についての新しい概念がとらえられた。また、性格形成の初期の方向づけに関与する要因や阻害物についての新しい概念がとらえられた。

(4) 子どもおよび民族の社会的結合や社会化過程についての積極的な考え方が提起されている。

(5) 精神疾患と心理療法についての解釈に一貫性がある。

(6) 宗教は社会的疾患ではなく、むしろ心理・社会療法としての機能を果しているとの見解。

(7) 文化と民族性の内的関連性および文化と民族による人間の多様性、この何れをも説明できる理論を提起していること。

(8) フロイド派の失敗と成功を体系的に説明していること。

本書で提起された問題は数限りない。しかも実際的にも理論的にも重要な問題である。これは明らかである。事実に対する私の解釈はせっかちで、ちぐはぐで、独断的かつ推論的なところがあるかもしれないが、それは将来なくするようにしたい。かなりの証拠資料や議論（特に精神病理に関して）

を今回は時間と紙面の関係で割愛せざるを得なかった。そこで以上述べたさまざまの仮説は全体像としてみる方がよい。そのとき始めて価値が出てくると思う。仮説といってもそれ自体は決して複雑なものでもないし、やっかいなものでもないから特にそうである。私の理論全体の基盤ともいうべき原理を、次のように簡略にまとめることができる。

(1) 幼児の心理は人生での養育のされ方に順応してつくられる。幼児はニワトリのような本能的衝動のかたまりではない。

(2) 独立した責任あるおとなの役割へ向って成長する過程で、幼児の心は再構成される。保護されている状態が奪われると情緒的ストレスがおこる。

(3) 他者に対する人生初期の依存性（自己保存的）を完全に脱却することはできない。しかしそれは交友欲求あるいは親愛関係への欲求として存続する。これは身体的満足感とは別個のものである。

(4) 幼児的依存性を構成しているさまざまの願望を放棄したり抑圧したりするのに決定的な影響を与えるのは愛の対象「母」そのものであり、外部的介入物ではない。

(5) 依存性の放棄（心理的離乳）を強要する母の意志や能力には多様性がある。それは(a)母の性格の質による、(b)子どもの目に映る家庭内での母の地位や権威による、(c)母の情緒生活における子どもの重要性による。ただし、これは何れも母の他の関心事（例：子どもへの母の依存）に較べての話であるが。

社会的要因の中には女性の性格発達を妨げ、女性の関心を狭め、あるいは子どもに対する母の特権を弱めるものがある。このような働きをする社会的要因は、子どもの成長を促進する母の機能を妨害し、母自身の自主独立を妨げるであろう。

(6) この母性的機能の障害が定着・退行・憂うつ・嫉妬・怒りの原因である。そしてこれらが精神疾患の根本原因である。

(7) 心理療法とは愛の生活の混乱を軽減する試みであり、社会性への欲求を解放する試みである。

(8) 親の特質や親子関係に対する無意識的誤認を扱うのが宗教である。つまり宗教の目指すところは、反社会的、反精神衛生的欲求に制度化された吐け口を与えたり（例：儀式など無害な形式で）、これを抑制したりすることである。反社会的、反精神衛生的欲求といったが、ここでは特にそれぞれの文化でもっとも一般性・普遍性のあるものを指している。母権制宗教と父権制宗教、母権制文化と父権制文化、母権制性格と父権制性格、これらは何れも反社会的、反精神衛生的欲求が基本的に相異なっているのである。

(9) 愛とは表出されたものの総和以上のものであり、その多様な表現様式を越える何ものかであるというべきである。愛は「要素」とか「力」ではなく、むしろエネルギーとかエーテルという物理学的概念に類似した未知のものだといえよう。これは総体的には妥当ないい方だと思う。特に愛が憎悪に変化することを考えればそうである。憎悪は愛の否定的な面、愛の挫折した局面にすぎない。こう考えてくると、心理・社会的疾病（そこには必ず憎悪が入りこんでいる）の回復は、フロイド派の観点から考えた場合よりも、理論的にはずっとやさしいといえる。フロイド派では憎悪というものを「そもそもの始めから、独立して存在している破壊本能」に由来するものとみなしている。したがって憎悪は根絶できないものと考えたのである。

　本書で私が立てた前提は、その方法論において反対する余地のないことは明らかであろう。その前提は何れも特殊なものでもないし、時代ばなれしてもいない。また前提が多数あるわけでもないし、前提同士が相互に無関係なわけでもない。しかしこの前提は、人間行動をその全領域にわたって解釈できるほどのかなりの力をわれわれに与えてくれる。事実、私には（信念に燃えたある瞬間）これらの前提が、科学としての心理学に常識を再び導入してくれたように思えるのである。

訳者あとがき

本書はアイアン・D・サティの『愛憎の起源』（一九三五年）（Ian D. Suttie, *The Origin of Love and Hate*, 1935, Penguin Books）の全訳である。

私が本書を知ったのは一九六一年であった。当時私は米国、デトロイトにあるメリル・パーマー研究所（Merrill-Palmer Institute）で心理療法・カウンセリングの勉強をしていた。そのときの推せん図書の一つが本書であった。しかしゆっくりと玩味する機会がないまま時は過ぎてしまった。

一九六六年に帰国してまず霜田静志先生を訪ねた。先生は本書を棚からとり出して「國分君、これを材料にして私の研究所で一度、講義してみませんか」といわれた。早速拝借して、先生主宰の井荻児童研究所で数回講義した。今回翻訳してみて初めてわかったが、当時の私の理解はきわめて浅いものであった。たぶん霜田先生も内心がっかりされたことと思う。拝借した本を返しに伺うと「國分君これは是非訳すとよい本ですよ」といわれた。かつて先生と一緒にカレン・ホルネイの『自己分析』（誠信書房）を訳したように、先生と一緒にこの『愛憎の起源』を出版できるとよいな、と一瞬思ったが、そのままになってしまった。というのはそのころ私は書きかけの学位論文のことが気になっていて、それが先決だと思っていたからだった。

霜田先生は一九七三年に亡くなられたが、その後数年して黎明書房の高田利彦社長から本書の翻訳を依頼された。霜田先生の後半生の偉業のひとつであった『A・S・ニイル著作集全九巻』の出版社が黎明書房である。私どもが今回用いた原書は霜田先生の蔵書をコピーしたものであった。したがってページのあちこちに先生の傍線が引いてあった。訳しながら先生を想い出すことがしばしばであった。

本来ならたぶん、霜田先生との共訳になったであろう本書を私は、私と同じく同先生の門下生であった妻久子と訳出することにした。そしてそこに私共夫婦の友人二人にも協力して頂いた。細井八重子さんと吉田博子さんである。お二人とも運よく私よりずっと後輩なので訳稿にも遠慮なく、監修者・編集者として口や手を出さしてもらった。せっかくの女性らしいいいまわしも、私の好みが災してかえってゴツゴツしてしまったかもしれない。

サティの文章はやたらに代名詞が多く、それが何を指すのか文脈・内容から判断するのに苦労した。こういう場合は大体私の読み方を諒承してもらった。接続詞が乏しいので、木に竹をついだような文章をなめらかにするのも若干の主観を要する作業であった。

サティは自由連想的に書いたのかと思うほどに話がとめどもなく流れている。また同じ話があちこちに数回顔を出す。そこで読みやすいように、各章の中に「小見出し」をつけた。これは最終段階で私がつけたので、訳者の方々が必ずしも同意されない区切り方かもしれない。

フロイトでなくフロイド、上位自我でなく超自我、転移でなく感情転移、罪悪感でなく罪障感――こういうことば遣いも私の好みを採用してもらった。結論として、訳文の迫力あるところは各訳者のセンスのたまものであり、どうもくせがつよくて読みづらい個所は私のせいであるということになる。それでも私にすればベストをつくしたつもりである。

さて、本書の意義いかんである。あるカウンセリングの先輩教授がいった。「最近のカウンセリング教師はヨコの本をタテになおすだけで、実際のカウンセリング体験が足りない！」と。私もそう思う。しかし、我田引水かもしれないが、本書に限りヨコをタテにする値打ちは十分ある。しかも訳者は何れも実際に心理療法・カウンセリングを実践している人たちである。

本書の意義――多くの人に読んでいただくだけの価値――を論ずる手始めとして、先ず朝日新聞（昭和五二年三月一九日付）の「天声人語」の前半を引用したい。

ある有名大学の教官に「これからの医学部の学生は研究者にはなれるが、医者にはなれない」という話をきいたことがある。過酷な受験戦争が医者の心を奪っている、というのだった。表現に誇張があるにせよ、あるいはそうかも知れないと思い続けてきた▼雑誌『のびのび』の特集「医学部進学は損する」で日本医師会の武見会長が同じようなことをいっているのを読み、将来の医師像をめぐる危機感はやはり相当なものなんだな、と思った▼武見氏の発言を要約するとこうなる。「医者には適性が必要である。ひとの話をきく力のない人、いつくしみの心がない人は医者には向かない。医師を志すには、高い教養の基盤が必要だ。ところが現在の大学医学部は国家試験の予備校になっている。そういう予備校教育を受けてきた人たちが中心になる二十年後の医者の世界が心配だ」▼ごうまんで功利的で冷たすぎる心をもった医者がふえては困るという心配を、多くの人が抱いている。

「いつくしみの心」「功利的で冷たすぎる心」とあるが、サティの中心問題と正に一致している。やさしさ（tenderness）・愛（love）・親愛関係（companionship）・共感性（empathic interest）などの体験が人を癒すとサティは力説している。

この考えは、今日のように心理療法やカウンセリングが普及してくると陥りやすいプロフェショナリズムに対して、先ず警鐘を乱打するであろう。技術がうまいからなおるのではない、治療者と患者の間に愛の関係があるからなおるのだ、これがサティのいいたいことである。愛の関係というとセックスを連想する人が少なくないが、サティにいわせると愛は非性的なのである。

サティの考えは初期のロージェリアン批判にも通ずる。受身主義、傾聴主義は、治療者の側に、感情にまき込まれるのがこわくてそこから逃げたい心理があるからではないか、というのである。生き生きとした感情の交流がないと、患者は自主独立の意欲が出てこない。精神分析をかじった人も同じ弊に陥りやすい。対抗感情転移をおそれて、受身主義になる。自分を打出そうとしない。こう考えると、サティの主張は今でいう実存主義的立場、あるいはヒューマニスティック・サイコロジーの立場に近似している。しかし私のみるところでは、サティの方が説明の仕方が実証的である。実存主義的心理療法はサティに較べると、直観的、思弁的、文学的な感がつよい。

サティの考えは最近流行のエンカウンター・グループにも示唆するところがある。ある種のエンカウンターではメンバーが怒鳴りあったり、殴りあったりすると、「ホンネが出た!」とか「ホンモノが出た!」(real, genuine) と称賛する傾向がある。本書を読めば、このエンカウンターの前提がいかなるものか、すぐわかるであろう。また、エンカウンターの中には、リーダーがやたらに家父長的で、メンバーが最高に罪障感や劣等感をもたせられるタイプのものがあるが、これなどもサティのいう父権制宗教が解釈の手がかりを与えてくれることはまちがいない。一方、「どうぞ、ご自由に」式のエンカウンター、これはどうやら母権制宗教の中途半端な形態のように思われる。

サティは交流分析にも示唆するものがある。交流分析では、おとなの自我状態が元締めになると考えるが、これはサティが、なおるとは社会の一員になることだとか、なおるとは社会と和解することだといっているのと似ている。しかし、交流分析では（今の私が理解しているところでは）、どうすればⒶがⓅⒸを統御できるようになるか、その条件の解明やプロセスの説明が不十分のように思われる。その点サティは示唆するものが豊かである。さらにストロークという中心概念が交流分析にある。しかし交流分析では今のところストロークだけで一冊の本になるほどの研究は積まれていない。交流分析風にいうならば、本書でのサティの主題、（愛憎の起源と本質、あるいはやさしさとやさしさのタブー）は正にストロークである。サティはそのストローク論で、社会形成、宗教、心理療法、インチキ医療行為、交友関係、あそび、精神疾患、神話などを解明しているということになる。

最近のカウンセリングの動向として、(1)パラ・カウンセラー（非専門家によるカウンセリング・準カウンセラーとでも訳せることば）、(2)ピアーズ・カウンセリング（仲間同士のカウンセリング。たとえば、学生同士がカウンセリングしあう）を挙げ得るが、これらの人たちがカウンセリングの諸理論や技術を身につけるといっても限界がある。そこで中途半端な技術を使うよりも、サティのいうようにノーマルな甘えの体験できる人間関係をつくる方がずっと危険性は少ないかもしれない。また、カウンセリングする側の心の支えにもなると思う。

私は今まで、教師および教師志望者に対してはA・S・ニイルの著作を必読書に挙げていた。社会科学者が一度はマルクスを通過するように、教育関係者は一度はニイルにふれてみよ、というのが私の持論であった。ところがサティを訳しているうちに、この本は心理療法やカウンセリングの道を志す人に是非一度はふれてほしいと思うようになった。心理療法やカウンセリングの不可欠条件は、学派のいかんを問わず、セラピストとクライエントのリレーションシップであることは例のフィードラーの研究以来、広く認められているところである。しかし、そのリレーションシップの「人相書」は明らかにされても（たとえば、共感性・無条件の肯定的態度・自己一致・敬意の念など）、なぜリレーションシップが人を癒すのか、の問についてては必ずしも突っ込んだ説明があったとは思われない。リレーションシップの諸特性と治癒の諸特性の相関関係の研究はあった。それは実証性が高いから説得力はあった。しかし、なぜ相関関係があるのか、については理論的説明が十分であったとはいえないように思う。サティの「愛の関係」論はこの点についてすっきりした説明をしているように私には思われる。これが本書を、セラピストやカウンセラーを志す人々に読んでいただきたい理由である。

話を再び翻訳のことにもどしたい。細井八重子さんの担当したところは、第5章と第12章であり、吉田博子さんには第4章、第13章、第14章をお願いした。妻久子は第1章、第2章、第3章、第6章、第7章を受けもった。私は第8章、第9章、第10章、第11章プラス編者はしがき、序文、序論、結語を引き受けた。訳者たちの子どもや配偶者にはずい分しわよせがあったことと思う。訳者を代表してそのご協力にお礼をいいたい。黎明書房の高田利彦さんには最高のフラストレーションを与えてしまった。訳稿が私の都合で何回も遅延したからである。にもかかわらず終始変わらなかった氏のコンパニオンシップに深く感謝したい。また、編集部の武馬久仁裕さんには、訳者の盲点を細部に渉って拾っていただいた。これは私どもに思わぬ勉強になった。

そして最後に、感慨をこめて、霜田静志先生の霊に本書完訳の報告をしたい。

一九七七年三月三十一日

國分康孝

訳者紹介

國分康孝

東京教育大学・同大学院を経て，ミシガン州立大学博士課程修了（カウンセリング心理学専攻）。哲学博士。1973－74年，フルブライト交換研究教授。現在，東京成徳大学教授。日本カウンセリング学会理事長。日本教育カウンセラー協会会長。上級教育カウンセラー。著訳書には，カレン・ホルネイ『自己分析』（共訳，誠信書房）。『カウンセリングの理論』『カウンセリングの技法』（誠信書房）『つきあいの心理学』『自立の心理学』（講談社）『心とこころのふれあうとき』（黎明書房）がある。

國分久子

関西学院大学社会事業学科卒業後，ミシガン州立大学大学院修了（児童学専攻）。文学修士。現在，千葉短期大学教授。上級教育カウンセラー。著訳書には，『現代社会と子ども』（共同執筆，東洋館），ムスターカス『思春期の実存的危機』（共訳，岩崎学術出版），ウイックス『子ども時代の内的世界』（共訳，海鳴社），『カウンセリングQ＆A』（共著，誠信書房）がある。

細井八重子

東京女子大学心理学科卒業。現在，明治学院大学カウンセラー。訳書には，ムスターカス『思春期の実存的危機』（共訳，岩崎学術出版），ウイックス『子ども時代の内的世界』（共訳，海鳴社）がある。

吉田博子

お茶の水女子大学大学院修了。教育学修士。現在，華頂短期大学教授。上級教育カウンセラー。著書には，『人間の発達過程』（共著，明治図書），『子どもの自発性を育てる』（共著，明治図書）がある。

愛憎《あいぞう》の起源《きげん》

2000年5月25日　初版発行

訳　者　國分康孝《こくぶやすたか》・國分久子《こくぶひさこ》
　　　　細井八重子《ほそいやえこ》・吉田博子《よしだひろこ》
発行者　武　馬　久　仁　裕
印　刷　藤原印刷株式会社
製　本　株式会社渋谷文泉閣

発　行　所　株式会社　黎《れい》　明《めい》　書《しょ》　房《ぼう》

〒460-0002　名古屋市中区丸の内3-6-27 EBSビル
☎052-962-3045　FAX052-951-9065　振替・00880-1-59001
〒101-0051　東京連絡所・千代田区神田神保町1-32-2
南部ビル302号　☎03-3268-3470

落丁本・乱丁本はお取り替えします。　ISBN4-654-00071-2